浙江省哲学社会科学重点研究基地
——浙江省现代职业教育研究中心倾力出品

咱们的高职毕业生
——全国优秀高职毕业生典型案例

邵建东　罗万里　戴　艳　◎编

华中科技大学出版社
http://press.hust.edu.cn
中国·武汉

图书在版编目(CIP)数据

咱们的高职毕业生：全国优秀高职毕业生典型案例/邵建东，罗万里，戴艳编. —武汉：华中科技大学出版社，2023.5
ISBN 978-7-5680-9545-7

Ⅰ.①咱… Ⅱ.①邵… ②罗… ③戴… Ⅲ.①高等职业教育-毕业生-先进事迹-中国 Ⅳ.①K828.4

中国国家版本馆 CIP 数据核字(2023)第 097104 号

咱们的高职毕业生
——全国优秀高职毕业生典型案例　　　　　　　　　　　邵建东　罗万里　戴艳　编
Zanmen de Gaozhi Biyesheng
——Quanguo Youxiu Gaozhi Biyesheng Dianxing Anli

策划编辑：张　毅	
责任编辑：张会军	
封面设计：廖亚萍	
责任校对：阮　敏	
责任监印：朱　玢	
出版发行：华中科技大学出版社(中国·武汉)	电话：(027)81321913
武汉市东湖新技术开发区华工科技园	邮编：430223
录　　排：武汉创易图文工作室	
印　　刷：武汉市洪林印务有限公司	
开　　本：710mm×1000mm　1/16	
印　　张：16.75	
字　　数：329 千字	
版　　次：2023 年 5 月第 1 版第 1 次印刷	
定　　价：68.00 元	

本书若有印装质量问题，请向出版社营销中心调换
全国免费服务热线：400-6679-118　　竭诚为您服务
版权所有　侵权必究

在全面建设社会主义现代化国家新征程中,职业教育前途广阔、大有可为。

——习近平

> 高职毕业生也可以大有作为,成就出彩人生。
>
> ——潘懋元

前言

Preface

  学生就业是衡量高职院校人才培养质量的重要标准之一,也是彰显高职院校办学实力的关键因素。党的十八大以来,党和国家高度重视职业教育,颁发了《中华人民共和国职业教育法(修订)》《关于推动现代职业教育高质量发展的意见》《国家职业教育改革实施方案》等系列政策文件,进一步确立了职业教育的类型地位,丰富了职业教育的内涵要素,拓展了职业教育的发展空间,提高了职业教育的社会地位,筑牢了职业教育高质量发展的"四梁八柱"。

  高职院校经过波澜壮阔的规模发展阶段,又历经"国家示范性高等职业院校""国家优质专科高等职业院校""双高计划"等重大建设项目,朝着高标准、高水平、高质量的发展方向前进,总体办学水平显著提高,人才培养特色鲜明突出,社会服务能力明显提升,为经济社会发展输送了大量高素质技术技能型人才,成了新时代推动社会高质量发展的重要生力军,谱写了许多技术创新、脱贫攻坚、共同富裕等真实而感人的故事。尽管我国高职院校人才培养成效卓著,为推动国家和社会高质量发展不遗余力地贡献巨大力量,但一直以来受兜底教育、层次教育等陈旧观念的影响,高职院校的毕业生一直处于就业鄙视链的底端。在网络媒体《高职毕业,最后的归宿都是进厂打工吗?》等一大批宿命论的报道中就可以看出群众对高职教育的不理解、不了解,对于高职毕业能干什么、能干成什么等缺乏正确认知,这既不利于贯彻新发展理念,提升高职教育在群众心目中的地位,也不利于建设技能型社会,服务新发展格局。

  为深入贯彻习近平总书记有关职业教育工作的重要指示精神,引导社会各界关注技能人才,营造技能人才发展的良好社会氛围,职教界亟须挖掘宣传基层和一线技术技能人才成长、成才的典型事迹,传播技能文化,弘扬劳模精神、劳动精神、工匠精神。我们遵循实事求是的指导思想,坚持客观理性的态度,汇集整理了一批优秀高职毕业生的典型案例,试图通过高职毕业生自身集聚的良好社会声誉,逐步打破固有认识局限,从根本上改变群众的偏见,真正树立类型教育的正面形象。

对此,浙江省现代职业教育研究中心联合浙江省教育发展中心、金华职业技术学院等,面向全国56所高水平高职院校和部分优秀高职院校,征集编研了2010年之后高职毕业的80多名优秀学生的职业成长案例。我们在编研过程中,坚持遴选以体现高职特色,贴近国家大政方针,自力更生、艰苦奋斗为主的案例,总体上体现出了高职教育人才培养的三个特性。第一,职业选择的适应性。很多高职毕业生在读期间就经过了职业技能竞赛的锻炼,体现了职业教育技能养成优势,在初次就业过程中能够快速适应岗位要求,满足用人单位的需求。第二,职业岗位的典型性。很多高职毕业生面对的是高精尖的技能操作岗位,一旦上手就是行业中不可替代的人才,他们在岗位上充分诠释了劳模精神、劳动精神和工匠精神。第三,职业生涯的贯通性。主要表现在两个方面,一方面是在专业技术岗位上一步步走向行业顶尖,从而在成长路径上体现高职毕业生职业发展纵向贯通,比如因为高技术技能人才获得社会尊重而纳入地市拔尖人才的毕业生。另一方面是基于职业教育淬炼出的职业综合能力一步步走向管理高层,从而在成长路径上体现高职毕业生职业发展横向贯通,是技术技能人才成长"立交桥"典型代表和创新创业的典型代表。

一个个简短的高职毕业生故事往往代表着一所学校、一个行业,我们希望通过介绍宣传他们的案例,讲好高职毕业生成长成才的故事,充分诠释高职教育在国民教育体系中的重要作用,展示全面建设社会主义现代化国家、实现中华民族伟大复兴的高职毕业生的时代形象,展现高职毕业生为实现中国梦的时代担当。

由于时间仓促、编研水平等因素影响,我们在案例征集过程中也有不少遗憾,恳请大家斧正。最后,衷心感谢潘懋元先生为高职毕业生寄语,感谢所有案例院校的鼎力支持,感谢编辑的细致编审和宝贵意见,大家的支持是我们今后更好地开展编研工作的鞭策。

编者

2022.11.30

目录
Contents

一、扎根基层　助力共同富裕 …………………………………………… 1
　　张开荣：奉献在天府脱贫攻坚路上的浙江羊倌 ……………………… 2
　　华梦丽：在希望的田野上，做田野上的希望 ………………………… 5
　　邹保玉：从高酬专业转向高原事业的西藏驻寺干部 ………………… 8
　　麦麦提玉苏普·麦麦提：和母校双向奔赴在乡村振兴道路上的创业人 …… 11
　　金华厦：投身千年古镇乡村振兴的尖兵 ……………………………… 14
　　木呷所哈：回报家乡的大学生村官"阿黑哥" ………………………… 18
　　罗焕楠：甘当易地扶贫搬迁的服务员 ………………………………… 21
　　蔡松鹤：专业赋能文化产业，共筑乡村富裕样板 …………………… 24
　　钟政鑫：培育乡村振兴"花园经济"的园艺综合体运营师 …………… 27

二、精益求精　磨砺能工巧匠 …………………………………………… 29
　　黄海森：世界一流汽车冲压车间里的技改大师 ……………………… 30
　　刘明杰：从全国青年职业技能大赛里走出来的钳工状元 …………… 33
　　吴起飞："梦想在49米高空起飞"的海港桥吊技师 …………………… 36
　　卓敏静：数字化金融大潮中不忘点钞技能训练的银行工匠 ………… 39
　　程旭东：4S店里既擅汽修又会培训课程开发的"汽车医生" ………… 42
　　杨永修：民族汽车的关键零部件加工工艺大师 ……………………… 45
　　荣彦明：钢铁"万能轧机"的大力神手 ………………………………… 48
　　赵某：与孤独为伴的国防科工小工匠 ………………………………… 51
　　宋鑫：油机机械的"最强调试大脑" …………………………………… 54
　　彭智勇：高铁车电管理与运维的技术大咖 …………………………… 57
　　刘鹏：高速铁路机车运行的健康卫士 ………………………………… 60
　　梁伟泽：两载只盯桶装水生产线的骨干工程师 ……………………… 63

梁荣浩:从"强扭的瓜"转向进军"珠宝加工世界技能奥林匹克"的"00后" …………………………………………………………………… 66
李小松:从"全国技术能手"到世界冠军,山村男孩的技能"摘星"梦 …… 70
青增泰:工业自动化仪表生产线上的"老"师傅 ………………………… 74
张国军:成于高职又回到高职的汽车喷涂技术能手 …………………… 77
罗杨:在不锈钢冶炼线上展现不锈的精神 ……………………………… 80
何小虎:液体火箭心脏"钻刻师" ………………………………………… 83
张戈亮:铁路版"许三多"的故事 ………………………………………… 86
张婷:勇攀电装高峰,焊接中国航天器未来 …………………………… 89
赵宗义:扎根戈壁带领矿山企业走采掘工艺创新之路 ………………… 92
薛健能:抗疫药品生产设备维护线上的守护神 ………………………… 95
张笑笑:毫厘之间铸匠心的制鞋打板师 ………………………………… 98
刘豪:从创新小白到优秀的汽车仪表设计工程师 ……………………… 101
孟荣:在梦想轨道上奔驰的铁路"蜘蛛侠" …………………………… 104
季慧东:保障煤海作业机械,守护国家能源安全 …………………… 107
张伟:国内最大单体炼钢车间连铸作业的带头人 …………………… 109
胡兴盛:航天装配线上的创新达人 …………………………………… 112
桑某:国防科工的一块小基石 ………………………………………… 114
郑清灼:清华大学实验室里的世赛冠军 ……………………………… 117
韩玉英:坚持在品质一线的工业分析检测工作者 …………………… 120
杨志:大型机械设备生产工厂里的技术能手 ………………………… 123
华某:镀膜喷涂工艺的探索者 ………………………………………… 125
李从撑:创新酶法制药二十载的工艺师 ……………………………… 128
高昌盛:从网瘾少年华丽转型的信息红客 …………………………… 131
吴杰:每一件西服都承载着我的梦想 ………………………………… 134

三、开拓创新　争当创业先锋 …………………………………… 137

苏孝锋:化解中小微制造业企业用地融资困境的产业平台提供商 … 138
刘佳豪:线上连锁经营管理的拓界者 ………………………………… 141
张开翼:走在人工智能路上的青年先行者 …………………………… 144
韩野:水下高端核心装备研发的探路者 ……………………………… 146
王逸霖:历经两次创业国赛,完成三次变轨创业的环保先锋 ……… 149
郑瑞江:绿色钢铁工厂里的护绿标兵 ………………………………… 152
索国伟:在不断切换营销赛道中实现赢销的企业家 ………………… 155
刘翔:双创教育滋润下饮水思源,创业磨砺中泽及中小微企业 …… 158

李松：带领班集体投身园林花卉创业的时代先锋 …… 161
吴帅：让产品搭上会展的快车 …… 164
苗伟男："95后"鹦鹉大王 …… 167
强海波：销售额超亿元的电商鞋王 …… 170
董大鹏：为智能机器人提供最稳定的底盘 …… 173
代振忠：服务地方信息化建设的青创先锋 …… 176
范明凯：高端互联网教培机构经理人 …… 179
杨西炜：寝室冲凉冲出为群众解愁的创业金点子 …… 182
解华林：高职扩招缘就的返乡"硅途" …… 185
陈锋：争做海南岛电商运营与服务的脊梁 …… 187
陈关东：致力于全球疫情防控的浙江青年创客 …… 190
葛金秋：驰骋在传统能源和新能源汽车租售赛道的黑马 …… 193
马俊东：脚踏实地走汽销创业之路 …… 196
王朋：助力企业经营管理数字化的创业达人 …… 199
陈琪威："东智西输"双创路上的"排头兵" …… 202
王大立：将三轮跌宕创业当修行的网络营销大师 …… 205
曹杰：以"0"为起点，创造"1＋"可能 …… 208

四、奉献青春　投身社会建设　212

郑修斌：千里求学万里奔赴的青春之花在南疆绽放 …… 213
陈奕君：镇守草原边关的国门卫士 …… 216
丁洁：让基层医院鲜红的底色更加亮眼 …… 218
李涛：奔波在城市基础设施建设一线的功臣 …… 221
徐书剑：践行志愿精神谱写壮丽青春的最美团干 …… 224
喻康：从西部志愿者到屯垦戍边的人民教师 …… 227
林嘉敏：职业教育，给自己埋下一颗助人的种子 …… 230
王梦平：中老铁路建设与运营线上的"阿布" …… 233
夏振辉：从服务业主到服务社会的"急救侠" …… 236
曾森洲：携笔从戎戍边疆的新时代大学生 …… 239
王亚兰：信仰城堡里有温度的幼教人 …… 242
刘政宏：让电线元器件在双碳减排和国防建设中发挥更大作用 …… 245
谢彬清：擦亮基层团建重要窗口的追梦人 …… 247
章灵洁：愿做一颗旅游一线的螺丝钉 …… 250
毛立峰：心怀感恩坚持公益的建筑装饰设计师 …… 253
甘俊超：记录武汉抗疫"最治愈瞬间"的高职人 …… 256

一、扎根基层　助力共同富裕

张开荣：奉献在天府脱贫攻坚路上的浙江羊倌

> 张开荣，男，1989年出生，金华职业技术学院2011届动物防疫与检疫专业毕业生，先后任职于安吉县浙北畜禽公司、上海赛嘉生物科技有限公司、湖州市南浔区善琏镇人民政府，现任湖州市南浔区双林镇副镇长。2019年2月，作为援派专业技术人才赴四川省广安市广安区开展"湖羊入川""湖羊致富"工程技术指导工作，历时2年。2021年2月，张开荣荣获"全国脱贫攻坚先进个人"荣誉称号，受到习近平总书记接见。

2008年，张开荣进入国家示范性高等职业院校——金华职业技术学院的动物防疫与检疫专业学习，其间一直担任081班班长。在校期间，老师们十分注重职业生涯和学业规划的指导，对今后面向畜牧业安全生产、兽医服务、公共卫生、伴侣动物医疗保健、野生动物保护、动物性食品安全等多岗位能力素养的培养做了系统设计，以"校企交互式"人才培养模式为主线，利用"板块式"课程体系、"全程化"实践教学体系和"全员化"社会服务等鲜明的专业特色充分激发学生专业学习的热情。张开荣初涉专业，就深刻地认识到大学期间学习基础课程和专业知识的重要性。从大学一年级开始他便认认真真仔细地学习每一门课程、每一个知识点，不放过每一个难点、疑点，合理、科学安排时间，每天晚上在自习室或图书馆可以看到他的身影。到了大二、大三，老师们将生产案例融入课堂教学，将技能竞赛操作规程引入实践教学，将教师科研项目凝练成学生创新训练项目，以专业社团活动为载体，实施"导师项目制"。那时，他跟着老师做项目、参与竞赛，一次项目跟进下来，相当于对专业知识做了系统梳理；一次竞赛参与，相当于操作技能的巩固提升。经过项目与竞赛的熏陶和锤炼，张开荣对专业实践课程有了新的认识，已经可以利用课余时间在实验实训场所给实习带教老师当助手了。在"动物外科手术"学习过程中，张开荣曾经连续5周白天夜晚都守在实训场所，事无巨细，从对器械的消毒到手术过程，再到对动物的术后护理。他不仅可以承担助教的所有工作，还成了学弟学妹们的小导师，热心解答相关问题，悉心指导实践操作。涉农专业事关国家"三农"命脉,不违农时,在劳力上劳心是相关专业的特质。在"猪生产"课程学习的时候,母猪半夜临产,老师就让大家连夜起床观察教学,而老师的一番教导,让张开荣印象深刻:老师上课可能20元一节课、25元一节课,如果按照课时费算,没有什么经济效益,但是如果大家用心向学,毕业后每人养20头母猪,一头母猪一次生10头小猪,一年生2次,一年就能养400头猪,行情好的时候一头猪能赚1000元,一年就能赚40万元,老师一节课有40位同学听,如果40位同学都从事猪生产的相关工作,那给一个班级上课的经济效益就有1600万元了。老师幽默的比喻和潜移默化的思想教育让张开荣更加坚定了专业志向。同时,张开荣也注重个人综合能力的提升,树立学生干部带头示范形象,积极参与校内校外活动,在党团组织的培养下,光荣地成为一名共产党员。毕业后,张开荣虽经历了多个岗位历练,但一直从事专业工作。

2019年2月,张开荣作为援派专业技术人才,带着110只配好种的湖羊赴四川省广安市广安区开展"湖羊入川""湖羊致富"工程技术指导工作。到四川省广安市广安区白马乡的第一天,30岁的张开荣还没喝上一口水,就在45岁的饲养员游汉钟那儿碰了一鼻子灰。当地村民一直都对浙江羊和浙江来的羊倌抱有偏见,本地羊养养就够了,干吗还要改良品种?浙江的外来羊倌真的比本地的厉害?事实上,相比于普通山羊,湖羊肉质更好,口感接近于牛肉,而且是多胎多羔,发育快,可实现集约化养殖,经济效益高,而"湖羊入川"是南浔区与广安区东西部扶贫协作的一项重要任务。作为外来的羊倌,张开荣克服了初来乍到,方言听不懂的困难,不气馁,不退缩,用真诚和行动敲开了养殖户的大门,走进了他们的心里。

一次,在广安区石笋镇湖羊种养基地走访时,张开荣老远就看见饲养员老叶在用酒糟喂食湖羊。他话刚说出口,就被轰了出来。随后又去了几次,居然连门都不让进了。当第7次来到基地门口时,张开荣闻到一股臭味。

他立马喊上村干部,撬开大门的铁链子。"进去一看,角落里躺着两只死羊,还有五六只在流血。"张开荣说,这是母羊流产的前兆,再不及时治疗,这几只羊都将面临死亡危险。

学畜牧出身的张开荣马上找到了原因。他告诉老叶,是酒糟造成了母羊流产,要赶快给另外几只快要流产的母羊打抗生素,再单独关到透风的羊舍里。一周后,那几只母羊终于转危为安。

这一次救助让村民感觉到这位浙江羊倌不是来镀金的,而是真心实意来帮助村民脱贫致富的。张开荣抓住机遇,去基地"当小工",一边帮饲养员打扫羊舍,一边和饲养员交流饲养技术。就这样,饲养员和张开荣成为无话不说的朋友,有的饲养员还请他去家中做客吃饺子。"想不到,你还真有股子韧劲儿。"游汉钟也开始对张开荣服气起来。

"那时感觉到他们拿我当自己人了,我就趁机把湖羊每日食量、饲料用量、粗细大小,不同时期用料比例调整等细节慢慢教给他们。"张开荣说,几个饲养员很快活学活用,"后来新建的几个养殖基地,没有死过一只羊,存活率达到100%。"

2019年6月,第一只小羊羔顺利出生,湖羊在广安的第一代"原住民"诞生了!此后的一个多月里,140多只小羊陆续出生。当年12月,第一批商品羊出栏销售。

接连的好消息让这个年轻羊倌变成了大伙儿争相邀请的座上宾。而后,张开荣顺势举办了湖羊养殖培训班,200多名养殖员主动来参加培训。他还组建了湖羊养殖微信群,及时指导、回复大伙儿的技术问题。

为发展可持续性产业链,南浔、广安两地协作开展了"湖羊致富"工程,张开荣又投身到全国首个农旅融合的"万头湖羊种羊基地项目"建设中。突如其来的新冠疫情让工程建设受到了影响,为了赶工期,张开荣干脆住到了工地的板房里。说是板房,其实就是铁皮集装箱开了个门儿。"这一住,就是半个月。那段时间,整个人非常亢奋,几个通宵干下来也不觉得累,最终保证了项目如期建设完成。"

挂职期满后,张开荣三次申请延长挂职时间,先后指导建设了75个湖羊种养循环生态基地,带动当地15000余人增收。2021年,张开荣先后被授予"全国脱贫攻坚先进个人、全国乡村振兴青年先锋、浙江省优秀共产党员、浙江省东西部扶贫协作突出贡献奖、湖州市十大优秀青年"等荣誉。面对乡村振兴的新征程,张开荣始终坚持为民服务初心,用自己的专业知识为乡村振兴建设添砖加瓦,他坚信每一名党员干部的努力奋斗必将会转化为人民的美好生活。

(金华职业技术学院就业指导处　供稿)

一、扎根基层 助力共同富裕

华梦丽：在希望的田野上，做田野上的希望

> 华梦丽，女，1995年出生，江苏农林职业技术学院2016届园艺技术专业毕业生，现任江苏果牧不忘家庭农场句容有限公司党支部书记、总经理，镇江团市委副书记（兼职），句容市妇联副主席（挂职）。2018年当选团十八大代表，曾获全国农村青年致富带头人、全国大学生返乡创业十强、第五届中国"互联网+"大学生创新创业大赛金奖、建党100周年科技创新人物、江苏最美人物、江苏高校杰出毕业生、江苏省巾帼三农之星等荣誉。

2009年，家里因为从事农业方法不得当亏损百万，华梦丽在那一刻下定决心，坚定学农创业扭亏为盈。2013年，华梦丽考入江苏农林职业技术学院园艺技术专业学习，其间担任农学园艺学院学生会主席、13园艺技术班班长。学院以服务"三农"为宗旨，以能力培养为核心，走产学研一体化之路的办学理念和"课堂移村口、师生到田头、成果进农户、论文写大地"的践行思路与鲜明的办学特色充分激发了华梦丽学习专业的热情，她专业知识过硬，图书馆、实验室更是她的主战场。2013年底，华梦丽参加了学院职业生涯规划大赛并取得了全校第一的好成绩，也就在那个时候，她对自己的未来有了一个清晰的规划。华梦丽凭借出色的专业水平和综合能力获得了国家奖学金、中国电信奖学金、江苏省三好学生等荣誉。她跟着老师做项目，依托学校实训平台参与各类竞赛，对自己的专业知识有了系统的认知，在学研结合、创新实践的教学环境中，锻炼了她非常优秀的说、写、讲、辩等能力，学院融创新创业教育于人才培养全过程的培养模式，让她对创业产生了浓厚的兴趣并积累了一定的经验。

2014年习近平总书记在视察镇江时说道：现代高效农业是农民致富的好路子。要沿着这个路子走下去，让农业经营有效益，让农业成为有奔头的产业。这句话也成了华梦丽最大的底气，她愿意用己所学去帮助更多的人。她扎根农村，不断地探索研究，一点点、一滴滴，以自己微薄的力量改善传统农业的种植现状，创新农业发展模式，以多元化发展方式实现梦想的华丽转身。华梦丽在毕业之际面临多种选择去向，但她似乎对这个给予她知识的第二家乡"句容"情有独钟，也义无反顾地带着所学的专

业知识和技能,带着自己的大学同学一起选择了到农村创业,她说:"不断学习,不是为了逃离贫困的乡村,而是为了把每一点所学的知识都滋养进土地,带着乡亲们一同致富。"

从 2015 年起,华梦丽和她的小伙伴们用所学知识稳定生产,将种养紧密结合,严格实行绿色生产标准,在确保质量、产量的同时保证收益。2016 年 5 月,本来有机会留校担任辅导员,但华梦丽放弃了,她选择了拥有广阔天地的农村,她负责的农场仅用了 11 个月零 7 天便完成了传统农业向体验式农业的重大转变,这也是她的农场实现增收的关键点,农场立足果牧全年供应,做到了"游玩赏食宿"五位一体,年游玩人数突破 10 万人,产值达 1500 万元。

华梦丽是个"不安分"的人,她没有满足于当下,而是未雨绸缪,用科技知识武装自己。学农出身的她深知科技兴农才是让农业永葆青春活力的秘密武器,只有把种质资源牢牢掌握在我们中国人手中才是农业根本。"理论扎实,敢想敢干"是华梦丽的大学老师对她的一致印象,她自己的宗旨是:"书上看百遍,不如实地干一遍。"2018 年,几名农户发现自家草莓苗莫名其妙大面积死亡,心急如焚地打电话找华梦丽寻办法。那天下着暴雨,大家本以为她只会在电话里询问下情况,谁想她却立刻赶到现场查看,她说:"农业技术问题,就得在田里面才能说得清楚。"根据观察,华梦丽找到了病因,能有效解决这一现象的方法就是使用脱毒草莓苗。说干就干,她立刻筹备建立植物组织培养室。那时正好是夏天,实验室里温度有 50 ℃,在这样的"桑拿房"里她待了三个多月,向老师多次请教实验,试了上百种配方,就为了研究出适合草莓生长的培养基配方,有了配方再配合学校的植物病毒钝化器,这样就事半功倍了。

与时间赛跑,华梦丽跑出了科技兴农新天地。她联合研发专利十余项,完成科技成果转化 14 项,核心技术获得了国内国际的广泛认可。中国园艺学会草莓分会理事长张运涛老师高度肯定了华梦丽的技术与成果,"她示范推广的草莓脱毒种苗质量优、社会评价高,促进了草莓产业提升发展和转型升级,已成为全国脱毒草莓种苗企业的一张名片。"拥有如此核心的技术,华梦丽没有隐藏,而是倾囊相授。她还自发组织成立了助农服务队,服务队由 36 名"90 后"、7 名"00 后"农学专业毕业生组成,他们将技术带到了内蒙古、辽宁等 16 省 57 地,积极为农民提供技术指导与跟踪服务,成了农民放心的"田保姆",先后免费技术性扶持农户 700 余户,辐射面积达到了 4.2 万亩。

"土地租给她,地租年年涨,给她打工,工资一分不少,我和老伴儿一年能挣 10 万块钱。"64 岁的王世祖是天王镇的村民,他对 27 岁的华梦丽佩服不已,"跟着她干准没错。"

在华梦丽的影响下,乡亲们的日子越来越好。她免费开放农贸集市,让周边村民可以将农副产品在她的农场售卖。她把"匠人匠心"精神融入从种到收的各个环节,将订单销售与线上销售有机融合,打通"教产收供销"农业全产业链。迄今为止,华梦丽的农场已累计带动就业287人次,为村民增收1400多万元,一年带动农产品销售86万斤,累计带动农产品销售273万斤,2021年实现人均增收32000元。

在华梦丽的影响下,新农人的队伍逐渐壮大。她为农学专业大学生提供实践场所,传授实干经验;为中小学生打造第二课堂,加强中小学生劳动教育;为全国农民打造田间课堂,提供交流平台。她先后培训学员16000多名,免费技术性扶持农户700余户,辐射面积达到了4万余亩,累计帮助农民增收1.2亿元。同时,她通过自己的实例影响了39名大学毕业生回乡创业,吸引了26名农学大学生来农场就业、实习,鼓励了147人从事农业。

在华梦丽的影响下,农民这个职业越来越被大家认同。原来听到老人说得最多的就是:"好好读书,不然以后只能回来种地。"现在村上老人们已经慢慢觉得:只有学好文化知识,以后才能好好种地,也希望自己的孙子孙女可以回到农村。华梦丽说:"乡村振兴战略给农村带来了机遇,但也需要更多的年轻人,如今正因为年轻人的回归,让我觉得农业都焕发了青春。"

很多人都会问华梦丽一个问题:"你一个小姑娘为什么会选择从事农业?"她何尝不也在问自己。这让她想到了自己的学农初心:"如果学农的都不从事农业的相关工作,那么未来又有谁能去担当中国农业发展的责任?"她也正用自己的行动给出答案,用行动落实青年一代的担当,将青春奉献在农村,建设农村。做农业,甘奉献,这是她最初的选择,也是她一生的坚守。

(江苏农林职业技术学院学生工作处　供稿)

邹保玉：从高酬专业转向高原事业的西藏驻寺干部

> 邹保玉，男，汉族，湖北钟祥人，1989年出生，广州番禺职业技术学院2012届珠宝鉴定与营销专业毕业生，中共党员。2012年参加大学生志愿服务西部计划赴西藏林芝市，两年期满后，通过当地公务员考试留在西藏，成为一名平凡的驻寺干部，曾获"西藏自治区优秀驻寺干部"等荣誉，现担任西藏林芝市波密县多吉乡寺庙管理委员会副主任。

2009年，邹保玉从"祥瑞钟聚"之地——钟祥来到广州，就读于番禺职业技术学院珠宝鉴定与营销专业，该专业主要面向珠宝首饰加工企业的市场部、客户服务部、物料采购部就业，也可在珠宝首饰营销企业从事珠宝首饰营销、营销管理、营销策划，或在珠宝首饰检测机构从事珠宝首饰鉴定与评估等工作。珠宝本身就代表着祥瑞，从"祥瑞钟聚"之地来的人读这样的专业可以讲是绝配，但专业老师教导他们从事珠光宝气的职业不能趾高气扬，珠宝鉴定与营销本质上姓"职"，必须俯身贴地注重专业学习，锤炼与人打交道的能力。老师们的教诲让邹保玉对专业有了更深的认识，他也开始时刻注意自己交流沟通能力的磨炼，在增长专业才干的同时通过各种渠道提升自己的思想境界，他也变得更加倾向于从事服务社会的工作。2012年大学毕业之际，当他看到团中央发布的"大学生服务西部计划"的信息时，"到西部去，到基层去，到祖国最需要的地方去"的号召瞬间点燃了他内心深藏已久的西部梦、报国梦。邹保玉不顾父母的反对和朋友的劝说，义无反顾地选择了一条崎岖坎坷的西部之路，经笔试、面试、体检等一系列程序，通过了共青团广东省委的考察审核，以广东省大学生西部计划志愿者身份正式进藏工作，服务祖国的边陲——西藏林芝。

西藏林芝位于西藏自治区东南部，地处雅鲁藏布江中下游，平均海拔3100米，太阳辐射大，紫外线强，空气含氧量仅为内地的75%左右，是典型的高原气候，不适宜人的居住和生活。2012年8月至2014年7月，邹保玉以大学生西部计划志愿者的身份在西藏林芝机关单位服务两年。第一年服务于西藏林芝市团委，第二年服务于林芝市科技局。两年志愿者服务期间，他尊敬领导、团结同事、踏实工作、热爱集体，勤勤恳恳的工作态度和热情友善的为人让他受到领导、同事和朋友的广泛好评。珍贵的西部计划志愿者工作生活经历使他迅速成长，并让他深深爱上了西藏这片神奇的土地和淳朴善良的人民。

2014年9月，在藏从事两年志愿服务工作后，邹保玉放弃了内地优越的条件和舒适的生活，克服重重困难，参加了西藏基层公务员的考试并顺利通过，自此正式选择扎根雪域高原，全心全意为人民服务。经过志愿者时期的多岗位锻炼，邹保玉除了练就行政业务本领外，还对西藏因民族宗教特征的区域治理方式有了粗浅认识。身份转变后，邹保玉受组织委派，在林芝市波密县多吉乡寺管理委员会工作，负责教育、服务、管理寺庙僧尼。在西藏从事该岗位的公务员被称为驻寺干部，这也意味着邹保玉不仅需要不断更新自己的知识，更需要谨记大学专业老师的教诲，把服务做到僧尼的心坎里。

在寺庙里，邹保玉加强和创新寺庙管理的重大决策部署，紧紧围绕教育、管理、服务三大职能，克服困难、坚守岗位、尽职尽责、不辱使命。寺里有寺僧、尼姑多名，邹保玉对他们每个人的情况都了然于胸。只要有需要，大家都会第一时间想到他，大到看病、请假，小到买药、办卡，邹保玉总是帮他们耐心地一件一件去处理。除了日常的教育服务管理工作，邹保玉还在加强和创新寺庙管理方面下功夫，他和汉族干部一起学藏语，以更好地融入寺庙环境，同时，对想学汉语的僧尼他也会耐心地给予辅导，这样也更加容易面对面地向广大僧尼宣讲党的最新指示精神、党的宗教政策和国家法律法规，引导广大僧尼自觉做爱国爱教、遵纪守法的模范。一系列利寺惠僧政策得到落实。邹保玉千方百计为广大僧尼解难事、办实事、做好事，全面提升寺庙基本公共服务水平，不断改善僧尼学习生活条件，得到了广大僧尼和信教群众的热烈欢迎、衷心拥护和高度评价，确保了当地寺庙持续稳定、全面稳定、全年稳定。

回看进藏工作，邹保玉始终坚守在维护祖国统一、加强民族团结第一线，克服了条件艰苦、语言不通、情况复杂等诸多困难，发挥了共产党员模范带头作用，获得"西藏自治区优秀驻寺干部""年度优秀公务员"等殊荣。习总书记在中央第六次西藏工作座谈会上指出："在高原上工作，最稀缺的是氧气，最宝贵的是精神。长期以来，一代又一代共产党员舍弃常人所拥有的、放弃常人所享受的，扎根雪域高原，矢志艰苦奋斗。"时光荏苒、岁月如梭，转眼间邹保玉已在西藏度过了十多个春秋。在这十多年里,不思念家乡、父母、亲人和朋友是不可能的,想起内地大城市的繁华与热闹,邹保玉偶尔也会萌生辞职回家的冲动,但是一想到当初自己选择的初心便打消了念头,他说:"既然选择了西藏,便甘于奉献、一生无悔。"邹保玉只是万千在藏干部职工中的一员,作为一名共产党员,他知道祖国需要自己,西藏需要自己,人民群众需要自己。

(广州番禺职业技术学院 供稿)

一、扎根基层 助力共同富裕

麦麦提玉苏普·麦麦提：和母校双向奔赴在乡村振兴道路上的创业人

> 麦麦提玉苏普·麦麦提，男，维吾尔族，1993年出生，中共党员，新疆农业职业技术学院2020届园艺技术专业优秀毕业生，自主创业成立英吉沙县依格孜牙乡沙枣农民专用合作社、新疆仁财国际贸易有限公司。

麦麦提玉苏普·麦麦提出身于一个普通的农民家庭，父母都是当地最普通的农民。2017年，心怀梦想的他考入了新疆农业职业技术学院园艺技术专业，开启了为期三年的大学生活。入校后，他认真学习专业知识。在学习过程中，他发现园艺技术岗位专业跨度很广，要想未来在此领域深耕，就必须涉猎与此专业相关的知识，于是在课余时间，他走进种子生产与经营、农产品加工与质量检测等专业的课堂进行旁听学习，课后积极向老师请教学习。寒暑假回到家乡，麦麦提玉苏普·麦麦提将所学知识在自家的田间地头进行实践。在学院农业专业的支持下，结合家乡种植环境，创建自己的事业帮助家乡振兴发展的想法在他心中生根发芽。

一直以来，学校始终坚持以教育引领创新，以创业促进发展，激励学生以创新创业带动区域农业产业振兴发展，探索独具特色的助农、兴农、富农之路。这使得麦麦提玉苏普·麦麦提更加坚定了毕业返乡投身杏子产业的决心。2019年，大二的麦麦提玉苏普·麦麦提召集了一群与他志同道合的青年学子，组建了以家乡色买提杏产业发展为目标的创新创业项目团队，开启了自己的创新创业实践之路。为助力家乡发展，麦麦提玉苏普·麦麦提在当地政府大学生创业政策的支持下，成立了英吉沙县依格孜牙乡沙枣农民专用合作社。

创业初期的麦麦提玉苏普·麦麦提并非一帆风顺，在杏子的选种、种植技术、储藏加工、运输销售等方面困难重重，但造福家乡的殷切希望并未因此消散，他了解到学校坚持以专业教育引领技术创新，积极与南疆地区建立技术合作帮扶关系，建设助力南疆农业产业发展的"产学研"平台,发挥农林牧专业教育价值,结合区域农业困惑及需求开展专业技术研究及教育,于是就想到是否可以将专业教育及科研成果,与企业、农村组织进行有效优势对接,积极实现科研项目落地"最后一公里"。根据喀什地区农业环境现状及麦麦提玉苏普·麦麦提的项目实践需求,学校成立了专业科研团队,针对当地杏子等林果产品种植低产、多病的问题,启动了实验室研究计划。通过学校农林种植科研队伍及实验室的实力助推,针对英吉沙县色买提杏种植、繁育等技术难题及相关产业发展难题,繁育开发出色买提杏新品种,并由麦麦提玉苏普·麦麦提将色买提杏引入家乡英吉沙县,大幅提高了当地色买提杏的产量和品质。近几年当地色买提杏亩产提高 500 kg 以上(1.0~1.2 吨/亩),单果各项指标提升 40% 以上,年采收、加工色买提杏 600 余吨,鲜果及深加工销售额达 700 余万元;同时,辐射带动英吉沙县三乡七村 50 余户 1500 亩色买提杏果园创收,产值达 4000 万元/年,经济效益显著,有效推进了依格孜牙乡 7 个村的脱贫攻坚。

在进行专业引领创新创业的过程中,学校致力于促进创新成果与农业产业深度融合,走特色产业兴农之路。为此学校实施了"技术技能创新+成果转化+产业发展"的科技服务农业产业发展模式,极大地助力了学校专业教育与创新创业教育成果在实践中的转化,有效引导了双创教育成果促进区域产业的发展。

结合麦麦提玉苏普·麦麦提公司的杏子加工产业技术需求,学校与合作社建立合作关系,将特色工程中的"一种低糖杏脯的制备方法""一种杏子果干加工用烘干装置"专利成果转让给英吉沙县。通过专利技术的推广,大力发展了该地区色买提杏种植、杏脯干制备产业的发展。在学校专业技术服务及专业人才的支持下,麦麦提玉苏普·麦麦提成立了新疆仁财国际贸易有限公司,将业务扩展至色买提杏代理收购、储藏、出口加工、超市供应、高档礼品果加工销售、化肥果袋供应等范围。通过几年的发展,合作社及公司已与乌鲁木齐、昌吉、北京、上海、深圳等多家超市建立了长期合作关系,喀什地区英吉沙县优质色买提杏每年生产供应量可达到 3000 余吨,为当地及周边农户带来持续稳定的经济效益,为喀什地区色买提杏产业发展起到积极的促进作用。

随着与学校合作的深入,麦麦提玉苏普·麦麦提与学校发展成为服务色买提杏产业的命运共同体。为更好地保证企业的发展,更大的服务家乡产业振兴,他与学校联合成立"新疆特色果树新技术研究中心",针对喀什地区杏产业种植技术进行持续跟踪研究服务,并利用学校专业服务资源针对喀什英吉沙县农户开展各项栽培种植技术培训与咨询。在学校对英吉沙县色买提杏产业提供持续支持和咨询服务下,合作社建立了 600 亩色买提杏繁育、生产、加工产业基地,该成果辐射了 1500 亩色买提杏种植标准化生产,有效推进英吉沙县 20 余个村镇的农业生产提质增效,助力新疆南疆地区如期打赢脱贫攻坚战。

目前公司已与淘宝、拼多多等多个平台建立了长期稳定的合作关系,每个月有20吨的销售订单。公司发展稳定了,麦麦提玉苏普·麦麦提也有了新的目标。麦麦提玉苏普·麦麦提说:"创业初期,政府给了我们20万元的创业补贴,贷款也是低利息的。县上和学校还请了各种专家过来给我们讲种植技术,讲加工技术,还有税费减免的好政策,有啥困难给乡政府说他们就想办法给我们解决,非常感谢党和政府。我想再拓宽业务,把周边县的特色农产品巴旦木、核桃、红枣也收一些过来销售。有党和政府的好政策在背后支持我们,我非常放心,我们也会继续努力,带着更多的乡亲们一起奔小康,过好日子。"

在麦麦提玉苏普·麦麦提的规划里,不仅有对色买提杏产业的推广带动,更有要在平凡的岗位上,任劳任怨,勤勤恳恳,带着一颗奉献的心去做好乡村振兴的每一项工作的赤诚,他想将自己的青春融入这大片雪山之中,把自己热爱家乡的信念转化成行动,为家乡开发更多的产业,他希望用自己的努力带动家乡的产业蓬勃发展,帮助到更多的人。

(新疆农业职业技术学院　供稿)

金华厦:投身千年古镇乡村振兴的尖兵

> 金华厦,男,1991年出生,泉州职业技术大学2016届机械制造与自动化专业毕业生。金华厦曾因勇救落水者而获评"福州市见义勇为先进分子",入围"中国大学生年度人物"候选人。在校期间弃笔从戎屡获嘉奖,如今自主创业,投身家乡福建省福州市永泰县嵩口镇的乡村振兴建设多年,并于2021年起任嵩口镇玉湖村党支部书记、村委会主任。

2021年6月5日,泉州职业技术大学举行毕业典礼。当天作为校友代表发言的金华厦是2011级机械制造与自动化专业的学生。十年光阴,匆匆而别,再次走进母校的金华厦已和当年那个青涩少年判若两人,浑身上下透着沉稳、自信的气息。

大樟溪是闽江的最大一条支流,它在嵩口古镇上蜿蜒穿行,两岸起起伏伏的山峦里,散落着百余座明清时代的古厝,黑瓦白墙点缀在青山绿水之间。这里就有金华厦的家乡玉湖村。

像很多当地的村民一样,金华厦的父母从事的是做李干的生计,一年到头好像都有做不完的农活,施肥、修剪、采摘、加工……直到那一袋袋的李干装好上市,换来一家人的生活。

2011年的一个夏日,当金华厦的父亲兴冲冲找到儿子时,他正在地里帮着家里收拾李干。这位辛苦大半生的农民,手里抓着儿子的大学录取通知书,眼里的泪花闪着幸福的微光。多少年了,他总盼着儿子哪天能走出他终年厮守的村子,到外面更大的世界去读书、去闯荡。

帮着家里收拾完这一季的李干,那年秋天,金华厦简单装了一袋的衣物,只身一人搭车来到了泉州理工职业学院(泉州职业技术大学的前身),从此开启了父亲对他寄予厚望的大学生活。

在这里,他是学校的活跃分子,曾担任过车辆系学生会主席。他的各科成绩都在

一、扎根基层　助力共同富裕

优秀水平,还在钳工课程中研究出一套独特的加工手法。周末与节假日,他则积极组织学生会干部参加义工活动,服务过敬老院、幸福院以及特教学校。

2011年2月6日,正月初六。大樟溪上,天阴沉沉地笼罩着。途经玉湖大桥的金华厦突然听到远处桥头传来一声巨响,只见一辆橘黄色的轿车已冲破围栏飞向十几米下的大樟溪。

见势不妙,他立即掏出手机报了警,并快步跑向事发地点。"一个五六岁的小孩从车里漂出,手脚不断挣扎着漂向下游。当时我惊呆了,二话没说拦下开摩托车经过的陈步志夫妇,请他们一起下去救人。"

金华厦不顾一切地从垃圾堆顺势滑下,身上多处被丝茅草割伤,但他已经顾不上这些了,急得连衣服都没脱就直接下到水里救人。金华厦奋力游到小孩身边拉住他的小脚游向岸边,并把他拖到岸边的岩石壁上,进行胸部按压抢救。

所幸的是,陈步志夫妇这时带着另外一个村民也赶过来了。金华厦把小孩交给村民,又与陈步志下水搜寻其他被困者……"当时,我体力已经不支,整个人都快被冻僵了。但一听到岸上被救起的小男孩哇哇地哭着要妈妈,我就又迅速潜到水里找人……"金华厦回忆道。最终,他们在村民的帮助下,救起了意外落水的这一家四口人,除其中一人因抢救无效死亡外,其他三人都死里逃生。体力不支、嘴唇冻紫的金华厦,被村民们支着送到了家里。母亲着急地给他熬了一大碗的姜汤,父亲则默默地站在他的身旁,眼里满是温暖的亮光。

2011年7月,下水救人的金华厦被评为"永泰县见义勇为先进分子",当年12月被评定为"福州市见义勇为先进分子"。

在金华厦很小的时候,大樟溪上还没有架桥。站在溪的这边,他经常会看到有部队在对岸拉练,声音震天。那齐刷刷的阵势很拉风,总会吸引着站在隔岸的他,也是从那时起,长大从军成了他的梦想。大二上学期,金华厦顺利应征入伍,他的军营梦想终于成真!

金华厦服役的军种是陆军侦察兵,该军种训练科目多、强度大,每天早晚都要进行五公里的负重奔袭,每周还有一次15公里的特训。"还好在泉大时有个雷打不动的晨跑,适应很快。"金华厦说。

9个月后,金华厦被任命为班长。在随后的日子里,他曾先后获得过优秀士兵两次、三等功一次、"三能四会"先进个人,并被列入了提干苗子。少儿时深藏的"尖兵"之梦,离他越来越近。

正当一切都朝着既定方向迈进时,老家突然传来一个消息,他的父亲被查出了肝癌……一想起默默用汗水把自己养大、把自己送进大学的父亲,金华厦就难以抑制眼里的泪水。2014年夏秋之季,那个一心想要飞向远方的农家子弟,恋恋不舍地走出军营,选择了提前退伍回家照顾病重的父亲。

陪伴父亲的时光里,金华厦在嵩口镇综治办找到了一份文案兼职以贴补家用。也是从这时开始,他重新思考着自己的人生方向。

寂静的嵩口镇,在美丽乡村的建设洪流中慢慢苏醒过来,向金华厦展露着不同以往的面目。随着政府的不断投入和改造,破败的村容村貌不见了,基础设施得到了快速提升,绿水青山掩映下的千年古镇,迎来了一拨又一拨的游客。这一切,让他看到了不一样的可能。"以前嵩口经济差,在老家讨口饭吃很难,年轻人大多往外走,但现在不同了。"金华厦发现,一个福州的摄影家在玉湖村支起一个摄影棚,就可以吸引很多外地的摄影发烧友来此拍摄国家一级野生保护动物秋沙鸭,而且成了收费项目。绿水青山,真的成了金山银山了。

9个月后,金华厦的父亲去世,办理完父亲的丧事后,他收拾行囊重新回到大学继续未完的学业。而这时,他的心里已经装了一个回乡创业的梦想。家乡的一山一水,在不远处向他闪着异样的光彩。

2016年7月,金华厦从泉州职业技术大学毕业。他没有汇入都市汹涌的人流,而是拎着行囊,马不停蹄地回到了父亲曾经期待他飞离的玉湖村。

金华厦在嵩口创办了一家传媒公司,重点服务当时正如火如荼的美丽乡村建设大潮。由于在镇里实习时认识了不少朋友,加上公司的宣传文案、海报设计出众,他的业务迅速扩到嵩口的21个村居。很快,隔壁镇的一些村居也慕名找上门来。

玉湖村的七座明清古建民居,曾因年久失修破败不堪,后来在政府的帮助下得到了很好的修缮。重获生机的古院落,经常迎来四方探访的客人。"未来乡村振兴、人居环境改造,一定需要大量懂建筑、懂文化的团队。"金华厦看在眼里,又迅速组建了一个建筑团队,业务量随即得到了很大的拓展。

现在,金华厦的创业公司业务涉及民宿装修、庭院改造,以及公园、广场、停车场、游游步道、生态护岸的建设。

在创业开始的艰难日子里,金华厦与工人同吃同住,整泥水、做木工、搬石子……样样不落。在不知疲倦奋力前进的时刻,他的眼里、心里、浑身上下都溢满了希望的亮光。

2021年,金华厦当选玉湖村的党支部书记、村委会主任之后,就一路奔忙地带领着村民改造人居环境、清理旱厕,包装推销当地李干、笋干、青红酒等农特产品,并积极吸纳困难户就业,把空心20年的林场自然村改造成网红打卡点……

这应该是他父亲生前不曾想到过的事情。是什么力量,让金华厦从懵懂的少年走到了今天？2021年6月5日,在他所作的校友发言《心中有光　所及皆亮》一文里,都是他关于求学创业的感悟,从中也许可以找到一些的答案——

"2011年2月的一天,我遇到了因车祸落水的一家四口,当下立即加入救援,而我也被授予了福州市见义勇为先进分子,我想这也是践行学校'奉献'校训的最好印迹。"

"困难有时会压得人无法呼吸,让人怀疑坚持下去的意义,这时心中是否有那一束光亮在前方指引就显得尤为重要。从'创业者的摇篮'走来,从军营走来,从家庭变故走来,我心中的光从未消失……"

金华厦的祖父,曾是当地有名的富商。当年,他沿着大樟溪,把村里的特产茶油运到福州台江,再把城里的布匹、化工用品运往玉湖,做着很大的生意。让人意想不到的是,他的祖父却在1958年死于饥荒。

"我们的嵩口、我们的玉湖,一定会成为宜居、宜业、宜游的美丽乡村！生活会越来越好,再也不会出现当年的饥荒！"站在村口的大树下,金华厦展望着未来。

父亲和学校老师眼里的光亮,军营汗水映着的光亮,绿水青山透出的光亮,还有金华厦心中深藏的光亮,似乎一直都未曾离开过他。

（泉州职业技术大学学生工作处　供稿）

木呷所哈：回报家乡的大学生村官"阿黑哥"

> 木呷所哈，男，彝族，1996年出生，四川甘洛人，四川交通职业技术学院2020届汽车车身维修技术专业毕业生。大学期间他认真学习，课余兼职挣取生活费，并积极参与学校组织的文体活动、公益活动。毕业后他回到生于斯长于斯的乃托村，成为一名平凡的大学生村官。木呷所哈是村里走出去的第一位大学生，而今是回村的第一位大学生。

木呷所哈初中就读于甘洛中学，临近中考之时，国家出台了造福边远贫困家庭的藏、彝区"9+3"单独招生政策。正是这个政策成就了木呷所哈去大城市读书学习的梦想，他在高中阶段交流到成都市工程职业技术学校。在工程职业技术学校的三年，木呷所哈用心学习，考进四川交通职业技术学院汽车工程系汽车车身维修技术专业，圆了他的大学梦，他也成为村里的第一位大学生。

大学生活丰富多彩，木呷所哈不仅领略了老师们渊博的学识、有教无类的耐心教诲，还让自己的眼界得到了提升。从教室到球场，从食堂到寝室，还有充满知识味道的图书馆，都给他留下了深刻的记忆。木呷所哈从小在彝村长大，家庭并不富裕，因为有国家的帮扶，才有了接受高等职业教育的机会，但日常开支还需要自己解决。大一期间，木呷所哈课余就找各种各样的兼职勤工俭学，一来可以挣取生活费，二来可以丰富自己的社会经验。到了周末，他就去武侯区酒店做保安，保安按小时计工资，有时甚至连上36个小时的班他也不觉得苦。辅导员刘兴尧老师当着同学的面夸奖过木呷所哈，让其他同学向他学习，在生活上自强自立。木呷所哈也知道，兼职是为了生活，但校园的集体生活也是不能缺失的，所以他竞选了学院社团祥云协会的副会长，组织了几次大型活动，取得了圆满成功，锻炼了自己的表达能力和组织能力。

令木呷所哈没想到的是大二之后学校推出的创新创业政策，让他能有机会在校园里实现自己的创业梦。木呷所哈正式开办了余味俱乐部，并申请了营业执照规范

一、扎根基层　助力共同富裕

经营。彝族是一个热情好客、把酒言欢、性格豪爽的民族,由此形成的酒文化很有特色。木呷所哈开办的俱乐部主打与彝族文化有关的特产,比如彝族的竿竿酒、海棠纯粮白酒,这些特产木呷所哈都会特别推荐给光顾俱乐部的校友,作为彝风文化产品来体验。为了让更多其他民族同胞能了解到彝族的酒文化,增进不同民族间文化交流,木呷所哈还推出了彝族525饮酒展示活动,进一步丰富俱乐部的民族文化内涵。在创业期间,木呷所哈成长了许多,也收获了很多。他收获了很多友谊,增长了很多见识,从懵懵懂懂的一个创业入门汉变成了有着几分成熟处事的大掌柜。同时,他阅历世间百态中大大小小的辛酸与苦闷,也懂得略有成就感之时心灵的回响。大一、大二两年,木呷所哈因为兼职和创业,钱袋子比读大学前鼓了一些,但他从不敢乱花,他参加了学院学生自主创办的爱心慈善团队,与团队合力资助过同在大凉山片区的一名成绩优异却家庭十分困难的学生。

2020年,木呷所哈顺利从四川交通职业技术学院毕业。他深知家乡四川大凉山是国家脱贫攻坚总攻的集中连片贫困区,当地贫困的枷锁需要更多的大学生用智慧的钥匙去开启,自己作为彝乡人,回乡为乡村振兴绘就美好图景更是义不容辞的使命和责任,也只有这样,自己在大学时光的创业经验和组织协调能力才有真正的用武之地。没有多想,木呷所哈选择回到甘洛县新市坝镇乃托村村委会当了一名村干部。乃托村面积6.8平方公里,辖4个村民小组,村(居)委会驻地4个组,户籍人口432户,2112人,常住人口348户,1648人。全村有建档立卡贫困户190户,1020人,现有边缘户18户,监测户8户。2020年正是脱贫攻坚战完胜的一年,全村共建彝家新寨190户,三类人员危房改造9户,非建卡户D级危房改造50户,三建四改348户。现在群众都实现了"三不愁"(不愁吃、不愁穿、不愁住),教育方面也逐渐提高了升学率。木呷所哈坐在村委会办公室也常常思考,凉山地区是习总书记常常挂念的脱贫山区,他还到过凉山慰问贫困群众,在新形势下,脱贫攻坚的阶段任务就要完成了,之后自己的工作就应该是防止返贫,并且让大家的精神文化生活富足起来。

对此,木呷所哈鼓足干劲,以全村第一个大学生的身份,负责全村的"控辍保学"工作。为了防止学生辍学打工,木呷所哈绞尽脑汁,出台了有效的管控机制。在绵竹对口帮扶干部的帮助下,村里参照城市文化建设的做法,建起了文化院坝,村民们有了技能学习、文化学习、生活休闲的场所,这也让木呷所哈有了更好地开展"扶智"和"扶志"的空间。他与帮扶干部一起,让绵竹传统年画上墙,致力于思想的滋养、感召与引领,补齐"精神贫困"这块短板,以"社会主义核心价值观"和彝族文化风情为主题,助力当地群众在潜移默化中移风易俗、感恩奋进,努力改善村容村貌,发展生产。

小学的时候老师会经常问木呷所哈,长大了有什么愿望,当时各种想法都会出现,回乡后走在乡村振兴的路上,木呷所哈最希望的是给村里修条路。如今这一愿望实现了,2021年7月16日,总投资1239.8万元的里克乡居什村至乃托村通村联网公路工程顺利中标,从彝村出发到西昌卫星发射基地再到邛海湿地公园的文旅图景即将成为现实。看着家乡日新月异的变化,木呷所哈心潮澎湃,在未来乡村振兴的道路上,一定要树立好榜样,吸引更多的大学生来到彝乡,为山区农村找到一条可持续的产业振兴之路。

(四川交通职业技术学院　供稿)

一、扎根基层　助力共同富裕

罗焕楠：甘当易地扶贫搬迁的服务员

> 罗焕楠，男，1995年出生，铜仁职业技术学院2016届农学院设施农业专业毕业生，先后在贵州省铜仁市万山区丹都街道旺家社区（跨区县易地扶贫搬迁社区）、贵州省铜仁市万山区丹都街道工作，现任贵州省铜仁市万山区丹都街道党工委委员、组宣统委员。2019年6月荣获铜仁市脱贫攻坚优秀共产党员表彰，2020年6月荣获贵州省脱贫攻坚优秀基层党组织书记表彰，2021年2月被党中央、国务院授予全国脱贫攻坚先进个人荣誉称号。

2013年，罗焕楠进入铜仁职业技术学院农学院设施农业专业学习。在校期间，曾担任农学院学生会副主席，是一名光荣的中共预备党员。他秉承"明德、求真、笃行、自强"的校训精神，用行动弘扬"团结奋进、求实创新、卓越奉献、敢为人先"的新时代铜职精神，在铜职特有的"五元文化""四项主题"育人氛围中历练服务社会、扎根山村的职业素养和专业技能。

大学一年级，罗焕楠结合专业实际与个人志向，为提升岗位能力与职业素养制定了系统的学习计划与科学的职业规划。农学专业鲜明的"贴农惠农"专业特色激发了他学好专业知识、奉献社会的豪情壮志。在专业学习中，他合理安排作息时间，注重劳逸结合，努力攻克每一个疑难点，将闲暇时光都放在了图书馆；在实训实践中，他以"手上有茧、腿上有泥、心中有民"的全国教书育人楷模"蘑菇教授"顾昌华教授为榜样，在"三下乡"实践活动中认真收集服务群众的好方法、探寻农业产业增收关键点。在校期间，罗焕楠顺利完成贵州大学自学考试本科段学习，并获得农学学士学位。与此同时，他不仅注重个人能力的提升，而且还以身示人，常常将"作为一名学生干部，首先要学会服务""作为一名党员，只有思想上入党，才能践行党的宗旨""作为一名学生，当好学习标兵是本分"的话挂在嘴边，时时处处树立好学生干部形象。

参加工作以后，罗焕楠并没有直接从事专业对口的扶农工作，但大学里培养的对农民天然的情感,助力他在从事脱贫攻坚的农民工作时触类旁通、勇挑重担。2019年1月,罗焕楠从丹都街道下派到旺家社区任党支部书记。旺家社区共搬迁来自思南、石阡、印江的困难群众4232户18379人,搬迁安置规模为万山之最。罗焕楠发挥党建引领的示范作用,创造性地打造了一支敢管、会管、能管的"三管"社区干部队伍。并在旺家社区探索推行"124"网格化管理工作模式,制定出"三长四员制"组织架构,以党组织为核心示范引领,明确社区党员干部为网格长,并为每栋楼配备一名党小组长和楼栋长,下设就业协管员、民警服务员、矛盾调解员、物业服务员,实现了旺家社区62栋居民楼网格化综合管理全覆盖,架筑起党群"连心桥",提升了支部服务群众的能力,实现了"人在网中走,事在格中办"。支部先后主持召开各类大小党员群众会议100多场次,发放易地搬迁后续政策资料8000余份,及时让群众掌握易地扶贫搬迁的相关政策,创新探索出了一种易地搬迁安置型社区的综合治理新模式。

面对搬迁后续的诸多问题,罗焕楠没有退缩,坚持带领社区干部每天开展入户走访,努力实现把搬迁群众的问题解决在社区、矛盾化解在社区、感情融洽在社区。他用初心践行使命,用行动诠释忠诚,时刻做到将习近平总书记的关怀传递到搬迁群众心里,把党中央的政策宣传到群众家里,把青春挥洒在脱贫攻坚的主战场。为帮助搬迁群众尽快适应并融入城市生活,他创新开展了带领搬迁群众进一次菜市场、坐一次公交车、过一次红绿灯、坐一次电梯、上一堂感恩课、走进一次铜仁等"六个一"新居体验活动,帮助群众尽快融入城市生活,得到搬迁群众高度认可,这一典型经验在万山区异地搬迁工作中广为推广。

要想群众留得住,关键要为群众解决收入来源问题。为让搬迁群众实现上班顾家两不误,罗焕楠四处奔波招商引资,他在旺家社区建起了扶贫微工厂产业园,引进入驻景航服装、锦绣坊、阿里巴巴"AI豆计划"等七家企业和项目,多渠道开发就业岗位,为2200多名搬迁群众就近提供工作岗位,人均月薪达2600元以上,实现了搬迁群众在家门口就业的美好愿景。旺家花园"小区建工厂,居民变工人"的实践探索得到时任贵州省委副书记、省长谌贻琴的肯定。他多次接待国家、省、市领导的参观考察,成功打造了一个集物业管理、家政服务、劳务输出等服务业为主的社区集体经济旺家物业有限公司,有效帮助80余名半劳力、弱劳力、残疾人实现稳定就业。截至目前,旺家社区开展就业培训21个班次,涉及制衣、制鞋、水电工、家政、厨师、刺绣等,培训1600余人,向东部地区城市输出务工人员3500余人,实现了搬迁群众"稳就业、保增收"的工作目标。

2020年大年三十,正当阖家团圆,老老少少沉浸在喜气洋洋的春节氛围中时,罗焕楠接到了回社区开展疫情防控工作的指令,放下手中碗筷,挥别家中老小,他第一时间赶赴旺家社区。当天晚上,他召集社区干部和部分返回社区的楼栋长商讨疫情防控工作,第一时间按街道工作提示设立了监测卡点,带头值守疫情防控第一班岗。疫情防控期间,他就像一只永不停歇的车轮,不分白天、黑夜连轴转。2021年10月社区换届之后,罗焕楠作为社区的联系领导,先后指导成立了"旺家手工文创"工作室,建成了"东莞—铜仁"东西部协作慈善超市,帮助100余名搬迁群众实现了就业增收,使社区群众的安全感、获得感、幸福感倍增。

"金杯银杯不如老百姓的口碑,金奖银奖不如老百姓的夸奖。"罗焕楠常说,"扎根基层、躬耕于农、带领老百姓脱贫致富是铜职人的使命。"在乡村振兴新征程上他将继续着"青衣"深耕基层,洒"热血"服务群众,团结带领好易地扶贫搬迁群众感党恩、听党话、跟党走,抢抓新时代的大好机遇,在乡村振兴的伟大征程中苦练本领、卓越奉献、敢为人先、奋发作为,用青春的朝气和干劲践行初心使命,用行动谱写易地扶贫搬迁社区工作新的华章,为乡村振兴奉献自己的全部智慧和力量!

(铜仁职业技术学院学生工作部 供稿)

蔡松鹤:专业赋能文化产业,共筑乡村富裕样板

> 蔡松鹤,男,1987年出生,浙江工商职业技术学院2009届视觉传达艺术设计专业毕业生。2008年加入中国共产党,2009年毕业获得"省级优秀毕业生"荣誉称号。毕业后,跟随导师创办设计工作室,兼任建筑与艺术学院外聘教师。返回家乡后,积极投身公益事业,参与成立了微善公益,对外开展一系列公益活动,并长期担任安吉微善公益事业联合发展委员会副会长、秘书长,被授予"湖州市两新组织优秀青年党员""安吉优秀义工""上墅乡抗疫先进个人"等荣誉称号。2013年在上墅村村委会任职两委,2016年底当选安吉县第十六届人民代表大会代表,同年,与合伙人共同创办了安吉大麓书院,2020年至今担任安吉县上墅乡上墅村党总支书记、村委会主任,其间荣获"南太湖社会工作领军人才""上墅乡优秀村干部"等荣誉称号。2022年当选为湖州市人大代表。

1987年春末夏初的一个下午,蔡松鹤出生在当时的上墅乡老卫生院里,出生的地方就在现在他所创办的大麓书院里。老卫生院几经变迁,从卫生院到学校再到养殖基地酒厂。如今,大麓书院已成了上墅乡文化休闲产业的一张金名片。回到呱呱落地发出第一声的地方创业,也算是冥冥之中的一种缘分。

蔡松鹤2006年进入浙江工商职业技术学院建筑与艺术学院,就读视觉传达艺术设计专业,在班里一直担任班长,老师和同学都给予充分的认可。同时在分院担任宣传部部长一职,兼顾着学院的宣传设计工作。在校期间,在导师的带领与指导下,经常获得国家省市各项设计奖项,毕业后获得学校的邀请,作为外聘教师任教。在设计审美上他有自己独特的见解,和多数年轻人一样,也许是着力于一种"小情怀",蔡松鹤对于民宿行业密切关注。2016年,安吉的美丽乡村建设如火如荼。一次在与小伙伴探寻家乡的美景时,偶然间发现了被闲置的老卫生院,虽然几乎所有老百姓都知道这"老地方",但不曾被任何人提起。老卫生院搬迁后这里曾办过学校和酒厂,几年后也

一、扎根基层　助力共同富裕

被荒废。作为一名土生土长的安吉人,蔡松鹤十分关注家乡的发展,想要打造一个具有当地村域文化特色的主题民宿,这块"宝地"就被他看中了。蔡松鹤从零开始,因地制宜打造出了大麓书院民宿,让这幢闲置老屋焕发出新的生机。

因为在文化休闲旅游产业中有独特的见解,蔡松鹤在创新创业中起到了模范带头作用。近年来,上墅村在蔡松鹤的带领下,发扬创业精神,发挥当地产业与人才优势,积极践行"绿水青山就是金山银山"的理念,锚定"奋力打造国际化绿色山水美好城市"的总目标,坚持统筹规划,因村制宜搞创建,因地制宜搞发展,在生态环境、艺术乡建与美丽乡村建设经营上取得了明显实效,2020年成功创建安吉县美丽乡村精品示范村。蔡松鹤作为年轻的村书记,带领班子成员抢抓国家大力发展文化产业的发展机遇,谋划助力上墅乡打造艺术乡建"音乐原乡",力争将上墅村打造成为宜居、宜游、宜业的音乐乡村,音乐产业快速发展成当地经济的主力军,直接或间接带动村民就业。

"做一个民谣主题的民宿"的想法迅速在蔡松鹤脑海里萌生,于是,他在民宿里搭起舞台,邀请民谣歌手现场演唱,把在大城市才能看到的民谣音乐会搬进了小山村。从2019年6月开始,一个个民谣歌手走进小山村、走进大麓书院民宿,100多场音乐节和音乐沙龙陆续开展,歌声不时响起,带来了人气,也激活了小山村的夜经济。大麓书院民宿向音乐乡村靠拢,成为上墅乡音乐原乡示范点,推动全乡音乐文化产业发展,获浙江省音乐家协会结对指导,与安吉县音乐舞蹈家协会共建为大麓书院民谣馆。多次开展歌谣演出活动,邀请文联主席等多位领导前往参观,让村民们体验音乐乐趣,让音乐逐渐地融入上墅人的日常生活,在潜移默化中提升审美,塑造上墅人的文化气质、文化自信,获得参观领导、村民及旅客们的一致好评,并得到央视《新闻联播》《新闻直播间》栏目,新华社等媒体持续关注和报道。

在音乐民宿逐渐稳定后,蔡松鹤开始经营文创产品。在这一转型过程中,他尤其注重发动村民,让大家共同富裕。2022年5月,大麓书院新增树下咖啡馆、轻食店、茶空间、小酒吧等业态。绿水青山间,在100多年的古樟树下,一杯咖啡、一首民谣,全国各地的游客慕名而来,只为一品独特滋味。

大麓书院摆上了作为文创产品售卖的富硒米。通过与村民合作,打造了一个精品农业园,利用当地土壤富硒的特点,以生态环保的方式种植大米。"以前村民种植的大米不好卖,现在打包升级后,村民种植,我们销售,利益共享,大家一起共同富裕。"每次开办音乐会时,都会招募村里的老百姓们,为他们提供数十个就业岗位,负责安保、保洁等工作。

蔡松鹤在不断探索企业创新发展模式的同时,还热心于公益,他担任安吉微善公益事业联合发展委员会的副会长、秘书长,在公益事业上不断奉献自己的爱心,组织和参与各种公益活动,赞助各种公益救助行动,被授予"湖州市两新组织优秀青年党员""安吉优秀义工"等荣誉。2015年5月在安吉县民政局注册登记成立"安吉微善公益义工协会"(已认证"志愿"服务组织),2017年9月在民政部门注册成立"安吉微善社会工作服务中心"。2018年9月正式向民政部门提出注册申请成立基金会,同年10月,"安吉县微善公益基金会"正式登记,同时被认证为"慈善"组织,成为安吉县内首家基金会。2018年,安吉微善公益成了"第四届湖州市慈善总会"理事单位,同时与浙江工商大学法学院签订实践基地项目协议,与湖州市慈善总会、湖州报业集团共同签约入驻"慈爱湖州"网,并获得该网公开募捐资格。安吉微善公益现已发展成为安吉县内规模较大、组织机构最完善的公益组织。

蔡松鹤作为上墅村党支部书记,在其与上墅村两委班子的共同努力下,上墅村成功创建省级卫生村、省2A级景区村庄、省级儿童之家、市级文明村、市级生态村、市级中心村全民健身广场、市级森林村庄、市级文化示范村、市级先锋示范村党组织、市级农村生活垃圾分类处理标杆村、全省小城镇环境综合整治省级样板单位及综合整治浙江榜样、安吉县美丽乡村精品示范村、浙江省"一村万树"示范村、浙江省第四批引领型农村社区等荣誉称号,并将美丽乡村建设与经营覆盖到全村,得到了村里广大党员、村民以及上级党委政府的认可,蔡松鹤本人获得"全乡优秀村干部"的荣誉称号。

蔡松鹤尽力为美丽乡村建设奔走呼吁,希望用文化艺术赋能乡村振兴,推动文艺乡建工作,发展安吉文艺产业,实现共同富裕。

(浙江工商职业技术学院 供稿)

一、扎根基层 助力共同富裕

钟政鑫：培育乡村振兴"花园经济"的园艺综合体运营师

> 钟政鑫，男，畲族，2000年出生，温州科技职业学院2017届园艺技术专业毕业生。曾获校星创班"未来之星"、校"创业之星"。现任浙江园艺小样有限公司董事长。

植被、花卉、庭院……钟政鑫从小就是在这样的环境下长大的，由于父母从事园林花卉行业的缘故，他在青山绿水间长大，对园林花卉有着一份特殊的情感。"我钟爱花卉，'花重满蹊'总是给人带来愉悦和希望。"本着这份情感，他报考了温州科技职业学院园艺技术专业。

在学校，钟政鑫见识了更多花材新品种，花材培育方法也和父母这一代人有很大的差异，学校教授的方法更加科学高效。于是，他对种苗培育新技术产生了浓厚的兴趣，主动加入"星创"精英班人才培养计划，并赴温州种子种苗科技园参加"未来农场主实训"，积累农类实践经验。温州科技职业学院作为全国乡村振兴人才培养优质学校，坚持"特色引领、融合发展、互联互通"的办学理念，精准构建"三全育人"新格局，充分发挥"农科教"一体化办学优势，培养以"强农兴农己任"的智慧新农匠，即"爱农业、懂技术、知数字、善管理、会创业、能带富"的现代农业高素质技术技能人才，打造农业创新创业创造人才培养新高地，努力推动、引领涉农院校在乡村振兴中从"大有可为"到"大有作为"，在扎实推进乡村振兴中助力共同富裕。这也让钟政鑫看到了自己的专业将在乡村振兴的道路上大展宏图。凭借在校学习的知识技能以及积累的实践经验，他创办了温州鑫佳园艺有限公司，专门从事花材研究，开设10余个花友社群，吸引4.2万花友粉丝，并获得校星创班"未来之星"、校"创业之星"等荣誉。

随着乡村振兴和美丽乡村建设政策的推进，带着职业规划的思考，钟政鑫萌生了将生态保护功能与助农兴农相融合的想法。"我是畲族人，从小生活在绿水青山之间,我享受蓝天白云、鲜花遍野的日子,我想把这样的美好传递给更多的人,也想让乡村的农民能从'生态美'中感受到切切实实的'收入好'。"钟政鑫和有创办民族田园综合体经验的哥哥多次沟通,计划把生态资源转化为发展动能,打造"花园乡村",发展"花园经济"。2020年,他创办了浙江小样园艺有限公司,是全国首家提出"EPC+O&M"模式(集"生产、设计、施工、运营"一体)的园艺综合体建设运营商。以花为媒,在乡村街道建立集花卉生产、展示、销售、体验、科普、研学和互动等于一体的沉浸式体验花园,植入书屋、酒馆、民宿等业态,实现传统农业到运营式园艺综合体的转变。这也吸引了一批志同道合的人和钟政鑫共同奋斗,他说:"我很开心有一群人愿意和我一起打拼。"

"综合体建成之后,村子里被重新梳妆打扮了一番,村子成了花园。通过开展花展、研学、畲族特色活动,仅'五一'开园就突破3万的客流量,为我们这个小山村带来了130多万元的收入,这可真是一桩花田喜事。"景宁县伏叶村党支部书记雷建余说。全国农村人居环境整治提升现场会报告中,更是将景宁小样花园作为典型示范点。同年,钟政鑫在我国唯一的畲族自治县、浙江省省长对口联系点、生态价值转换试点县的"中国畲乡之窗"丽水市景宁大均乡进行模式试验。

钟政鑫在基层农村中"花园经济"的有益尝试,推动着更多的乡镇加入"绿水青山就是金山银山"的生动实践。去年,公司成功入驻宁波市宁海县胡桥头街道,建设了有主题游览区、休闲娱乐区、样板花园展示区、配套书屋酒馆的宁海花园新经济综合体,以欧月、铁线莲、绣球3个系列为主,汇聚1000多种花卉,铺排景区。同时,宁海花园综合体作为献礼建党100周年的典型案例,被央视《新闻联播》报道。

如今,钟政鑫团队已建设运营景宁小样花园、宁海小样花园、洞头小样花园、缙云小样花园等4个综合体项目。这种"花园经济实体样板引领"模式,引起了社会的广泛关注,获得13批次国家级、省部级领导,56批次厅局级领导莅临综合体和总部指导。

"我一定会坚持地做下去,复制推广现有的样板模式,争取在未来实现浙江'每市一样',让小样花园呈现属于自己的'样'样精彩。"钟政鑫说。

(温州科技职业学院园林学院　供稿)

二、精益求精　磨砺能工巧匠

黄海森：世界一流汽车冲压车间里的技改大师

> 黄海森，男，1989年出生，浙江机电职业技术学院2013届数控技术专业毕业生，上汽大众汽车有限公司宁波分公司冲压车间维修技师。2021年"全国五一劳动奖章"称号获得者。曾获评宁波市首席工人，省、市五一劳动奖章，入选浙江省百千万高技能人才，荣获宁波市高级人才等多个荣誉称号。

黄海森给人的第一感觉是性格腼腆，作风淳朴干练，有亲和力。他在校期间学习成绩优异，连续三年获得一等奖学金。他专业理论知识扎实，技艺高超，多次参加学校组织的机械设计大赛，曾获得学校机械设计大赛一等奖2项，发明杯全国创新创业大赛一等奖1项、三等奖1项，还申获实用新型专利一种剪叉式机械爪1项。

2012年6月，黄海森作为上汽大众订单班学员进入上汽大众汽车有限公司宁波分公司，担任冲压车间维修机工一职，负责车间设备的维护保养工作。延续大学时对专业的热爱，他在工作岗位上始终执着于精益求精。因为坚持，他在工作岗位和省市技能比拼上，奋勇当先，取得优异的成绩，得到了行业专家的高度认可。黄海森深知，从校园进入企业，过去学校的竞赛都是小打小闹，在上汽大众的车间，任何一个简单的操作都要体现德系工厂的严谨，黄海森以谦虚、好学的态度跟着车间老师傅学习本领。在工作中，黄海森一直坚持良好的学习习惯，遇到问题时，他会主动查阅资料、自我分析，通过讨论交流、虚心求教等方式解决实际问题，不断提升自己的技术能力。

"黄海森是个好苗子啊，肯钻研，又仔细，能沉得下心。"冲压车间主任张丽斌给予了后辈黄海森很高的评价。一分耕耘，一分收获。黄海森从钳工学徒做起，一步一个脚印，取得了高级钳工证，担任班长，并成为带教师傅。他的创新能力也在工作的磨炼中迅速成长起来。他在2017年获得浙江省职工技能大赛工具钳工第一名，宁波市职工技能精英赛工具钳工第一名，同时被评为2017年度宁波市首席工

二、精益求精 磨砺能工巧匠

人,紧接着获得了2018年度宁波市五一劳动奖章。

荣誉是大家对黄海森个人技能水平的认可,同时,技能水平的提升也能为企业生产工艺的提升起到积极的推动作用。从2012年至今,黄海森参与了多项重大项目工程,攻克了多项技术难关。为了通过缩减换模时间来满足工厂产能的实际需求,黄海森主动要求加入换模提升专项工作小组并全身心投入到工作中。经过努力,在黄海森的带领下,工作小组通过调整设备工作曲线,缩短换模时间。但是在换模过程中,黄海森发现机械手更换端拾器偶有卡顿,不能保证百分之百的流畅,甚至会导致换模中断,严重影响换模稳定性。黄海森经过一周的时间对端拾器的运行状态仔细观察,发现端拾器经多次使用及运输存放,整体尺寸会产生微小变化,导致换模过程发生卡顿,影响换模时间。在研究过程中,他提出利用车间现有材料,制作纠错定位支架,对端拾器进行尺寸纠正。经过试用,换模过程中因端拾器变形而出现卡顿情况再未出现,换模时间也从原来的5分钟缩减到3分43秒,创造了大众集团全球换模速度第一的纪录。

2016年,公司为发掘培养年轻工匠成立了高速压机应用技术创新工作室。黄海森也因为突出的表现,有幸加入了该工作室这个创新大本营,黄海森和他的团队得以从事创新点子的研发。他主导加装检测反馈装置,拦截异物进入清洗机,降低设备损坏率项目,已累计节省设备维修费960万元,项目进入年度"德国康采恩联盟优秀建议"评选。他研发的线尾自动装置和运行程序,每人每周可节约4~5个小时。2019年,他又带头攻坚了"模具吊上料"项目,另辟蹊径自主设计结构,实现自动定位、快速上料,比传统叉车节约了870万元的硬件投资,该项目也因此荣获了年度上汽大众优秀创新成果银奖。

不到十年,从一名普通的一线操作工人到如今的全国五一劳动奖章获得者,黄海森凭借的是孜孜不倦的创新和精益求精的匠人精神。在黄海森所带团队一次次攻关的过程中,他以强大的能量场吸引着后辈们跟着他一起去攀登一座座工艺高峰。"我从工作以来,就一直奋战在一线。我想要把自己毕生的精力奉献给汽车行业。"上汽大众的发展给了黄海森动力和施展才华的机会及舞台,但他深知"一花独放不是春",技术创新需要团队技能素质的提升作保障。无论是在工作中帮教,还是在工作室内授课,黄海森都将自己掌握的理论知识和实践技能倾力相授。同事赵航是黄海森的得力助手和伙伴。"海森是亦师亦友的存在。因为他钳工技术好,每次遇到解决不了的操作问题,我总是向他请教。有时候大家集思广益,也能摩擦出创新火花。"而对于新员工来说,黄海森又成了万能的师傅。他经常结合设备实物现场讲述工作原理,分析常见问题并讲解排查和处理的措施方法,带领他们动手拆装学习。他还在工作之余制作PPT,详细讲述自己亲身经历过的重大设备故障及维修保养工作,帮助新员工更快更全面地掌握所需的专业技能。在黄海森的带教下,年轻的技术能手正在茁壮成长,如冲压车间员工杨明洁,经过一年的学习,凭借着扎实的技术荣获了"德国大众集团颁发的全球最佳学徒"称号。

(浙江机电职业技术学院　供稿)

二、精益求精 磨砺能工巧匠

刘明杰:从全国青年职业技能大赛里走出来的钳工状元

> 刘明杰,男,1997年出生,杭州职业技术学院2017届模具设计与制造专业毕业生,目前在杭州职业技术学院担任实训教师。第十五届"振兴杯"全国青年职业技能大赛学生组钳工赛项第一名,第十六届"振兴杯"全国青年职业技能大赛职工组模具工(冲压)赛项第一名,是全国唯一连续从学生组到职工组的"双料"冠军。2019年11月,荣获"第20届全国青年岗位能手";2020年10月,评为"浙江省技术能手";2021年7月,评为"全国技术能手";2021年7月,荣获"杭州市五一劳动奖章"荣誉称号;2021年12月,入选浙江省新时代浙江工匠培育工程"浙江青年工匠"培养项目;2022年9月,荣获"第21届全国青年岗位能手"。杭州市C类人才,享受杭州市购房补贴150万元,区补贴30万元,免摇号、车牌补贴、交通免费等高层次人才政策。

壮族小伙刘明杰四岁随父母离开老家广西玉林,来到浙江绍兴生活,由绍兴的一所职业高中考入了杭州职业技术学院模具设计与制造专业。在参加"振兴杯"之前,他对于未来曾有过清晰的规划:毕业后在杭州工作两年,积攒经验后回广西老家工作。然而,一场被称为青年技能界"华山论剑"的比赛让刘明杰改变了想法。"振兴杯"全国青年职业技能大赛在2019年第一次设立学生组,并将决赛地点定在杭州。杭州市政府不仅准备了丰厚的助学金,还出台了一系列配套政策,包括人才引进、购房补贴、现金奖励等。

刘明杰萌发了拿补贴留杭州的梦想,他和同学一起报名参加杭州选拔赛。2019年5月,刘明杰开始备赛,一有时间就去观摩专业实训课,并积极参加各类专业技能竞赛,最终在学校选拔赛中脱颖而出。同年7月,他开始进入高压训练模式,刘明杰说:"那段时间每天顶着高温酷暑,训练到晚上12点,训练结束后就回到宿舍看书,理论知识当时是我的短板,说实话很紧张,从晚上12点看书到两三点是常有的事,不敢更晚,第二天还要训练。这样连校门都没有出过的日子持续了两个月。"

上天不辜负辛勤付出的人,在杭州市、浙江省青年职业技能竞赛中,刘明杰均获得了钳工组第一名,这更坚定了他迎接国赛的信心和前进的步伐。紧接着,他前往新昌技师学院,全身心地投入了国赛集训。刘明杰家就在当地,每天早上从酒店到新昌技师学院,中途都会路过家门。所谓"三过家门而不入",而他可以说是"十过家门而不入"。为了不耽误训练,他一直没有回过家。在集训的11天里,他说,训练最明显的感受,就是手掌的茧子长了又破,破了又长。5个月的艰苦付出,市赛第一,省赛第一,国赛第一!凭着过硬的专业技能,刘明杰一路过关斩将,最终获得了第十五届"振兴杯"全国青年职业技能大赛学生组钳工赛项第一名。

"早在比赛期间,就有许多企业直接来到比赛现场进行招聘,给出的年薪均在20万元以上,对于我们应届生来说已经很优厚。"在他面对诸多职业选择犹豫的时候,母校向他抛出了橄榄枝,希望他留校任教。年仅24岁的刘明杰选择留校做一名专业实训教师,希望能培养出更多和他一样的技术型人才。此时的刘明杰获得参评杭州D类人才的条件(享受杭州市购房补贴100万元、免摇号、车牌补贴等政策)。

2020年9月,学校又迎来了第十六届"振兴杯"全国青年职业技能大赛,这次刘明杰以职工组进行备赛,同时兼任学生比赛指导老师。

"钳工技能大赛不但考查选手的理论知识,而且重点考查选手对工、量、刃具的正确熟练操作,以解决实际问题,考查的是全面的技艺。"刘明杰回忆,"市赛和省赛的精确度要求非常高,要将误差控制在0.02毫米以内,而到国赛时,标准就更加严格,在精确度标准不变的情况下,要求模块平面上的所有点都控制在这个误差内。"前功尽弃在毫分,钳工的工作手稳是非常重要的。手臂力量必须要达标,这需要大量的练习和锻炼。刘明杰每天坚持一百个俯卧撑、一千个跳绳。这看似机械而重复的运动,就是为了锻炼手臂力量。

然而,这样大量的锻炼只是一个基础,刘明杰每天都会练习模块的制作。比如,制作模具时会用到45号钢的圆棒料,他每天都要练习用锯子将它锯断,再用锉刀锉平,整个过程耗时1小时左右。备赛时,刘明杰每天都要完成4~5根圆棒料的练习。一个平面是否平整,他只要把手放上去,就能很精确地判断出来。这是大量训练带来的"肌肉记忆"。漫长时间里的坚持,让刘明杰的手上布满大大小小的伤痕,更多的是练习时磨出的茧长了又破,破了又长,反反复复。

由刘明杰以及学院其他技能大师组成的大师团队作为大赛导师,参与大赛训练指导,他们高超的专业水准和优秀的职业素养能为学生提供成长模板、坚定学生成才自信。与此同时,刘明杰每天还要挤出时间,为自己参加"振兴杯"职工组进行备赛,他每天都在和时间赛跑。2020年12月,大赛结果揭晓,他所指导的学生获得第十六届"振兴杯"全国青年职业技能大赛学生组模具工赛项第一名,他本人获得职工组模具工赛项第一名,而他也成了目前全国唯一连续从学生组到职工组的"双料"冠军。师徒同时取得如此喜人的成绩,离不开刘明杰的苦心钻研、教学有方。

被问到是否有"教会徒弟饿死师傅"的担忧时,刘明杰说:"青出于蓝而胜于蓝,徒弟越出色,作为师傅越光荣,而且带徒弟也不是一朝一夕就能实现,要靠时间的打磨,一步步才能成长成才,我希望他们练好基本功,一步一个脚印,成为能工巧匠,在今后的工作中有所作为,证明自己,为学校争光。"

"我们是专科毕业,拼学历已经拼不过大部分人了。只能拼技能了,在技能这方面领先,我们才有另外的出路。"刘明杰坦言,自己赶上了这个重视技术人才的好时代,他凭借技术的优势和坚持不懈的努力,在高速发展的杭州,获得了自己的一席之地。今后,他将培养更多的高技术技能人才,在传承工匠精神的路上勇毅前行。

(杭州职业技术学院　供稿)

吴起飞:"梦想在 49 米高空起飞"的海港桥吊技师

> 吴起飞,男,1990年出生,宁波职业技术学院2011届电气自动化专业毕业生,就职于宁波舟山港股份有限公司,奋斗在码头一线11年,现任宁波梅山岛国际集装箱码头有限公司桥吊导师、团委副书记,操作台就在距离地面49米的高空。因其过硬的技能,先后获全国青年岗位能手、浙江省首席技师、浙江省青年岗位能手、浙江省金蓝领、浙江工匠、宁波市五一劳动奖章、"海港工匠"等荣誉称号。

"进入这所大学学习是我人生中一个极其重要的阶段,也是我人生发展、人生目标确立和飞越的阶段。学习能力突飞猛进、专业技能不断提升、综合能力快速提高……而这些都要感谢我的学校、我的老师和我的同学,没有他们就没有现在的我。"十年后,当学校邀请吴起飞作为学校就业导师给学生们分享成长经历时,他细细回顾了3年来在学校的点点滴滴。勤奋好学、担当作为、勇于挑战便是他在校几年的真实写照。

都说进入大学会很轻松,但吴起飞不以为然,在他看来,进入大学后最不能放松的就是学习。"学习专业知识,夯实专业技能,不断提升自己",进入校园起,他便在心中定下目标。但现实总是残酷的,学习之旅并没有他想象中的顺利,吴起飞高职时所学专业为机械,面对着自己热爱的电气专业以及将来的职业生涯,他在大二时申请转入电气自动化专业。虽然刚开始有些辛苦,所有的专业知识都要从头学习,但对于有毅力的他来说,因为是自己喜欢的、感兴趣的,所以选择坚持了下来,一直到如今。

对未来有所规划,目标清晰,才能在前行的道路上筚路蓝缕、栉风沐雨。在校期间,老师言传身教对吴起飞的影响很大,也让他真正地了解了宁波这座城市,"书藏古今,港通天下",说到这个港通天下的时候,老师给他详细解释了宁波是一座依港而兴、靠海而生的城市,他所学的电气专业可以到港口去工作,老师的话就像一颗种子种在了他的心里,学校的良好教育和老师的谆谆教诲就像甘露般滋润着他心里的种子,让它慢慢发芽,茁壮地成长。

二、精益求精　磨砺能工巧匠

毕业招聘会上,吴起飞刚好看到了北仑港码头在招聘,他便毫不犹豫投上了简历,并如愿以偿开始了实习工作。本该满心欢喜,但现实却又给他泼了一盆冷水,在学校时,他认为将来的工作是从事电器维修类,但到了公司后,他才知道要从事的是操作类岗位。做一名龙门吊司机,最初他心里是不情愿的,但听说了竺士杰的故事,榜样的力量让吴起飞坚定了成为一名优秀司机的决心,就是这样的坚持,让他在11年里从一名龙门吊司机到桥吊司机,从听说到见证再到参与,从常规桥吊到远程操控,一步一个脚印转变成长。

"身先士卒、模范带头、做好表率",吴起飞在工作中不断摸索,提升专业技能,特别是在成为公司首批龙转桥司机后,由于两者在操作手法上存在较大差异,且桥吊的高度较龙门吊有大幅提升,船上集装箱该如何安全操作成了摆在他面前急需攻克的难点。在师傅的谆谆教导下,他顶住压力、动真碰硬,虎口处也由于操作时间过长磨出了血泡,但他仍坚持不停练习新手法,日复一日。

2013年,梅山公司集装箱年吞吐量首次突破百万标箱,公司决定从龙门吊司机中选拔一批优秀人员充实到桥吊岗位。吴起飞凭借过硬的素质和技能,成了公司第一批龙转桥司机。吴起飞说:"面对桥吊全新的操作台,还有20多米的高度差,这对我来说是一个全新的挑战,但是我这个人的性格就是越困难,我越是要向前;越不容易,我越是要迎难而上。"作为一名桥吊司机,桥吊操作室就是吴起飞的"舞台"。每天他都通过操作机器上的吊具,来吊取对应的集装箱,并将其放置到指定位置。在这期间,他还需要仔细辨别进口货物和出口货物,避免混淆。"一开始我吊得很慢,高空几十米看下去,集装箱像火柴盒那么小,现在已经很熟练了。我们坐在里面,整天弯着腰、前倾,手不能离开操控柄。整个装卸过程中,人的精神要高度集中。"吴起飞说。

作为世界第一大港的90后青年职工代表,为了使桥吊操作更稳、更准、更快,在熟练程度不断提高的基础上,吴起飞创造性地在操作中运用钟摆运动原理,并怀揣"在49米高空起飞"的初心与梦想,负责起草形成了《7049桥吊操作法》。2019年,他牵头成立以其名字命名的"起飞王牌战队",在同年6月的"夏洛特马士基"船装卸传任务中,创造了宁波舟山港2015年以来的船舶效率新高。"起飞王牌战队"得到了船公司的高度认可,在职工群体中树立了典型榜样,他也成了基层一线产业工人的表率。凭借肯钻的劲头和过硬的技术本领,他获得了全国青年岗位技术能手、浙江省首席技师、浙江省金蓝领、全国交通部技术能手、浙江工匠、宁波市十大杰出青年等荣誉称号。

作为桥吊导师,吴起飞非常注重团队培养,在学员培训中,他运用独特的"分层培训模式",不仅保证了优良学员的培训进度,也向后面的学员传导压力、激发潜能,在保质保量的情况下大大缩短了新司机的培训周期;在学员管理中,实行"计分淘汰制",定期对培训学员进行理论及实践测试并进行计分,创新的军事化管理模式更是将军人的铿锵品质及优良传统较好地运用到培训中,以制度化、标准化、精英化为公司储备优秀技能人才提供了坚实保障。2018年,公司选拔的3名桥吊司机在吴起飞的训练指导下参加省级技术比武,并最终获得第四名、第七名的好成绩。

2020年以来,吴起飞会同远控桥吊操作团队进行技术攻关与远控司机培训,顺利保障8台新远控桥吊的调试及投产运营。研究编制《起飞远控桥吊操作法》于2022年4月发布,并成功应用推广到在港24台远控桥吊,使桥吊远控效率较年初提升10%。培养出具备常规桥吊及远控桥吊作业能力人员118名,他利用自身经验与优势,对"桥龙远控+智能集卡"的自动化作业链水平提升方向提出"对吊具进行视觉识别辅助定位以及陆侧自动着箱"的改进措施,为下一步智能化改造提供了可行性方案。他带领广大青年职工打造"智慧梅东青年工坊",攻坚克难投身智慧港区建设,在船岸信息化手段识别监控船舶位移、无人机定位集装箱坠海应急处置方式等方面陆续提出创新性建议并进行实践论证,突破了一个又一个技术难关,成果获浙江省青工创新创效大赛金奖。

作为宁波舟山港股份有限公司的兼职团委副书记,吴起飞还是集团"强港文化"的宣讲员。2020年,在历经一个半月,跨越9个城市、40多家基层单位的宣讲中,他用切身经历深深感染了基层单位的青年员工,他勇于担当、敢于吃苦的海港青年党员和新生代青年技能人才的示范引领作用正在激励更多海港人立足岗位、干事创业。港口蓬勃发展、蒸蒸日上的背后,正是有吴起飞这样勇于担当、敢于吃苦的年轻人在默默奉献。他将再接再厉,全面学习并不断积累实践经验,努力开创工作的新境界。

(宁波职业技术学院就业与产学合作处　供稿)

卓敏静：数字化金融大潮中不忘点钞技能训练的银行工匠

> 卓敏静，女，中共党员，浙江金融职业学院2011届市场营销专业毕业生，同年参加工作，现为工商银行温州龙湾天河支行综合客户经理，曾先后从事综合柜员、大堂经理、客户经理等岗位工作。荣获"全国金融五一劳动奖章""第20届全国青年岗位能手""工总行大行工匠""工总行青年员工岗位明星""工总行五一劳动奖章"以及"30秒蒙眼点钞202张"吉尼斯世界纪录等荣誉。

2008年，卓敏静进入浙江金融职业学院工商管理学院市场营销专业学习，学校的金融文化氛围很浓，身处其中，她深受陶染。就在卓敏静入校的当年，学校已经与省内的商业银行机构共同组建了独立设置的银领学院，和金融机构一同进行人才培养。这种创新型的人才培养方式在当时十分轰动。首先从取名上，学校对银行等金融一线工作人员作了精准的人才定位，他们认为金融机构的精英是白领中的金领，而金融一线部门的高素质应用型人才是灰领中的银领，因此取名银领学院即已彰显了该院的人才培养目标。其次从人才培养模式上，对在校生进行二次选拔，给了很多入校迷茫学生再一次人生选择的机会，搭建宽口径的成长平台，让学生熟悉所学专业之后，通过个人努力迈向更高的就业平台。很多老师也说，进了银领学院，就等于半只脚踏进了银行的大门。

卓敏静不想放过这个宝贵的机会，她更加发奋学习，让自己的专业成绩一直名列本专业前茅，最终，她通过了银领学院订单班的选拔。进入银领学院后，卓敏静历经礼仪课程、文化交流、学生活动、职业化教育、员工化管理、系统性的技能训练，不断锻造自己的核心竞争力。过去在市场营销专业没有接触过的点钞、五笔、传票等"必修课"成为卓敏静在校期间的生活"拌饭"，她抓住每一次学习和练习技能的机会，那与年龄不相符的手茧是别人不曾看见的，日夜辛勤刻苦练习留下的印记。

2011年，卓敏静从浙江金融职业学院毕业，应聘到中国工商银行温州分行工作。

一开始她被分配到离家近三个小时车程的龙湾支行,思乡的惆怅和沟通的障碍让21岁的她有些猝不及防。"生活哪有什么一帆风顺,既然改变不了环境,那就改变自己,去适应环境,哪怕是从日常点滴做起。"她相信,付出总有回报。学校银领学院"准职业人"的教育,让她用一个星期的时间成了当时新员工中最早独立上岗的员工;而作为零柜的点钞技能训练,她从未间断过。

在工作的第二年,分行组织开展了两年一次的全员业务技能比武,卓敏静第一次代表支行参加比赛,最终获得第六名,"初展身手"的她切身感受到了与其他对手的差距,也暗暗下定决心要更加苦练技能。白天上班、晚上练习成为她的生活常态。在2013年、2014年她的点钞成绩有了质的进步,从全市青工赛的第一名,到全市全员技能比赛的第一名,其间从未停止过练习。但之后2016年参加省行比赛时,却获得第五名,这个成绩在旁人看来已经不错,她却满心失落,直言没有达到自己的预期。面对比赛的失利,卓敏静没有放弃,更没有放松,而是打起十二分的精神,及时调整心态,投入到点钞练习中,尝试寻找更加适合的点钞手法。2015年,她转为大堂经理,2017年又转岗为个人客户经理,岗位在变化,但不变的是她对技能训练的坚持,最终她在2018年省分行第16届业务技术比赛中摘得桂冠,这也让她重拾了信心。

2019年2月,卓敏静代表工商银行总行参加中央电视台《挑战不可能》节目比赛,以30秒蒙眼手动点钞202张的成绩,打破了178张的吉尼斯世界纪录。"在今天看似机器早已比人更快、也比人更准确的时候,为什么每年银行还要举办这样的点钞大赛?为什么《挑战不可能》的舞台上,每年我们还有这样的项目存在?"在节目现场,嘉宾董卿发表评论,"因为对职业技能的打磨和锻造,本身就体现着我们对职业的敬畏和热爱。老子说天下大事必做于细,也就是今天说的工匠精神了。工匠精神已经不仅仅是职业能力,更是一种职业道德、职业品质。"董卿的现场评述,也正是卓敏静工作以来一直在身体力行之目标。工匠精神,在她的身上体现得淋漓尽致。赛后有人问她:"你为什么要坚持练习点钞,不觉得枯燥吗?"卓敏静回答道:"枯燥啊,但是我想做得更好,就必须忍受别人不想忍受的枯燥。"她的手不仅有弯曲的指甲,还有长满了的厚茧,而这也成了她夺冠的最好注脚。正是这种精益求精、专业专注、锲而不舍的匠人精神,使她成长为一名点钞能手。

在卓敏静文静的外表下,藏着一颗善良而又乐于奉献的心。2020年新冠疫情突如其来,她义无反顾地投入到了防疫工作中,当社区需要志愿者支援时,她马上在"防疫志愿者团队"微信群中接龙报名,从大年初二开始便主动加入小区、区团委的"防疫志愿者团队",穿起了志愿者的红马甲,连续十多天忙碌在小区门口做防疫工作,协助做好小区出入人员的体温测量和登记,为医护志愿者采购生活用品以及食物。晚上10点,志愿者陈医生在拿到新鲜的蔬菜后说:"如果没有他们,我今天可能连菜都吃不上了,太感谢了。"一方口罩、一件红马甲,卓敏静始终牢记共产党员的初心。

二、精益求精 磨砺能工巧匠

作为银行员工,卓敏静不忘自身金融服务工作者的职责,疫情暴发期间,她以"居家"办公模式为主,积极响应客户的金融服务需求,有序安排好延迟上班期间客户贷款的各项工作,有客户进行线上求助咨询时,她总是及时回复"我在",并进行专业解答,让客户安心、放心。对于紧急业务需要处理的,她便参照"防疫期间安全营业办公指南",在做好有关防护措施的基础上,赶到单位为客户办理业务。一位客户大年三十到网点咨询了贷款有关业务,打算节后过来办理贷款,但突如其来的疫情打乱了原来的计划。"在吗?你们银行什么时候上班?我想贷款,厂里急需资金周转!"卓敏静微信收到了客户消息,隔着屏幕都能感觉到客户的着急,她立即与客户进行了详细沟通,第一时间联动行内有关部门启动紧急业务处理机制,为客户办理了贷款,在特殊时期做好了客户的金融服务保障,解决了客户急需资金周转的燃眉之急。

"前路漫漫,我始终告诫自己,要不念过往,不畏将来,不忘初心。时至今日,我依然认为,我不是业务技能水平最好的那个,只是因为岁月的积累、沉淀和等待,才赢得了更多的机遇。一直以来,我所庆幸的不是业务技能所带给我的荣誉,而是它对于我心智的磨炼。这种磨炼对我的工作与生活都起到了至关重要的作用。"卓敏静说。在工作中,从柜员到大堂经理、理财经理,再到客户经理,每次的转岗都是在迎接一个新的挑战,在不同的岗位上,有不同的职能,但她始终牢记学习点钞技能时的初衷,从身边点滴做起,从身边点滴学起,不断积累经验和教训,不断进行尝试,勇于面对,带着这份饱含意志、信念和能量的"初心",迎接好未来的每一次挑战。

从卓敏静的身上,我们能感受到基层网点一线员工立足岗位、兢兢业业、努力工作的责任与担当,也能感受到一名"银行工匠"始终奉献在前、冲锋在前、奋斗在前的不凡与卓越。她是众多柜员、大堂经理、客户经理中的一员,但她把平凡的工作做到了极致,书写着自己的与众不同。

(浙江金融职业学院招生就业处 供稿)

程旭东：4S店里既擅汽修又会培训课程开发的"汽车医生"

> 程旭东，男，中共党员，北京工业职业技术学院2011届汽车检测与维修专业毕业生，汽车维修高级技师，机动车检测维修工程师。先后就职于北京祥龙博瑞集团、北京博得宝汽车销售服务有限公司等单位，现任北京博得宝汽车销售服务有限公司技术主管，2021年获得"首都劳动奖章"。

2008年，程旭东进入北京工业职业技术学院机电工程学院的汽车检测与维修专业学习，开始了学习职业技术技能的历程。程旭东在上学时期努力学习专业理论知识，充分利用学校的中央财政重点支持建设汽车维修实训基地，通过不断的练习，在校期间掌握了一定的维修技术和故障诊断技术。在2010年5月的全国高职高专组技能大赛上，程旭东取得了汽车维修项目的团体一等奖和发动机单项第一名。进入高年级的学徒时期，他积极努力地钻研技术，每天至少保证2小时的学习，每周的店内培训从不缺席。参加大众汽车培训学院的培训达到200多课时，完成技术维修笔记100余篇。学校也十分重视汽车文化的涵养，鼓励学生参加汽车专业社团活动，投身"传播汽车知识，弘扬汽车文化"的各类大学生科研项目、传播活动当中，"校园车展""走进汽车工厂""遥控车场地比赛""汽车嘉年华""汽车知识竞赛""汽车科普讲座"等一系列特色活动，为程旭东提供了一个体现自我价值、挖掘自我潜力、提升专业能力、提高综合素质的平台。这也大大加深了程旭东对汽车行业的认识，为步入社会从事专业工作奠定了坚实的基础。

2011年毕业后，程旭东进入北京祥龙博瑞集团工作。他从一名学徒做起，努力钻研新款汽车的维修指南，跟进最先进的维修技术，练就过硬实操技能，逐渐成长为维修技师、诊断技师，在较短的时间内就成为北京博得宝汽车销售服务有限公司技术主管。10多年时间的历练，程旭东不断创新工作方法，攻克技术难题，悉心传授技艺，带动车间技术团队，在车间整体技能水平提升、质量效率改善、维修技术和培训模式创

二、精益求精 磨砺能工巧匠

新、新技术推广等方面都取得了不俗的业绩,在用户抱怨和车辆疑难故障解决上,都冲在了一线,展现了一名技术人员的高尚品德。

2015年,祥龙博瑞集团建立宝马4S店。在全新的环境和挑战面前,程旭东并没有退缩,面对从未修过的车型,多渠道收集车辆资料50多篇,仔细研读、钻研宝马的维修技术,用2年的时间完成了400多课时的培训,通过了宝马培训学院的技师、高级技师、高压电高级技师认证。程旭东作为一个新开业4S店的技术主管,为使店内车间工作尽快正常运行,他和同事们一起参与车间生产,积累维修经验,亲力亲为诊断疑难故障车辆400余辆/年,并将维修案例转化为故障解决的思路和方法,配合业务部门给客户提供最优化的维修方案,为宝马新店生产经营提供了强大的技术支持。

随着汽车配件集成度的提高,往往带来问题诊断的复杂化,车间技师诊断疑难故障时间长,很多毛病缺乏标准数据支撑和对比分析,有时还需要进行大量的拆装,费时费力。为提高车间维修能力,节约维修时间和提高故障诊断的准确性,程旭东积极利用现有资源,带领团队采集不同车型发动机各工作系统标准数据300多个,主要用于系统原理的深度分析和故障数据的对比。之后,他创新了可视化的车辆维修诊断工艺流程,主要用于指导一线维修技师减少拆解步骤,通过执行诊断工艺,分析出车辆的故障点。种种举措提升了维修质量和效率,在分公司其他品牌店也得以推广。

程旭东还根据客户的用车习惯和企业的实际情况,创新了服务项目,编制了《车辆健康检查》和《雨季关爱》,制定了系统的检查标准83项,在进厂车辆中的实施率为100%,有效保证了客户的行车安全;根据成人学习的特点,创新"以任务为导向"的培训模式,开发教具300余件,研发内训课程15项,培训职工达200多课时,通过让学员完成实操任务,找到知识和技能的不足,配合实物教具、维修案例讲解,提高学员学习知识和技能的积极性。

在技术团队的培养上,程旭东言传身教,做好传帮带,让员工形成规范、高效、优良的工作习惯。激发身边同事勤于学习,针对车间的维修技师,制定成长履历、学习计划,做好过程监督、店内辅导,最终完成考核,目前培养了经过社会认可的中级工13名,高级工10名,技师和高级技师各2名。

随着新能源车型的市场占有量不断增大,新能源车型的维修技能相对薄弱,按照集团统一要求和店内实际维修需要,程旭东分别从维修安全和维修技能两方面开发了相应的维修课程,包括新能源车型的维护、更换高压组件、维修高压蓄电池、新能源车型空调结构变化和维修等内容。面对新能源车型实物教具偏少,实车维修操作机会少的现状,积极突破和寻找方法。如充分利用VR的设备,将车间的维修实景和维修工艺紧密结合,平时员工充分利用琐碎时间,多加练习新能源车型的维修技能,目前已有12个VR维修练习的场景,平均月培训30人次。他针对汽车发动机的专业维修,开发不同系统的专业维修课程10个,从维修人员的角度出发,深入讲解发动机各部件及系统原理。开发相应的实操任务书 10 份,在课堂上快速提升学员对专业维修技能的掌握能力。针对高度集成的车载网络技术,采集了标准的数据波形,并开发了相应的培训课程 8 个课时,完成培训 24 人。通过提高人员资质能力,进一步提升了对客户爱车的服务能力。

正所谓技多不压身,程旭东多次参加国际、国家及行业技能大赛,展示出较高的技术水平,为企业、行业和国家争得荣誉。2015 年 5 月,北京市举办交通行业第二届职业技能竞赛,程旭东抓住机会积极报名参加比赛,获得汽车维修工(工种)的冠军,同年获得"全国交通技术能手"的称号。

2018 年 11 月程旭东作为企业职工代表,参加了在德国举办的"中德北京·南图林根职工汽车维修对抗赛",凭借扎实的理论知识和丰富的维修经验,克服场地、车型、语言等困难,在中德两国专家见证下,在 36 名选手的激烈角逐中程旭东获得第一名的好成绩,为企业、北京市、国家赢得了荣誉,获得了竞赛专家和评委的赞许和好评。

2020 年 12 月程旭东参加了全国第一届职业技能大赛,在赛场上他和来自全国各省市的 36 名选手切磋汽车维修技艺,最终获得优胜奖。2021 年程旭东获得"首都劳动奖章"的荣誉称号。

(北京工业职业技术学院 供稿)

二、精益求精 磨砺能工巧匠

杨永修：民族汽车的关键零部件加工工艺大师

> 杨永修，男，1987年出生，高级技师、高级工程师，长春汽车工业高等专科学校2010届优秀毕业生。现任中国第一汽车股份有限公司研发总院试制所加工中心技能师，享受国务院政府特殊津贴，是集"中国青年五四奖章""全国技术能手""全国五一劳动奖章""全国青年岗位能手""全国机械行业工匠"等40余项荣誉于一身的大国工匠。

杨永修高考时已达到本科线，但他毅然选择了长春汽车工业高等专科学校数控技术专业。他想脚踏实地学知识、学技能，竭尽全力做最好的自己。在校期间，他连续两年获得国家励志奖学金，连续4次获得校一等奖学金。杨永修不满足于此，他心中还有更高的目标，他利用业余时间刻苦攻读，并在2010年获得长春工业大学本科毕业证书，2011年获得学士学位。

2010年，圆满完成学业的杨永修如愿以偿地进入中国一汽技术中心工作，新鲜感过后，摆在面前的一座座大山便露出"新容"：新系统语言、新操作技术、新编程软件……一切都要从头学起。

不怕苦、不服输的杨永修不断给自己打气：不会就学，不懂就问。那时的杨永修白天边看师傅操作，边拿着笔记本抄写代码，晚上给自己"开小灶"加练，常常到深夜。每到周末，他就泡在图书馆里，查阅书籍、记诵操作步骤。为了随时查缺补漏，杨永修坚持写实训总结报告，他把遇到的难题记录下来，请教师傅逐个解决。潜心钻研为杨永修搭起成长的阶梯，功夫不负有心人，仅仅两年的时间，杨永修便脱颖而出，荣膺"一汽集团技术能手"称号，这在一汽历史上并不常见。

啃下数控操作奠定了好的开端，突破创新研发的技术瓶颈成为新的"拦路虎"。各式刀具是数控铣床的核心"武器"，当时国外合作方只提供刀具，但未告知具体的操作方法和参数，精密加工车间也不让参观学习。杨永修沉下心来研究，每天对着图纸琢磨到半夜，埋在一堆代码中反复修改尝试。有时枪钻使用不慎，合金头会断在油道孔内部，导致发动机报废，杨永修不气馁，仔细查找症结，一点一点地从失败中总结出每款刀具对应的精密参数。如今,车间里一排排"神兵利器"早已被杨永修"驯服",他自信地说:"数控加工这块,我们已经实现了完全自主。"他锐意进取,不断钻研学习,坚持做知识型、技能型、创新型工人,目前他已具备多款 CAM 软件编程能力,熟练掌握西门子、海德汉、发那科三大数控系统编程方法,具备操作多台数控设备的技能,承担了红旗自主研发的发动机、变速器及整车底盘等汽车核心精密零部件的数控加工工作。

杨永修近几年先后参与并完成了红旗 V8、V6、4GB、4GC 发动机及 6MT、DCT350 变速箱、V501 减速器壳、HS5 副车架、HS7 转向节等 30 多项国家级、集团级重点项目的加工任务。入职后跟着数控班组团队一起学习和钻研,和团队共同出色完成匹配红旗检阅车的国内首款自主研发 V12 发动机的试制加工任务,加工技术达到国际领先水平,结束了多缸发动机核心部件需由国外加工的历史,填补国内 V 型发动机制造空白,使红旗检阅车真正拥有了中国"心"。

针对近几年红旗爆款 HS5 车型底盘副车架零部件中精度等级高、技巧性大、使用性强等量产前存在的问题,杨永修作为一汽集团数控操作技能大师,多次前往红旗产品量产供应商处对复产进行技术指导,他以娴熟的操作技能、丰富的生产经验、精准的问题判断,解决了 30 多项技术难题,使加工效率在原有的基础上提升 20% 以上,最大限度地减少了疫情带来的影响。

总结自己一路走来的体会,杨永修给出了这样的答案:始终保持上进心,后续的人生才有更多路可选;坚守责任心,路才能越走越宽;葆有一颗恒心,坚持才能成功。

振兴红旗是中国一汽的光荣使命和历史责任。杨永修承担红旗自主研发的发动机、变速器及整车底盘等汽车核心精密零部件的数控加工工作。他深入理解"中国智能制造"对新红旗、新产品、新技术的需求,坚守自主开发阵地,创新创造,攻坚克难,不断取得新突破。2018 年,红旗发布新品牌战略,大刀阔斧地改革,杨永修作为青年高技能人才的"领头羊",各类重大试制任务应接不暇,杨永修团队平均一年要试制 500 辆新车型的核心零部件,压力不言而喻。

杨永修凭借一身高超的技艺,在岗位上大胆创新,不断攻克核心技术的关键点。2020 年初,杨永修接到加工 N701 项目中试制新型门把手的任务,由于传统夹具无法夹取方形平面,还会降低加工效率和工艺精度,经过深思熟虑后,杨永修决定自主升级改造三轴机床,设计搭载转台、新型夹具,一举解决了复杂立体多角度一体化加工的问题,不仅提高了 40% 生产效率和 60% 加工精度,还大大减轻了四轴、五轴机器的载荷,成功获评中国一汽科技创新成果一等奖。

近几年来,杨永修用自己精湛的技能在工作中持续发挥专业技术优势,累计攻克 130 多项技术难题,节创价值 1200 多万元。与此同时,他先后完成技术资料总结 23 篇,累计获得国家专利 18 项,4 项创新成果在国家发明展中获得 3 银 1 铜的好成绩。

二、精益求精 磨砺能工巧匠

在立式四轴加工中心精密加工技术研究中,他将发动机缸体、缸盖垂直度和同轴度等制造精度做到头发丝直径的三分之一,提炼形成三步操作找正法,使转台调试效率提升70%,精度达到0.012 mm以内,并推广应用到爆款车型红旗HS5底盘零部件生产中。此项创新成果获中国一汽科技创新一等奖,荣获长春市职工先进操作法,并已申报吉林省科技创新奖。

一花独放不是春,百花齐放春满园。作为在一汽这块沃土上成长起来的技术领衔人,杨永修自觉担起技能传承的责任,积极发挥高技能领军人才的示范引领作用。以他为带头人,建立了吉林省师徒工作间,围绕项目攻关、技术创新、人才培养三大方面带领工作室成员,开展快速试制、集成制造等多项试制技术研究,培养了一大批高技能人才。自2016年以来,累计培训700多人次,自主解决技术难点60多项,培养徒弟12名,受训学员获得国家技能竞赛二等奖、吉林省青年技术能手、长春市五一劳动奖章等集团级以上荣誉64项,其中国家级荣誉23项,为集团公司培养、储备了更多技术过硬的高技能人才。

卓越的业务能力也让杨永修这位大国工匠在业界声名鹊起,他在国家技能大赛中多次担任裁判员和技术指导,并入选国家裁判资源库。2020年在全国首届多工序技能决赛中杨永修被授予国家优秀裁判员,在全国振兴杯决赛中杨永修被共青团吉林省委授予优秀指导教师。2019年杨永修作为中国一汽代表,参加由全国总工会组织的首批高技能领军人才赴德国学习,进一步得到了锤炼。2020年作为一汽青年代表,杨永修在井冈山参加为期5天的全国青年技能人才骨干示范交流研讨,并代表青年骨干人才在结业大会上发言。杨永修已成为享受国务院政府特殊津贴,集"中国青年五四奖章""全国技术能手""全国五一劳动奖章""全国青年岗位能手""全国机械行业工匠"等40余项荣誉于一身的大国工匠。

2020年7月23日,习近平总书记视察中国一汽,杨永修作为青年工人代表现场聆听了总书记的重要讲话,这更为他注入了全新的动力。如今,中国一汽新红旗自主产品的战略蓝图已经铺开,自主开发的道路是一汽创新发展的必经之路,更是中国汽车工业开拓创新的必经之路。为红旗、为中国一汽,杨永修带领他的团队为提升自主产业核心竞争力、创新力劈波斩浪,勇往直前。

(长春汽车工业高等专科学校 供稿)

荣彦明：钢铁"万能轧机"的大力神手

> 荣彦明，男，1987年出生，河北工业职业技术学院2009届轧钢技术工程专业毕业，轧钢工高级技师，现为首钢京唐钢铁联合有限责任公司钢轧作业部精轧操作工，首钢工匠。荣获"全国劳动模范""全国技术能手""全国机械冶金建材行业工匠""北京市政府技师特殊津贴""北京市劳动模范""2022北京冬奥会开幕式国旗传递手"等诸多荣誉。虽然身披光环，但是他从不迷茫，仍然坚守初心奋战在生产一线，为世界第一条多模式连铸连轧生产线顺稳运行、提高产品竞争力、实现钢铁强国梦而努力奋斗。

荣彦明从小就对机械很感兴趣，动手能力强，2006年9月，他走进了河北工业职业技术学院的校园。起初他对专业比较陌生，并不知道材料工程专业到底是做什么的，没有什么学习兴趣。但是，随着专业学习的不断深入，他深深地被老师们深入浅出的讲解吸引了，了解到钢铁强大的行业背景、深奥的理论知识、复杂的操作过程、更为广阔的发展空间时被完全震撼到了，从小那股子征服欲望被激发了出来。"如何让这些大家伙动起来""如何征服这个钢铁巨兽"这些声音不断冲击着他的求知神经。在老师的推荐下，荣彦明顺利地加入了系部实训器械维护小组。荣彦明很清楚以自己现在的知识水平，还不能够随意操作这些贵重的实训设备。挂在墙上的"千锤百炼始成钢，百折不挠终成才"的实训口号让他幡然醒悟，明白了唯有踏踏实实学好技术技能，才能实现他的钢铁梦想。从此，在多名教学名师的身后多了一个"跟屁虫儿"，在其他学生课余时间都在享受网上冲浪的乐趣时，他虚心请教、刻苦学习，记录实训笔记，对难点内容反复推敲，一有时间就跟随老师摆弄实训设备。经过了上千次的反复练习，机械轧辊的拆装、轴承的装配在他的手里都游刃有余，这极大地鼓舞了荣彦明的信心，从此"我要为钢铁行业贡献自己的一份力量"这颗小小的种子在他的心中生根发芽。

进入大二的学习之后，荣彦明并没有满足现状，深知要想跟上行业发展的脚步，光从书面学习理论知识是远远不够的，他开始着迷于理论研究。自习室、图书馆、办

二、精益求精　磨砺能工巧匠

公室、实训室常常看到他瘦瘦的身影,查阅文献、关注知名企业的工艺发展是他每天必备的学习功课。很多老师都被他这股子"钻劲儿"和"韧劲儿"所打动,没有想到一名普通的学生会对行业有如此浓厚的学习兴趣。

荣彦明一次次跟随老师们做实验,一次次参加行业技能比赛,一个钢铁行业龙头企业的名字反复出现——"首钢京唐"。在那个钢铁行业蓬勃发展的年代里,首钢京唐代表了北方地区最先进的生产技术,无疑成了学子就业的首选企业。在材料系组织的优秀校友汇报中,多名京唐校友介绍了企业发展,从此荣彦明明确了就业方向,要为目标岗位更加努力地钻研专业知识。功夫不负有心人,由于他扎实的理论基础、过硬的实操本领、踏实的学习态度,在2008年9月他敲开了首钢京唐这座梦想的大门,成为热轧作业部一名顶岗实习生。

作为一名实习生,荣彦明刚好赶上正在建设2250热轧生产线,设备工艺技术新,需要高知识高技能。面对挑战荣彦明既兴奋又恐慌,对产线知识的匮乏,对操作技术的生疏,让他在驾驭热轧机时打过憷、犯过难。然而他不服输,分秒必争学本领、提技能。在车间,热轧生产线单体、联动、重负荷试车,随处可见他的身影;在宿舍,学理论、记笔记,彻夜钻研;在学习中心,听讲座、提问题,广为涉猎。他一边学一边记,光学习笔记就记了30多本。为了能够使轧制操作更加流畅,荣彦明攻克英文操作界面障碍,熟记2000多个热轧专业单词,操控70个按钮如同弹钢琴曲,练就了"手、眼、心"合一、"稳、准、快"的精轧操作基本功。

2009年初,荣彦明独立顶岗,成了一名真正的精轧工,这一年他被评为首钢京唐公司"青年创新标兵";2010年,他自学考取本科学历;2013年,他发表了《热轧2250合金冷轧料轧制事故分析》论文;2014年,他成为北京市轧钢比武状元。在此期间,荣彦明还主编或参与编制了精轧34个SOP手册,涉及1000多个标准化作业控制点。自此以后,无论是工作时间工友当面提问,还是休息在家工友打来电话,只要大伙有拿不准、吃不透的操作问题,荣彦明都会耐心解答,他成了轧钢操作的"活词典"。

在荣彦明的带动下,他所在的精轧班组因实现了轧制厚度从最薄1.5 mm到最厚25.4 mm的全覆盖,被誉为"万能轧机"。2016年荣彦明在北京人民大会堂获得由全国总工会授予的全国五一劳动奖章,2018年夺得全国钢铁行业职业技能竞赛第二名,成为全国钢铁行业技术能手和全国技术能手。

正所谓技多不压身,荣彦明之后还参与了自主集成1580 mm热轧板带生产线、世界首条多模式连铸连轧生产线(MCCR)的调试、热试、达产等工作,优化程序控制65项,攻克10多项技术难题,编写了130余项操作方法,申报专利13项,培养了14名徒弟。

荣彦明是个有心人,笔和本不离身,随时把板材轧制中的温度、压力、除磷、板形等变化,认真做好笔记;下班回到家,夜深人静时,对记下的问题,逐个分析,仔细参悟。

在板材轧制间歇,他蹲在产线旁边,用强光手电照射,用手心触摸钢板,用面巾纸擦拭轧辊,去除针鼻儿微小的氧化铁渣。日复一日、月复一月,功夫不负有心人。在荣彦明和团队成员的共同努力下,从积累轧制经验,到完善技术参数,再到建立工艺模型,直至维护设备精度和完善精益操作,轧制薄规格马口铁冷轧基料日渐精进,轧废、质量缺陷、客户异议等锐减,成材率再次爬坡上升0.29%,增加效益1260万元,制造成本降低到178元/吨,达到当时国内钢厂领先水平。2020年,荣彦明被授予全国劳动模范荣誉称号。

荣彦明深知一花独放不是春,团队整体技术实力的提升对于完全驾驭新产线至关重要。他默默下决心:一定要打造一支技术过硬的操作团队。编规程、定制度,班上练操作,班下补功课。为了加快MCCR轧钢人才培养,荣彦明将自己的经验毫无保留地传授给身边同事,培养了11名优秀的轧钢工。

2020年,荣彦明创新工作室落成。多媒体教学设备、3D虚拟操作、3D全景模型展示……现代化、智能化的教学设备帮助荣彦明在人才培养和经验传承上更加快速、更加有效。2021年,荣彦明的学生们已经初步具备了支撑产线调试和生产的能力,在解决提拉速等技术难题中发挥着积极作用,通过扎实的操作,红锈、塔形等质量缺陷也得到有效控制。

2022年,荣彦明成为北京冬奥会开幕式上国旗传递者之一。他说:"作为一名一线钢铁工人,我很荣幸能够以一名演职人员的身份参与到北京冬奥会开幕式,当双手接过五星红旗时,我内心无比的激动,为自己身为一名中国人而感到自豪。我暗暗下定决心:要不负时代,不负韶华,脚踏实地,以工作室为平台,敢于创新、勇于创新,用科技创新点燃首钢高质量发展引擎,为把京唐公司建设成为最具世界影响力的钢铁厂而努力奋斗,为实现中华民族伟大复兴的中国梦而不懈努力!"

(河北工业职业技术大学　供稿)

二、精益求精　磨砺能工巧匠

赵某：与孤独为伴的国防科工小工匠

> 赵某，男，1994年出生，无锡职业技术学院2017届工业过程自动化专业毕业生，毕业后任职于某院机械制造工艺研究所，担任数控装调维修工。2018年8月代表机械制造工艺研究所参加某院第二十八届职工职业技能比赛——维修电工组别，荣获二等奖。2019年9月，参加第三届四川省工业机器人技术应用技能大赛暨第三届全国机器人技术应用技能大赛四川选拔赛职工组，荣获一等奖。同年10月，赵某代表四川省参加第三届全国机器人技术应用技能大赛，获得职工组二等奖，荣获四川省技术能手称号和四川省五一劳动奖章。

2014年9月，赵某进入无锡职业技术学院控制技术学院工业过程自动化专业学习，入校后低调内敛，担任418宿舍的舍长，通过专业认知和学业规划咨询，他认识到扎根专业学习的重要性。自动控制原理、触摸屏与组态技术、仪表安装与维护、控制原理与系统基础等理论课的学习，夯实了专业理论基础，赵某荣获"校一等奖学金"数次，"校三好学生"三次。他经常用所学的专业知识服务他人，帮助班级同学维修手机、电脑，班主任鼓励他将所学转化为所用，动员他参加技能大赛，但内敛的赵某觉得自己学的知识有限，距离技能比赛还有很大的差距。班主任知道赵某是慢热型，所以并没有急于催促他。班主任跟赵某约定如果实训课程的成绩也能保持优异，那么就要勇于展示自己。

随后的电工电子实训、电机学基础专项实训、自动生产线安装调试与维护综合等实训课程训练，让赵某从中找到了自信，实现了从专业课理论学习向实践转化，他积极报名了工业机器人技术应用赛项。不论是课后还是在睡前，赵某每天都在智能工厂的车间里面进行技能训练，回忆起来印象最深的是用笔记本电脑调试设备，CPU过热导致电脑死机。无锡的夏天天气过于炎热，而智能工厂的实训场地没有空调，看见指导老师以身作则坚守工厂，赵某和同学们也丝毫不敢松懈，直面酷暑，继续调试设备。

2016年国庆节期间，指导老师找到往年大赛获奖选手，当时已经在工作岗位的学长回来给学弟们做指导,可惜当天的练习效果并不好,甚至都没有跑通。大家全身心地投入到调试中,坚持到下午2点,才想起来还没有吃午饭。类似废寝忘食的事例多到无法用文字去记录,不管是老师还是同学,没有一个人放弃、没有一个人认输。

为期一年多的备赛,指导老师带着赵某和团队成员每天坚持训练,调试设备,手上磨起了血泡,反反复复变成了茧子,智能工程机器的嗡鸣声不绝于耳,炎热时酷暑难耐只能开着小风扇降温,寒冷时也没有加温设备,只能多备一件羽绒服保暖。所有的困难都没有击退选手们的决心。在2017年3月参加江苏省高等职业院校技能大赛"汇博"杯工业机器人技术应用项目中,赵某团队荣获一等奖;2017年4月参加江苏省国赛选拔赛,2017年5月参加全国职业院校技能大赛高职组"工业机器人技术应用"比赛,赵某团队斩获了团体一等奖。

在鲜花掌声的背后,回看都是孜孜不倦努力的结果,在技能大赛和指导老师的带动下,选手们成绩斐然,大赛、发明、专利处处开花。毕业季来临,他们面临着诸多工作选择,赵某本身是江苏江阴人,作为家中独子,父母希望他留在身边,而且江苏地区待遇较为丰厚。赵某多项大奖傍身,很快就通过了多家企业的面试,世界五百强的施耐德、江苏高新企业信捷……多家企业的橄榄枝蜂拥递来,与此同时他还收到了一份特殊的offer——地处祖国腹地的某院。某院地理位置偏远,经济水平较江苏发达地区还有很大差距,某院人事很坦诚地跟赵某表达了对技能型职业院校人才的渴求,他也深知相比企业工资待遇水平低,但是作为国家科研计划单列的中国国防生产单位,急需像赵某这样的大赛经历丰富、研发成果丰硕的优秀人才,很多本科院校培养的学生并没有如此丰富的实践经历和技能磨炼。技能报国一直是赵某的内心诉求,赵某跟学校指导老师深入探讨职业生涯规划后,毅然决然地选择了地处边远地区县以下的中央单位艰苦行业。

离校时,班主任嘱咐赵某知识在书本之中,运用知识的智慧却在书本之外。步入社会后不仅要努力学习知识,更要注重实践,研究新情况,解决新问题,创造新成绩。带着恩师的谆谆教诲,2017年7月,赵某入职某院机械制造工艺研究所,参加工作五年以来,他一直扎根一线,主要从事智能设备、数控机床、智能生产单元、特种设备等一系列的维修工作,同时还承担非标自动化电气软硬件设计、改造等一系列工作。以赵某为首的团队负责某装置镜架电动改造工程电气软硬件方案设计,并成功竞标,实施完成,工程获得甲方一致好评,他以极强的责任心以及过硬的技术能力被单位领导认可。

2018年8月赵某代表机械制造工艺研究所参加某院第二十八届职工职业技能比赛——维修电工,荣获二等奖。赵某通过工作实践感受到人外有人、天外有天,技术钻研是永无止境的。所以他上班期间积极向前辈技师请教,下了班也在宿舍钻研设备。比赛经历确实是一种很难得的经验,每个选手的心目中都有自己的目标,所以期望越大,压力自然就越大。在赛场上要做到处变不惊,冷静应对。技术要过硬,平时训练必须到位,只有大量的反反复复的练习,遇到问题,才能快速、准确地判断并解决。赵某说:"比赛总会有各种情况,需要选手冷静处理,如果平时松懈了练习,那么在比赛中很难迅速反应。"

2019年9月赵某作为代表参加四川省技能大赛——第三届四川省工业机器人技术应用技能大赛,同年10月还要参加全国技能大赛——第三届全国工业机器人技术应用技能大赛。由于某院没有与比赛相匹配的设备,导致赵某的备赛陷入搁置状态。眼看着比赛日期临近却不能进行有效的练习和训练,他心急如焚,这时他想到了最初带领他参加大赛的母校的指导老师。远在千里之外的无锡职业技术学院的老师得知赵某的困难后,立刻行动积极帮他联系,通过多方打听,终于发现无锡市刚刚引进了该设备,而且仅有一台,通过校方协调,争取了半个月的训练机会。赵某马上赶回母校,进行了宝贵的赛前训练。顾不上与恩师们叙旧,他就一头扎进实训室,同样的场地、同样的老师,仿佛又回到代表学校参加比赛的备战状态,所有的感恩都化于夜以继日的训练中。集训后奔赴比赛,赵某斩获第三届四川省工业机器人技术应用技能大赛暨第三届全国机器人技术应用技能大赛四川选拔赛职工组第一名,获得一等奖。此后,获得四川省技术能手称号,并申报四川省五一劳动奖章。

同年10月,赵某代表四川省参加第三届全国机器人技术应用技能大赛,获得职工组二等奖。赵某在给指导老师报喜的电话中深情地说:"无锡职业技术学院在我的成长过程中,所给予的是无法衡量的价值。无论是专业知识,还是品德和行为,在校期间都得到了不断提升和潜移默化的影响,每一点进步,每一次获奖,都得益于当年老师们的责任心和他们为人处事的感染力。校训牢记心间,继续报效国家国防大业。"

在这样的单位工作,究竟是伟大而神圣,还是偏远而寂寞?赵某给出了他的答案——是光荣与使命,能够将自己的青春年华献给国家的国防事业,一种宏大的国家使命感常伴于他的心中,也给了他潜心研究科研的动力。无数荣誉的背后,是每天复杂冗长的调试,是枯燥乏味的练习。

赵某在某平台的签名是"学会与孤独为伴"。正是无数个和赵某一样努力的国之栋梁,他们坚定的理想信念,默默的付出,推动"中国制造"向"中国智造"转型升级,赵某在风华正茂的年纪以热血之心,投身国防大业,在科研上攻坚克难,生活中无私奉献,铸铁成钢,磨玉成器。一颗红心献国防,维修小工匠绽放大光芒。

(无锡职业技术学院　供稿)

宋鑫：油机机械的"最强调试大脑"

> 宋鑫，男，1989年出生，汉族，中共党员，常州机电职业技术学院2013届电气自动化专业毕业生，江苏昆山油机机械工业（中国）有限公司电控组长，曾先后被评为"苏州市姑苏高技能重点人才""昆山市高技能突出人才"，被授予"苏州市青年岗位能手称号""苏州技能大奖荣誉称号""昆山市劳动模范"，荣获"2015年苏州市五一劳动奖章""2018年江苏省五一劳动奖章""2019年全国五一劳动奖章"。

2010年9月，宋鑫来到常州机电职业技术学院电气自动化专业学习，从小爱动脑动手的他在职业学校的学习中，可谓如鱼得水。在学校实训室和创新中心第一次接触到了自动化生产线设备，这些工业自动化界的"一线大牌"一下就吸引住了他，一台台新奇的设备和产品成了他的"心头宝贝"，"以后就要干这行！"有学校先进的平台和"高手"老师的加持，大学三年里，他像海绵一样尽可能地吸收着专业知识，主动成为老师课后"追问团"的一员。课余时间，宋鑫参加了自动生产线专业社团，社团每月定期开展与专业技能相关的课外活动，如专业讲座、专业展览、专业技能大赛和创新创业大赛等。回忆起在学校的日子，他说："指导教师王斌老师让我参与到他的专业技能大赛欧姆龙自动化系统设计中，近半年时间反复实验，通过Solidworks进行机械仿真模拟，Sysmac studio设计并验证驱动算法，完成了并联双轴机器人控制系统的设计，我的专业水平和创新能力得到了快速提高，激发了我独立进行小发明创造的想法和冲动。指导老师也很支持我，时常为我指导，帮我解决难题。"在老师耐心指导下，宋鑫的自我科研创新能力随着学习不断地提升，大一期间，他发明了"园林喷洒一体化设备"，综合解决园林松土、浇水的问题；到了大二，他从生活中发现问题，发明了"多功能面板"，运用传统木工卯榫结构，设计了一款密封防水、带有卡扣方便拆卸的面板；大三，他又关注到新能源机车的排气孔散热问题，研究出一款"新能源机车风源装置"，成功解决"拉缸"问题。这些小小的成就更加激发了他在技能道路上不断前行。

二、精益求精 磨砺能工巧匠

2013年6月,宋鑫从常州机电职业技术学院毕业,通过校园招聘成为昆山油机机械工业(中国)有限公司的实习生。在生产一线摸爬滚打一年后,轮转了公司所有的电气岗位。他找到了快速成长的途径,积累了丰富的实践经验。"当时,钻研公司前辈推荐的专业书籍资料,遇到难题多请教老员工,一有机会就上机器操作实验,久而久之也就掌握了一定的技能。"实习期结束,原本不了解这一行业的宋鑫竟然对这份工作着了迷,一个个像密码一样的技术参数在他眼里越发可爱起来,而他认真工作、勤于钻研的态度也得到公司和同事的认可。在工作实践中,他敏锐地发现了在机床制造过程中电气的重要性,特别是线路接法及参数设定直接决定了机床的最佳工作区间。对数控机床来说,调试工作不仅涉及客户的核心利益,更关系到操作人员的人身安全,所以无论硬件还是软件的调试都必须一丝不苟。但是,做好这件事情并不容易,需要熟悉、记住的参数点位及其意义光命令就有一千余个,加上客户特定需求,需要灵活运用不同的电路、程序、可编程序控制器等专业知识,十分枯燥又费脑。但这一切在宋鑫看来,却乐趣无穷。"通过思考攻克一个个难题,最终达到公司、客户的要求,这是非常有成就感的事情。"宋鑫说。正因为这股子乐在其中的钻研劲,他不怕辛苦,刻苦钻研,除了上班时间完成计划的工作以外,还利用业余时间在图书馆找资料自学,碰到难点就找公司的老师傅请教,很快他就掌握了一系列机床的电气装配及电路设计与调试方法。但是,他并没有就这样停下脚步,在熟悉了基本的技能之后,他又进一步投入到数控车床、加工中心、卧车等机床的电路配线电气图形设计以及PLC控制程序的编写调试中。车间每天的设备故障维修维护工作量很大,他又跟着师傅学习了SIEMENS、FANUC等系统的维修,以便工作期间就能够独立快速的排除设备故障。之后,他发现同行业中德国和日本设备的使用比例很高,于是学习并掌握了德国SIEMENS和日本FANUC系统的工作原理。现在他能够联系当下的实际生产加工需求对数控设备作出调整,重新设计出最为适合客户的加工流程。在工作的这些年里,宋鑫就是这样脚踏实地,一点一滴的积累,不断提升自己,最终成长为公司的一名顶尖的技术骨干,并升任为厂务部电控组组长,成为公司"最强调试大脑"。

2013年,一家重庆客户采购了油机机械公司数台数控立式机床用于生产汽车刹车盘,在使用过程中发现这些机床比其他厂商提供的设备平均慢了25秒左右。宋鑫接到整改任务后,翻阅大量书籍,比对技术参数上万个,终于发现症结所在,通过调整一个技术参数,客户生产效率立即提高了12%。2017年,油机机械公司进口新设备、新技术。宋鑫参与了中国油机第一台三菱系统数控钻孔机的电气设计调试工作,他和同事加班加点、相互探讨、查阅资料,经过反复推敲最终敲定方案并调试成功,使该机型成功参展第十三届上海国际数控机床展览会,获得一致好评。

宋鑫不仅对自己严格要求,还常常从公司角度出发考虑如何让生产环节更规范、更节约、更高效。有一次,他发现公司电控箱线路排布不美观也不够规范,就提出合理化建议。这一建议的落实为公司每年节约成本60多万元。有一家客户公司的数控设备刀具过去采用外置式管理,成本高、操作难。宋鑫发现这一问题后,提出利用PCL程序替代外置式管理功能,既节约成本又提高效率。因技术能力突出,他很快被调去负责重新规划车间机床走线布局,改良零件标准长度和线径粗细,经过他的不懈努力,大大增强了电气箱的美观性,并降低了公司的设备成本。2014年,他全程参与了公司第一条数控车自动化生产线的研发调试工作,极大地提升了伺服电机的工作效率。同年,有客户反映公司设备加工纹路欠差,宋鑫在对机械进行多次调试后,成功采用电脑对数控系统进行了优化,解决了难题。2015年他在重庆办事处驻办时,一个客户提出油机的一台数控设备在加工时主轴负载为5%(主轴转速2600 rpm),而德国机床在相同加工条件下主轴负载小于1%,因此客户要求两天之内加以整改,要求主轴的负载要与德国机床一样,否则就要求退机。在这样的情况下,他果断带领团队连夜研究对比数据,寻找解决办法。最终经过反复实验论证,将主轴输出功率参数作了正确调整,于第二天天亮完成任务,高精准的达到了客户需求,为公司创造了数百万元的效益。这样的事例在他从业以来还有很多,本着不忘初心,致敬工匠精神,不怕艰难困苦,敢于挑战的信念,他解决了大大小小的技术难题,为公司创造了数百万的效益。

工作近10年,宋鑫先后荣获苏州市青年岗位能手、苏州市姑苏高技能重点人才、江苏省五一劳动奖章、全国五一劳动奖章等荣誉称号。"活到老学到老是我的座右铭,在科学技术不断进步的今天,一天不学就会落后。所以,我平时只要有时间就多看书,画重点,细琢磨,不断掌握新知识、熟悉新领域、增强新本领。一个人技术再好,那也只是一个人的力量,把自己的技能传授出去,就拥有了几何倍数的力量。"宋鑫身为公司技术骨干,不忘培养公司后备人才,制作教学文档对新进员工进行培训。为培养他们的兴趣,特意制作了一套循序渐进的培训方案,一步一个脚印地使新员工能够在培训完后轻松自如地应对日后的工作。作为昆山市高技能突出人才,他经常去周边新创立的同类型民营企业,在技术上给予他们指导,也会帮他们解决一些故障难题。宋鑫时刻用自己的行动践行着一名共产党员的无私奉献、敢于担当的精神。

(常州机电职业技术学院 供稿)

二、精益求精　磨砺能工巧匠

彭智勇：高铁车电管理与运维的技术大咖

> 彭智勇，男，湖南铁道职业技术学院2012届铁道机车车辆制造与维护专业毕业生。现任广铁集团长沙车辆段长沙库检车间车电技术员，负责车间48V客车、600V客车车电业务技术管理和攻关工作。2016年荣获中国铁路总公司铁路车辆系统客车职业技能竞赛客车检车员组全能冠军，并被授予"火车头奖章"和"全路技术能手"的光荣称号。

"千招会，不如一招精，我们要干一行，敬一行，爱一行，更要学精一行……"2017年4月20日，湖南铁道职业技术学院举行了"冠军归来"优秀毕业生回校系列讲座活动，带着荣誉归来的彭智勇面对台下200多名观众，没有一丝胆怯，口齿清晰，语言表达流畅。谁也想不到，台上这样自信的彭智勇，在进入大学前竟是个沉默寡言、不善言辞、从不敢在公众面前发言的人。

"是大学改变了我……"这样的改变源于一次英语演讲比赛。偶然机会，学院组织英语演讲比赛，一向不爱抛头露面的彭智勇被室友怂恿着报名比赛，写文稿、背文稿、训练发音……出乎意料的是彭智勇获得了比赛二等奖，第一次尝试了获奖的开心与自信。"那次比赛在别人看来也许不值一提，却是我蜕变成长的开始。"对于彭智勇来说，比赛的成功如同打开了一张通往新世界的大门。竞选班助、参加各类社团活动，很快他的管理能力和上传下达的沟通能力都得到了快速提升，"原来大学生活不仅仅只有埋头学习，还可以那样丰富多彩。"彭智勇在发言中感慨。

"大学一定要利用宝贵的时间掌握一门专业技能，比如CAD、PLC编程等，使之成为自己的核心竞争力。"在锻炼能力的同时，彭智勇从不落下学业，在同学眼里，他是名副其实的学霸。他认为，学习永远是第一要务，为了更好地学习专业技术，彭智勇加入了俗称学霸聚集地的科创协会，"里面有很多厉害的学长传帮带，我们可以在科创学到很多课本外的知识……"，有一次，彭智勇看到学长竟然自己动手做出了一套铁路信号自动控制系统，甚是惊讶，倍感差距的同时，让他明白了学习需要"站在巨人的肩膀上"，需要自己刻苦钻研，同时也坚定了他要学精一门专业技能的信念。

咱们的高职毕业生——全国优秀高职毕业生典型案例

2012年,彭智勇从湖南铁道技术学院毕业,原本学习铁道机车车辆制造与维护专业的他,因需要被集团公司统筹分配到长沙车辆段长沙运用车间电机具班组。为了尽快掌握全新的业务技能,他虚心向身边的同事学习,向班组师傅学习。跟着干、现场学、不懂就问,一有空余时间就软磨硬泡,央求师傅教自己。"师傅,这个速度传感器的安装有什么要求……"一个愿意学,一个乐意教,看着自己得意的徒弟,学习期间刻苦认真,善于思考,长沙车辆段库检车间车电机具组副工长李国忠打心眼里自豪:"智勇爱思考,不仅能对设备提出一些关键性的问题,同时也肯钻研,不搞懂不罢休。"

"我对自己的定位就是要做一名技术过硬的工人。"一门心思想提高自己业务能力的彭智勇,下班之余不是在车上熟悉车辆设备,就是在宿舍复习理论知识,他只能利用业余时间给自己充充电,提升自己的业务水平。彭智勇的室友马鹏说:"晚上下班回来后比较累,都会想着一起出去玩,但彭智勇还是死抱着他的书本钻研业务,很少跟我们一起出去。"

就这样,彭智勇白天跟师傅们爬车厢钻车底,晚上回到宿舍又伏案夜读,经过一年的不懈努力,不仅熟练掌握了维修技能,而且还成了车间不可多得的技术大咖,每当同事遇到棘手的问题,都会拽着他来帮助解决。有一次,他的同事在检修车厢里的照明时,发现列车有一端的几盏照明灯不亮,经过检查没有发现问题,眼看就到交车时间了,情急之下他想到了彭智勇。经过细致的排查,彭智勇发现,是因为照明灯的基座压住了电源线,长时间挤压导致电线损坏,又因为电线上装有一层防护套很难发现,如不及时处理,有可能引发火灾,后果不堪设想。

由于业务精,工作认真负责,彭智勇的能力很快得到了集团公司的认可,多次受到了车间的嘉奖,不久还被车间提升为技术员。"彭智勇是我们车间的技术能手,平时出现疑难杂症我们都喜欢第一时间请他来处理问题。"同事贺敬对彭智勇赞不绝口。

经过几年的学习锻炼,彭智勇逐渐在工作上得心应手,在车间举办的第一次大学生技术比武中荣获车辆电工第一名、段里职业技能竞赛第二名。初露头角的彭智勇在技术的道路上并没有停下脚步,他报考了北京交通大学专升本,争取到北京、太原、南昌等地参加全路性的知识培训,如饥似渴地学习新设备新技术,吸收新知识,他坚信自己能走得更远。2015年,他向车间争取了段里的职业技能竞赛,并在竞赛中一举拿下了车辆电工工种全能第一,获得了参加集团比赛的机会。

为了在集团比赛中取得好的成绩,彭智勇对照《岗位作业指导书》《铁路客车运用维修规程》《运规》《车辆电工教材》等书籍一项一项练习,将检查作业步伐走了一遍又一遍,将配电柜内的元件拆了又装,装了再拆,常常练得汗流浃背,工作服湿了又干,干了又湿。

有付出就会有收获,彭智勇以集团第二的成绩入围了铁总竞赛集训队,参加为期一个半月的集训。第一次与其他段选手接触,彭智勇倍感压力,发现了不少自己以前

二、精益求精 磨砺能工巧匠

训练的缺陷,他通过观察不断优化作业过程和故障排查方法,比如排查空调柜故障时的"电笔法",之前很少用,但观察、对比广州厂选手的故障处理过程,彭智勇发现"电笔法"的确有其优点,相比他们自己用的"万用表"方法,不仅省时省力,而且只要灵活运用,就能大大缩短故障发现时间,于是彭智勇果断对此进行了消化吸收。

在集训后期,随着赛前压力的越来越大,集训的疲惫感和紧张感也随之而来,彭智勇甚至还有过放弃的念头。他开始回想一路走来的坎坷不易、爸爸的理解与支持、师傅的鼓励与开导、主任的看重与期待……这些力量汇聚在一起,彭智勇觉得这不仅仅是一项比赛,更多的是一份期待,一份沉甸甸的责任。于是他重拾信心,带着必胜的信念一头扎进了集训。

功夫不负有心人。2016年11月4日中国铁路总公司铁路车辆系统客车职业技能竞赛顺利举行,经过3天激烈的角逐,彭智勇不仅战胜了过去的自己,更战胜了来自17个铁路局的68名选手,他不仅取得了客车检车员(车电员岗位)全能第一的好成绩,还荣获了2016年"火车头奖章"和"全能技术能手"的光荣称号。

站上领奖台的那一刻,彭智勇会心地笑了。在这光芒尽放的背后,是他日复一日的积累和付出,是他对梦想的坚持与执着,对工作的义务与责任。他没有辜负集团公司的栽培、师傅的看中、工友的陪伴以及家人的支持。他更庆幸,他没有向困难低头妥协。"对待工作我有这样一个信念,一件事情除非不做,一旦做了就要想办法把它做到第一。"就是这样一种信念,让彭智勇浑身都充满干劲,也正是有着这样一种信念,彭智勇才能攀登上属于自己的荣誉顶峰。

如今的彭智勇,经过业务学习和多年工作经验的积累,形成了自己独特有效的故障处理方法,解决了大量的电气类故障,真正做到了为列车安全运行保驾护航。同时在技术攻关上也做出了突出成绩:处理6个车TCDS-5型车载主机故障,节约成本约20万元,参与攻关"降低客车运行中轴报器联网不良的故障率"成果,获得段优秀QC成果一等奖等。

"简单的事情重复做,重复的事情用心做",彭智勇凭着年轻人的一股冲劲,踏踏实实,一步一个脚印,有定位、有目标、有信念。他不甘平庸,凡事用心用尽全力去拼搏,做最好的自己。这就是不断向着梦想前进的90后全能冠军彭智勇。

(湖南铁道职业技术学院　供稿)

刘鹏：高速铁路机车运行的健康卫士

> 刘鹏，男，1991年出生，湖南铁道职业技术学院2014届电气化铁道技术（检修）专业毕业生。现任南昌铁路局南昌西动车二所工长。他是竞技"高手"，技术"大拿"，动车运行的"健康卫士"。他也是全国铁路技术能手、全国铁路青年岗位能手、江西省青年岗位能手、2016年全国铁路动车组机械师职业技能竞赛全能冠军、2017年度南昌局集团公司"十大平凡之星"。

2011年，来自湖南娄底冷水江的刘鹏，考入了湖南铁道职业技术学院，成了牵引学院电气化铁道技术（检修）专业的大一学生。经过紧张而激烈的高考后，刚进入大学的刘鹏放松了对自己的学习要求。在模拟电子课上，段树华老师突然点名正在睡觉的刘鹏，"这名清秀的小伙子，是不是昨晚预习我的课程太晚了，没有睡好呀……"老师不是责备，而是善意的调侃和夸奖，老师的夸奖，同学的起哄，瞬间强烈的羞耻感如同潮水般在刘鹏内心翻腾，他觉得那一刻既惊喜又羞愧，惊喜的是老师竟然没责备而是夸奖，这给了他温暖，羞愧的是同学们的嘲笑让自己无地自容，复杂的思绪让他久久不能平静。从那堂课起，他瞬间明白大学应该要做些什么了。刘鹏像变了一个人，他开始上进成熟，骨子里那股不服输的拼劲彻底地激发出来，上课认真听讲做笔记、遇到难题主动请教老师、提前预习课程……有付出才有收获。模拟电子课程考试，刘鹏获得了满意的成绩，他开始尝到了学习带给自己的成就感，自信心倍增。到了大二，他所有的实训项目的考试均名列前茅，2013年上半年，在"轨道系科技创新协会第三届11级技能比武大赛"中荣获第二名，小试牛刀的他实现了完美逆袭。

"他平时话语不多，但非常好学，对专业十分爱钻研，经常泡在实训室学习，是我们专业老师的好帮手……"作为刘鹏的专业指导老师、全国第二批黄大年式教师团队负责人段树华教授，谈到刘鹏时记忆深刻，"专业基础扎实，心态好，平稳，不浮躁"是他对刘鹏的评价。

"做毕业设计时，我当时就是钻进去就出不来了，我做一件事，要么不做，要做就

二、精益求精　磨砺能工巧匠

做到极致。"刘鹏说,自己是一个做任何事都拼尽全力的人,就算是按照电路图简单接个线,也要求自己不仅正确,而且接线美观。段树华深刻记得在指导刘鹏毕业设计时,"这个孩子在实训室编程、调试和验证,一待就是一两个星期,吃住都在实训室,这不是一般学生能做到的专注……"正是由于骨子里的拼劲和激发出来的昂扬斗志,再加上对电路图的极度热爱,不仅让刘鹏打下了扎实的理论基础,同时也种下了自信的种子,并且不断生根发芽。

2014年,23岁的刘鹏从湖南铁道职业技术学院毕业,进入了南昌铁路局南昌车辆段南昌西动车组运用所工作。因为对动车事业的热爱,不甘落后的刘鹏像打了鸡血一样,不管是在夜校课堂上,还是跟班作业时,他有不懂的,就一定要打破砂锅问到底,跟老师、工长掰扯透才肯罢休。刘鹏回忆说:"那时候,我的师傅、夜校老师、同事都被我问烦问怕过,甚至看到我就躲。"为了弄懂检修工艺复杂的技术,刘鹏做了近300张的动车知识卡片,每天带10张在口袋里,一有空就拿出来看。小卡片已经被沾染的油污模糊、被汗水浸得皱巴,但他已能准确背出卡片的全部内容。他说他确信自己是爱上动车这个铁路前沿科技的结晶了。

实习结束后,刘鹏被分配到上部组,大到处理受电弓、重联解编故障,小到一个水龙头的更换,他都不厌其烦。但是他并不只甘于停留在能修会换的水平,学会分析故障,如何能在最短的时间内,用最合适的方法处理好,这才是刘鹏真正想要的结果。"下部组作业时,我让师傅带着我去看,就算只做些递递工具的活,我都非常愿意……"有时碰上走部行的重点故障,直到他们处理完了,刘鹏才肯走,久而久之,全车的作业流程就这样被他"偷学"全了。下班后他做的第一件事,便是回顾当天遇到的故障及解决过程,仔细思考是否有更多快、好、省的解决途径,并将细节一一记录。刘鹏拿出了一本破旧的笔记本,里面做了各种标记和图形,不知道的还以为是"武功秘籍",但这其实是本"病历本",上面记载了中国国家铁路集团有限公司近年来公布的各种动车故障案例,还有他自己平时所学及整理的处理方法。就是这刻在骨子里的钻研劲和对动车事业的真诚热爱,支撑和鼓舞着刘鹏坚毅前行,咬定青山不放松,在人生的战场里所向披靡。

2015年,工作刚一年的刘鹏,在江西省十一届"振兴杯"职业技能竞赛中获得了第四名。这在大家眼里已经不错的成绩,刘鹏却不太满意。2016年,再次参加江西省十二届"振兴杯"职业技能竞赛,这次他脱颖而出,一举夺魁,他的"状元梦"圆了一半。之后,刘鹏被点名加入路局集训队,备战参加含金量最高的2016年全国铁路动车组机械师职业技能竞赛。来自全局各个动车所的集训队员们都很拼,所有人连吃饭时都捧着书。刘鹏也不例外,在他的宿舍里,书桌上、枕头边到处都是业务书籍、知识"卡片"和动车"病例";为了找手感、提速度,他经常徒手作业,手指上常被划出伤口,仍然坚持训练;为了牢记理论知识,他的题库和图纸用破了五本,每本都记满了密密麻麻的笔记。

在这种争分夺秒但又苦闷枯燥的集训环境下,刘鹏虽倍感压力,但动力与压力并存,他心中根植的"状元梦"一直激励着他奋勇前行,他格外珍惜在集训队中能专注研究技术的这份纯粹、积极进取的氛围以及和互帮互助的队友建立的深厚友谊,这些都使他充满着前所未有的拼搏劲以及满满的正能量。2016年10月30日,在昆明车辆段举办的2016年全国铁路动车组机械师职业技能竞赛胜利闭幕。来自全国18个动车配属局(公司)层层选拔出来的135名专业技能人才同台竞技,分五种动车组车型项目进行比拼。比赛项目以CRH380A型高速动车组得分最难,刘鹏却以CRH380A型项目的得分第一,居各项目综合排名全能榜首,他终于圆了"状元梦"。

"各单位请注意,动检三道准备出车""A380-2750开始检修"……现在的刘鹏是动车技术诊断组组长,也是"苏贤达动车教练组"的老师,他将自己对动车组的检车经验和绝招整理成了一套"单车检查七字歌诀",毫无保留地传授给了大家,这88句歌诀朗朗上口,便于记忆,成了许多从事动车组工作的年轻人熟悉岗位、掌握技能的"敲门砖"。

刘鹏作为技术比武教练,手把手培养的徒弟在2017年南昌铁路局"振兴杯"动车组机械师技能竞赛中获得个人全能第一名,发挥了"传帮带"的重要作用。同时,作为动车"匠心技能大师工作室"的一级大师,他先后参与完成《TEDS综合管理实训系统》《研制动车组内外显示器检修试验台》等项目的策划和攻关。

"人生总有高峰和低谷,业务再精湛,取得再多的成绩,也不能激进,不能停止学习……"所谓活到老学到老,刘鹏说"干一行,爱一行,专一行,精一行"是他的真正目标,他热爱动车,也将一辈子在岗位上发光发热。

"职业教育作为类型教育,一样大有可为,职业教育毕业的我们,也有光明前途,技术技能人才也能成长为参天大树,我们一样可以成为国家栋梁……我们懂理论,会实操;学知识,我们知道来龙去脉,下现场,我们可以解决问题。只要凭借自己的努力,不论是在校还是工作,自可收获大波点赞!"工作多年的刘鹏再谈起职业教育更有一种过来人的感悟。

(湖南铁道职业技术学院　供稿)

二、精益求精　磨砺能工巧匠

梁伟泽：两载只盯桶装水生产线的骨干工程师

> 梁伟泽，男，1997年出生，广东轻工职业技术学院2019届机电一体化专业毕业生，现任广东鼎湖山泉有限公司工程师。2019年2月，作为实习生进入广东鼎湖山泉有限公司实习，同年7月转正，转正后在一线生产车间沉淀学习，为后面调配至项目小组开展规划管理工作打好了坚实基础，仅用两年时间升格工程师，全面参与鼎湖山泉创新研发中心一期厂房建设规划工作，主要负责生产线规划及生产配套工程规划工作。任职至今获得两项发明专利，两项实用新型专利，专利成果转化约2000万元，装水线新建一、二期项目，预估年产值为6.8亿元。

2016年9月，梁伟泽进入广东轻工职业技术学院机电（以下简称广轻机电）一体化专业学习，因学校涉及产业均为轻工行业，机电一体化技术的人才培养方向主要为机电一体化灌装自动生产线及相关包装机械的制造安装与调试、运行维护与管理、技术引进与创新工作能力的面向生产、服务和管理等技术岗位的高等技术应用型人才。梁伟泽了解专业后，就深刻地认识到大学期间学习基础课程、专业知识和实操技能的重要性。在老师的悉心指导下，梁伟泽对自己的职业生涯和学业进行了规划，对未来的职业和学业发展目标更加明确，希望通过深耕机电专业领域，努力成为领域内的技术能手。为此，他特意制定了科学的学习计划，在校期间努力学习每一门课程，上好每一节课，课后在自习室或图书馆经常可以看见他认真又忙碌的身影。校内外举办的专业技能大赛，他总是能够踊跃参与，学以致用，在赛场展现广轻机电学子无限的潜力与智慧。

在学习专业知识的同时，梁伟泽也特别注重个人综合能力的提升，树立学生干部带头示范形象，积极参与校内校外活动。大一期间担任机电161班的组织委员与体育委员，大二担任宿委会宣传部副部长，他在校内勇于尝试，逐步提升了自身的组织和管理能力。毕业前，梁伟泽曾提前入岗实习，在近四个月的实习期间积累了一定的工作经验，这为他日后快速上手工作，融入公司团队打下了扎实的基础。

2019年2月，梁伟泽进入广东鼎湖山泉有限公司进行为期四个月的实习。他怀着满腔激情来到企业工作,对未来的生活满怀憧憬,对车间、生产线等一切的未知实物充满好奇。实习期间在车间学习了解了各种生产设备和生产流程,这让他对自己的工作有了初步认识。但他此时因对工作的认识尚浅,依然心存困惑,对工作和未来比较迷茫。某天吴木生大师兄(现任董事长)携曾宪波师兄(现任生产部总监)组织公司高层领导与实习生团队进行交流,这一次谈话让他对这份工作有了更加深刻、全面的理解,其中的几句话至今让他记忆犹新。一要带着脑子进车间,每一个岗位、每一台设备都有它存在的意义,要清晰地认识到这个岗位在生产环节中具体的地位和所承担的作用、贡献。二是工作像一张白纸,落下的第一笔决定纸上会出现的内容就是自身的工作态度、职业道德,要在工作岗位中找到自己存在的意义。正是这一番谈话,再次燃起了他对工作的激情,实习期一结束便主动申请到一线岗位中去沉淀学习,这使他对每一个工作岗位、每一步操作规程,到一整条生产线的管理流程都有了一个更深层次的理解。这也为他后来调配至项目小组开展规划管理工作打下了坚实基础。

2020年3月,公司进行"鼎湖山泉水健康创新研发工厂"工程建设,梁伟泽被调配到项目小组成为项目组一员,全面负责生产线规划、安装、调试工作。做项目管理规划工作无疑对他的专业技术能力提出一次全新的挑战,在厂房建设阶段要充分融合生产管理需求,从厂房建设到产线规划,前期沉浸在一线岗位中对生产线的理解带来的好处在此时便可以体现得淋漓尽致,而在学校学习到的机电专业知识及CAD绘图等工具的使用更是为他工作提供了强力的保障。在高新技术专利申请技术壁垒攻克时,梁伟泽连续8天每天高强度工作超19小时,实现项目的最优呈现,项目于2021年1月正式投产,输出一项生产线相关发明专利"饮用水水桶清洗方法及清洗设备",产能达2200BPH,年产量达1452万桶,年产值2.9亿元。梁伟泽在负责生产线相关工作期间兼任新立技术革新"包装饮用水整板运输技术研究"项目项目秘书一职,任职期间主要负责研究新工厂生产线匹配整板运输技术,通过多渠道收集信息、深入市场调研,最终输出成果"一种包装饮用水多层堆叠运输装置及其存取运转方案"发明专利1项,"一种可堆叠的运输车"和"一种可堆叠的运输篮"实用新型专利2项,为公司运输技术改革创下良好基础。

2021年9月,有了第一个成功项目经验后,梁伟泽被公司委以重任,全面负责鼎湖山泉水健康创新研发工厂二期二号厂房瓶装水线新建项目及一期2号桶装水线新建项目,项目总监为曾宪波,梁伟泽作为项目技术总监,技术团队6人。在经历了一系列的磨砺和锻炼后,梁伟泽的工作能力有了明显提升,在他的带领下,瓶装水线新建项目及2号桶装水线新建项目分别在2022年4月及2022年8月顺利投产,两个项目的产能分别为1300万箱/年、1452万桶/年,年产值为6.8亿元。成功的路上并不平坦,梦想与现实必定有一定的差距,有些人曾经梦想满怀、憧憬天下,却无法承受现实中的考验,而梁伟泽却选择利用自己专业的知识在奋力筑梦。一般来说,一名刚毕业的大学生成长为一名工程师,至少需要 4~5 年的时间。然而梁伟泽却凭借自己的悟性和持续的刻苦钻研,在两年时间内,就成了一名年轻的工程师。他在校期间的班主任陈学文教授对他给出了很高的评价,认为梁伟泽是一位学习能力强、刻苦耐劳、思维活跃、善于思考的人。梁伟泽始终坚信"天生我才必有用",有梦想才会有未来,一分耕耘,一分收获,自己所付出的努力终将能获得回报。

(广东轻工职业技术学院　供稿)

梁荣浩：从"强扭的瓜"转向进军"珠宝加工世界技能奥林匹克"的"00 后"

> 梁荣浩，男，2000 年出生，顺德职业技术学院 2021 届首饰设计与工艺专业毕业生，现任佛山市顺德区郑敬诒职业技术学校教师。先后荣获全国技术能手、第一届全国职业技能大赛珠宝加工项目冠军、广东青年五四奖章、2020 年广东大学生年度人物等荣誉称号。

梁荣浩与珠宝加工结缘源于父亲的"强迫"。

2015 年，初中毕业的梁荣浩最开始的人生规划是成为一名厨师，"可以学到各种各样美食的做法，想吃什么就做什么。"但是他父亲以"家里有很多亲戚都是厨师，没有必要专门去读"为由，"一票否决"了梁荣浩的想法，并帮他报了珠宝加工专业。他是个老实乖巧的孩子，没有反驳父亲的做法，而是选择了顺从。就着这个"强扭的瓜"入读了云浮中等专业学校珠宝玉石加工与营销专业。

2016 年，梁荣浩进入与顺德职业技术学院联合办学的顺德区郑敬诒职业技术学校就读珠宝专业。从色香味俱佳的厨师梦，到珠宝加工枯燥单调"静坐练功"的繁复操作，他也有过抵触、彷徨与迷茫。但喜欢"动手"的他，慢慢地就觉得"珠宝加工有很多手工实操的环节，我还挺喜欢的"，"打磨出一件精致的作品，很有成就感"。当他把自己加工的第一个作品铜戒指送给父亲时，父亲那开心的笑容，坚定了他在珠宝加工这条路上走下去的决心。

梁荣浩一头扎进了这个看似光鲜实则艰苦的行当。2018 年 3 月，梁荣浩进入校企合作单位裕达珠宝首饰制造有限公司（周大福集团子公司）从事珠宝首饰制造工作。在企业工作期间，梁荣浩将良好的学习态度带到企业，技术得到飞速提高，但他也渐渐地感到自身专业能力的差距，他渴望进一步提升，渴望有更大的舞台。2019 年，他毅然"裸辞"，报考了顺德职业技术学院郑敬诒职校高职专业学院试点班首饰设计与工艺专业，开启了大学学习生涯。有了中专学习和企业工作的经历，他对高职阶

二、精益求精　磨砺能工巧匠

段该学什么已经非常明晰。读书期间,他刻苦钻研技术,凭着过硬的本领被选入顺德区首饰专家工作室做学徒。他先后获得"国家奖学金"及顺德职业技术学院学生最高奖项——"陈智奖学金特别奖",一举拿下4万元奖学金。

2019年9月,佛山市组建第46届世界技能大赛(以下简称"世赛")集训队。梁荣浩作为适龄青年报名参加,并顺利选入集训队伍备战世赛选拔赛。世赛的要求非常细致、苛刻,无论是训练的时间还是比赛的经验,相对于经历过两届世赛的深圳、广州选手来说,梁荣浩当时都是落后的,甚至他的指导老师也对他没有太大的信心。但就是凭着成为大国工匠的渴望,梁荣浩生出了咬牙拼到底的决心。他每天坚持超过10个小时的训练,付出了几倍于其他人的努力。如果说每一件漂亮的珠宝除了包含独一无二的属性之外,那么其身上还包含着珠宝匠人倾注其中的专注与情感。

梁荣浩的训练是枯燥的,并时常伴随着失败。工作台前,每天一坐就是10个小时以上,这期间只有工具作用于材料的声音和他那沉稳的背影。呼吸稍微不平稳、手稍微抖动了一下,这个工序就废了。每当这个时候,他都放下工具,深呼吸,然后告诉自己:失败了,重新来过,今天看昨天的作品一无是处,那就从零开始。

梁荣浩是固执的。在工厂工作时,由于过于追求完美,过于执着于工艺细节,他两三天才出十件左右作品。虽然老师傅一再催他加快进度,并告诉他工厂不需要太过完美,但他还是坚持初衷,要求自己出精品,哪怕这个坚持已经影响到自己的收入,他也没有改变。

对于梁荣浩来说,世界再嘈杂,只要坐到工作台前,他就会摒弃一切杂念,让内心保持绝对的安静及安定。那一刻他的眼里只有图纸中那个他要"琢磨"出来的珍品——因为他只专注于技艺,专注于对完美的追求。

珠宝加工项目要用到上百种工具,通过反复地敲、挫、锯、焊……最终打磨出一个精致的作品。"比例尺寸误差不能超过1%!"所以学习珠宝加工这条路,不仅要耐得住寂寞坐冷板凳,还要受得了"皮肉之苦"。珠宝制作过程中,不能戴手套对手进行防护,所以工具会经常锉到指甲。"绝对不能戴手套!"梁荣浩说,"有些细微的凹凸,不用手触摸的话,是感觉不到它是不平的。"长时间的"裸手"操作,梁荣浩的指甲已经严重变形,尤其是左手大拇指的指甲,被磨得只剩下一半。即使这样,他也只是很平淡地说:"这是我们这行经常出现的事情。""我偶尔也会去做一下美甲,把大拇指的指甲加厚"。

就在距离国赛还不到10天的时候,梁荣浩最关键的左手食指意外被划出一道长长的口子,到医院缝了3针。"怎么办,是放弃比赛,还是坚持?"梁荣浩迅速冷静下来,仅仅休息了两天,就重新回到了工作台前备赛,改变策略,尝试将发力手指改成中指。他全力以赴专注于比赛本身而忘却了手痛,凭借着平日扎实的操作功底,最终获得金牌。

每一件耀目的作品,都是经由珠宝匠人倾心全情制作而赋予了它璀璨的生命;奢华的背后无他,只有千万次的专注打磨及工匠的努力与付出。向理想迈进的征途,从来都不是一帆风顺的,正如马克思所言"只有不畏艰辛,沿着陡峭山路攀登的人,才有希望到达光辉的顶点"。2019年11月,梁荣浩参加中国技能大赛——"中金杯"第8届全国黄金行业职业技能竞赛,一举夺得职业组第三名。

2019年11月,梁荣浩参加中国技能大赛——全国珠宝制作职业技能竞赛(印·第十届中国珠宝首饰设计制作暨首届宝玉石检验员技能大赛),获得职工组第一名,检验了自己的实力,也给自己增强了信心。

2020年,凭着对细节的精雕细琢,关键时刻,他稳定发挥,在第46届世界技能大赛广东省选拔赛上,以0.11分的优势夺得珠宝加工项目的冠军,获得广东省唯一一个晋级国赛的名额,拿到第一届全国技能大赛的"入场券"。

由于世赛对选手年龄有着严格的要求,多数赛事都限定在22周岁以下。对2000年出生的梁荣浩来说,这意味着第46届世界技能大赛是他第一次也是最后一次冲击世赛的机会!所以,他决定要在全国技能大赛上拼尽全力,争取拿到世界技能大赛的"入场券",到世界技能竞技场上为国争光。

2020年12月10日,第一届全国技能大赛在广州琶洲会展中心拉开大幕。本次大赛是中华人民共和国成立以来规格最高、项目最全、选手最多、影响最广的综合性、全国性技能竞赛盛会。

第一届全国技能大赛珠宝加工项目竞赛,为了体现抗击疫情主题,要求选手制作一个类似面具的精致作品,名为《百毒不侵》。竞赛分为三个模块,持续三天,每天制作作品6个小时。梁荣浩说,"一个不到手心大小的作品,有近200个考点,跟图纸模型越相似才越能拿到高分。""比例尺寸误差不能超过1‰!"由此,可以想见比赛任务的艰巨。

大赛开幕的当天,珠宝加工项目竞赛鸣锣。梁荣浩与所有的参赛选手一样,认真审图,全神贯注地打磨作品。敲、锉、锯、焊……梁荣浩十分熟练地操作着。第一天、第二天发挥比较平稳。

12月12日,"比赛最后一天,我感觉自己发挥得不太理想。"梁荣浩说,距离交作品还有8分钟时,不慎出现了一个小失误。"作品上有一个焊接位拿去清洗时,突然被超声波清洗机震断了。当时我超级紧张,手都开始抖了。""是否重新焊接?"梁荣浩现场犹豫了十几秒,"如果因为这个焊接点的问题而没拿到好成绩,我将无比后悔,遗憾终生。"梁荣浩随即镇定下来,快速回到5米之外的比赛工位上,重新开始焊接断裂处。他小心翼翼地焊了1分钟左右,并用了4分钟进行表面处理。此时,距离比赛结束还有2分钟左右,但梁荣浩还有一个操作步骤没完成。眼看时间不多了,他马上拿作品去清洗。"当时我很担心,怕这个焊接位清洗时再次被震断。"幸运的是,梁荣浩最终顺利完成各项操作,按时交了作品。

12月13日晚,梁荣浩怀着忐忑的心情参加了大赛闭幕式。当晚8时50分左右,主持人宣布珠宝加工项目获奖情况,听到铜牌、银牌获得者都不是自己时,梁荣浩心跳开始加速。"获得金牌的是,梁荣浩,广东代表队。"主持人话语刚落,梁荣浩便兴奋地站上领奖台,满脸灿烂笑容,向观众挥手致谢,场下一片欢呼声。梁荣浩如愿拿到了全国赛珠宝加工项目世赛组的金牌。

梁荣浩就是这样一步一个脚印地从行业技能比赛到省级选拔赛,再到全国技能大赛,一场一场地赛下来,他荣膺"全国技术能手""广东青年五四奖章",最终入选"世界技能奥林匹克"竞赛的国家队。

对于梁荣浩的事迹,央广网、中央广电总台中国之星、南方日报、南方都市报、广东新闻、南方+、凤凰网佛山、佛山+、佛山电台、佛山新闻网、佛山日报、珠江商报等国家、省、市、区多家重量级媒体都先后做了报道。付出的努力和汗水,终将会有收获。梁荣浩也铆足了干劲儿刻苦训练,希望在以技能兴国、以技能强国的道路,发光发热!

(顺德职业技术学院学生工作部　供稿)

李小松：从"全国技术能手"到世界冠军，山村男孩的技能"摘星"梦

> 李小松，重庆电子工程职业学院2018级光电显示技术专业学生，为国内最早一批参加光电技术赛项的选手之一，2020年荣获中华人民共和国第一届职业技能大赛光电技术项目银牌，2021年荣获"全国技术能手"称号，入选第46届世界技能大赛光电技术项目国家集训队，凭借优异表现以国家队十进五淘汰赛第一名的成绩代表中国参加2022世界技能大赛特别赛。2022年10月15—18日，被誉为"世界技能奥林匹克"的世界技能大赛特别赛光电技术项目于日本京都开赛，李小松与来自其他5国的选手同台竞技、交流互鉴，经过激烈角逐最终问鼎金牌。

"庖丁解牛"实现了从"无从下手"到"游刃有余"，这是古人的工匠术到精处的境界表达。干一行、爱一行、专一行、精一行。在长期实践中，高职教育就是培育拥有执着专注、精益求精、一丝不苟、追求卓越工匠精神的高技术技能人才。职业教育与经济社会关系密切，高职院校的人才培养更须瞄准国家经济社会的发展需要。在重庆加快建设"智造重镇""智慧名城"的背景下，重庆电子工程职业学院瞄准产业发展新方向，重构"物联网应用技术""信息安全与管理""建筑智能化"等突出电子信息和智能化特色的14个专业群，形成对接智能全产业链的专业群品牌。专业设置突出"智"的特色，而人才培养则更注重"能"的提升。学校全面推进"大思政"三全育人改革，重构成果导向、通专融合、个性培养的"平台＋模块"课程体系，实施"卓越人才班""工匠工坊"培养计划，同时注重"五育并举""文化育人"，让一大批高素质卓越技术技能人才脱颖而出。从"山村男孩"到世界冠军，新时代的职教学子李小松，就是这样一位工匠精神的传承者和技能逐梦者。

李小松生长于江西省一个农村家庭，因老家地处偏远、经济落后，在他看来，自己

二、精益求精　磨砺能工巧匠

从一出生起就肩负着家族的期望。"我本应和其他来自普通农村困难家庭的孩子一样,为逆天改命而从小在起跑线上刻苦努力,但我并未做到。"李小松谈道,在人生学习的"黄金期",他也曾在成长的迷茫中虚度光阴,年少的他并未认清贫穷二字的含义,无法理解父亲肩膀上布满的疤痕、祖母双目失明的原因,无法理解母亲为什么在停电的夜晚还点着蜡烛继续劳作。

"人生的路途,多少年来就这样地践踏出来了,人人都循着这路途走,你说它是蔷薇之路也好,你说它是荆棘之路也好,反正你得乖乖地把它走完。"家境的清贫和再次遭遇的变故,使得李小松的成长在他越过荆棘丛的那一瞬间,终于正式地来到了。"总以为长大很遥远,其实只需要一夜而已。"那时起,他终于明白了要肩负起家庭的责任,让自己爱的人和爱自己的人都能活得更好。2018年9月,李小松步入重庆电子工程职业学院,他深知这是又一次"知识改变命运"的良机,从入校的那刻起便十分珍惜。一开始,李小松学业成绩居班级末位,但他坚信只要刻苦学习,一切都来得及。两个学期,300多个日夜,李小松始终坚持做到课前预习、课中仔细、课后复习,学业成绩稳步提升,终于稳居专业头名。汗水换来的甘甜,成为激励他继续前行的动力,坚信"越努力,越幸运"的他荣获了"国家奖学金""国家励志奖学金""三好学生"等一系列荣誉。

2018年9月底的一天,电子与物联网学院智能产品开发与应用专业主任、中华人民共和国第一届技能大赛裁判、世界技能大赛重庆市集训基地(电子技术项目)技术教练、光电技术项目技术主教练蔡运富老师正在工作室忙碌,他的学生突然把还是大一新生的李小松带到了他面前。"当时新生刚军训完,他皮肤晒得黝黑,还有些拘谨。"时隔两年多,蔡老师回忆第一次见面的情景都还是印象深刻。

这次见面,让李小松在"工匠工坊"寻回了儿时的乐趣——"捣鼓电子产品",也找到了自己的奋斗方向。他相信"兴趣是最好的老师",便果断申请加入了团体,立志成为一名电子信息领域的技术技能人才。"我在企业多年,也在学校教学十余年,对技能人才的培养有较深的理解,就看他是否认真踏实,遇到困难能否坚持。"蔡老师说,经过沟通交流,发现他很符合自己的选拔标准,当即就决定选入工作室重点培养。自加入工作室后,李小松便每日在工坊与教室间穿梭,时常为学习一门技术、练习一个技能而忙碌到深夜才归寝。"工匠工坊工作室"是重庆电子工程职业学院2018年启动的"卓越技术技能人才培养计划"中的重要项目,采取类似师傅带徒弟的方式精细化培养,近年来学校的数十个工匠工坊走出了一大批高素质卓越技术技能人才。

一次学校举办第45届世界技能大赛电子技术项目冠军梁攀老师的励志报告,李小松听后深受触动,更坚定了"走技能成才,技能报国之路"的信心。"从前国家培养这方面的人才更偏重于理论、微观层面,实际上在操作执行层面,更需要大量的技术人才,实实在在地撸起袖子干!这也是职业教育的价值。"蔡运富老师说,自己特别欣赏李小松主动钻研的学习劲头,"跟他说干一件事,他会干两件,相关联的事项都要仔细琢磨。"蔡老师犹记得 2019 年春节放假前,有个技能操作细节还没掌握,回到家里后,李小松自己买来训练耗材反复试验,通过视频让老师指点,直到做好为止。

李小松的专业是光电显示技术,与人们的生活关系密切,如城市的灯光秀、新修的桥梁(高楼)灯饰以及大大小小各种电子产品的显示屏等,应用十分广泛。有浓厚的兴趣指引、扎实的专业基础知识和笃定信念的加持,李小松干起事来得心应手,丝毫不惧挑战。疫情期间,为适应备赛强度,他以工作室为家,因为参赛不仅需要有过硬的技术,还要有强健的体魄和强大的心理适应能力。于是他不分昼夜练技能、训体能、强心理,从舒尔特方格到握力深蹲,李小松说:"不管做什么事,首先要有把这件事做好的决心,然后拼尽全力,就能尝到成功的甜。"在朝着共同目标迈进的道路上,李小松和集训基地的选手们共同探讨,钻研某个技术的方法、动作和技巧。他说:"我们既是对手又是朋友,每个人都有闪光点,别人比我强的,我都愿意主动学习。"

从加入工匠工坊,到成为学校"陈良国家级技能大师工作室"的学员,从学习一门技术掌握一个技能,到第一次参加技能竞赛,再站上职业技能竞赛的国赛舞台,李小松一路披荆斩棘,在一次次的激烈角逐中沉着应战,也得以与全国各地的"高手"切磋技艺,最终获得中华人民共和国第一届职业技能大赛光电技术项目银牌,并通过层层选拔,成功入围第 46 届世界技能大赛光电技术项目国家集训队。

"以赛促学很有必要,参赛让我有机会对标行业顶尖高手,提升更快!"李小松说,多年来他不仅收获了诸多奖项,还获得面试专升本资格,这些都是原来所不敢想的。"现代职业教育给了年轻人广阔的发展空间,只要自己肯努力,三百六十行,行行出状元!"他在用光电技术点亮这个世界的同时,也点亮了自己的人生。

在取得荣誉的同时,李小松也十分感恩母校对他三年的培养。在他看来,自己今天的成绩离不开在他背后默默帮助他、陪伴他奋战到凌晨的教练团队。最令他难以忘怀的是,教练为了缓解他的压力,邀请他去自家做客,还特地为他煲了排骨汤,让他在高强度的备赛中体会到了家的温暖。李小松说:"三年来,母校为我们提供学习求知的环境,还有来自班级、学院到学校和校友企业等各方的悉心关怀与培养,这些都为我们构筑了坚实的追梦平台,让我们在成长成才的道路上找到各自的行进方向,最终才能一步一步地接近和实现我们的'重电梦''技能成才梦'"。

2022 年 10 月 19 日,2022 年世界技能大赛日本赛区的比赛在日本京都闭幕,3 名中国选手斩获 2 金 1 银。"重庆崽儿"李小松代表重庆电子工程职业学院参赛,赛场上,他准备充分,以饱满的精神状态沉着冷静应赛,最终以优异的成绩摘获世界技能大赛光电技术项目金牌,实现了我国在该项目上获得的世赛"首金"。日本赛区中国代表团团长、人力资源和社会保障部国际交流中心副主任李征宇说,中国技能人才是中国产业工人的优秀代表,背后是"中国制造"实力的支撑。用青春之经历,寄青年之未来。"摘金"后的李小松面对各大媒体镜头自豪地说道:"光电技术项目在现实生活中的应用十分广泛,相信未来一定有更多的中国青年投身技能成才、技能报国的道路,让'中国制造'成为世界的骄傲!"

(重庆电子工程职业学院　供稿)

青增泰：工业自动化仪表生产线上的"老"师傅

> 青增泰，2011年7月毕业于重庆工业职业技术学院机电一体化专业，现为川仪子公司重庆四联测控技术有限公司制造二部职工，担任组长。在岗位上，青增泰凭着对技术行业的执着和热爱，勤学好问，潜心钻研，收获奖项13个。2017年11月2日，在重庆市技能大师工作室授牌仪式上被授予以他名字命名的技能大师工作室。28岁的他还被授予重庆市"劳模"称号，成为全市最年轻的省部级劳模。

2008年9月开学季的一天，天气炎热，来自海南岛的青增泰独自拖着行李箱，踏进了重庆工业职业技术学院校园的大门。青增泰坦言，因为喜欢自动化控制，而学校的机电一体化专业在专科院校中排名前列，综合比较了各个学校的师资队伍建设、校园环境等多种因素，最终他选择了重庆工业职业技术学院，缘分便从这里开始。

学校将电气自动化行业岗位能力培育、创新能力培育、可持续发展能力养成设为课程目标，对接中高级电工职业技能等级证书标准和可编程控制系统集成及应用的职业技能等级证书标准，构建工作过程系统化课程体系，强化学生的职业技能，并将思政教育、人文素养的培养贯穿整个课程体系。学校十分重视通识素养和通识能力建设，学校的公共课程模块主要采用课堂讲授、课堂讨论、课外(内)实践和角色扮演等多种形式，将传统的注重知识传授向能力培养转变；专业课程模块主要采用项目引导、任务驱动的"教、学、做"一体化教学，达到学会专业知识，习得技能的教学目标。实训课程模块通过创设学习情境，采用"硬件训练重标准，软件训练重工艺"的教师演示法、学生实践活动法等多种教学方法，将知识、技术、技能、职业精神和工匠精神融入实践教学过程，强化职业能力、创新能力和就业能力培养，最终达到岗位职业技能要求。

学校里，青增泰最喜欢毛臣健老师教授的"PLC自动化控制"，虽然课堂上毛老师不苟言笑，教学方式严谨，要求高，但每堂课都让他痴迷，第一个完成作业，每次成绩的评定也都在前列。青增泰谈到，毛老师的课程更多的是让他认识到了严谨的工作作风对于技术人员的重要性，细节和质量对产品的重要性。

二、精益求精　磨砺能工巧匠

2010年,青增泰入职四联测控公司,成了制造二部生产线上的一名调试工,学习过机电一体化专业的他,很快地适应了新的工作岗位,受毛老师的影响,工作上,青增泰严格按照产品质量、进度、合格率的要求,不放过任何一个细微环节,凡经过他的检查和维修,产品的合格率达到100%。

2011年工作初期,青增泰在进行涡街流量计调试工作中,产品需要焊接两根电源线,由于技术不到位,电源线脱落,但未能及时发现,产品流入客户手中,由于量小,并未造成损失,但一直让青增泰难以释怀。此后,他更加严格要求自己,为填补理论知识的不足,虚心向前辈请教。公司每年组织的技能竞赛,是青增泰一路脱颖而出的重要锻炼平台。经过不断的努力,几年下来,他已经成了公司的"老"师傅。2013年青增泰在中国四联仪器仪表集团主办的"重庆市第一届青年职业技能大赛"中获得第二名,被评为重庆市青年职业技能标兵。

在做好本职工作的同时,青增泰也热衷于技术创新。他平时总爱琢磨,如何在保证产品质量的前提下,提高生产效率,以达到让自己工作更轻松的目的。在这个原始动力的驱使下,2013年他发现线上有个产品,按标准流程要经过测高压后再调试的二道程序,为了省事少麻烦,他自行设计了一种专用工具,将二道程序"合二为一",大大提高了生产效率,当年被评为全厂技术创新四等奖。

2015年,新上线的一个产品需将下线机送出的60芯线,人为手工撕开分为若干组,面对新的麻烦事,他又打起了新主意,他通过对下经机的设备改造,在操作中实现了机器自动分线的功能,生产效率因此提高了10倍。

2016年的创新活动中,他苦心钻研温控仪混合式继电器的测试方式,经过他潜心的研究和实践,终于设计出了一个手持式测试工装,它小巧便捷,只需一只手就可以操作,极大地简化了测试工序,以前需两个人进行配合测试,现在只需单手就可以完成测试,实测一年节约用时6278分钟。经过公司的认真评比,他获得了生产组一等奖。

2017年上半年,青增泰着手改造产品人工灌封线,他白天一干就是数个小时,休息时间他还从网络上检索相关信息,学习理论知识、钻研技术,经过2个多月的专心研究,他针对比较落后的PDS端子板手工灌封工序进行自动化改造,并自行设计改造出了一款自动灌封机,极大地提升了PDS变送器生产自动化率,直接节约2万余元,提高了工作效率,提升了产品品质。

连续三年,他在生产线上的三项创新都荣获了一等奖,他也从普通工人升格为技师,被大家尊称为"老"师傅。厂工会将他的事迹上报到四联仪器仪表集团,经集团工会的推荐,青增泰在2017年的五月荣获重庆市第五届劳模的荣誉,成为当年全市最年轻的劳模,现在他更是被大家亲切地称为"创新小达人"。2017年,以他名字命名的"青增泰仪表调校工市级技能大师工作室"正式成立,作为牵头人,他积极发挥工作室

"传帮带"的作用,为企业培养更多的高技能人才,带动技能人才队伍建设,营造学技能、比技能、研究技能氛围。三年时间,他的技能大师工作室先后培养出了18名优秀的产品调试人员,58名各类别设备操作人员。同时在工作室项目方面也取得了很好的成绩,成功克服了本公司新产品的关键生产工艺难题,在自动化设备方面给企业节省数十万元的设备成本,为企业新产品研发生产提质提速做出了贡献。经过不断的学习提升,工作室在2019年升级为市级首席技能大师工作室。工作室的提档升级将为他们在技术创新的道路上,一路仰望星空、一路大步向前搭建更加宽广的舞台。

(重庆工业职业技术学院　供稿)

二、精益求精 磨砺能工巧匠

张国军：成于高职又回到高职的汽车喷涂技术能手

张国军，男，贵州交通职业技术学院2017届汽修专业毕业生。从职业技校到高职院校，他专注于汽车喷涂竞赛，在校期间因出色的竞赛成绩入选国家集训队，成为世界技能大赛汽车喷涂赛项的种子选手。高职毕业后，他选择留校，和学校教师一起培养汽车修理行业技术技能人才，曾先后获得"贵州省青年岗位能手""贵州省技术能手""贵州省五一劳动奖章""全国青年岗位能手""全国交通技术能手""全国五一劳动奖章"荣誉称号。

2012年，张国军从贵州山区走出，来到省城贵阳就读贵州交通职业技术学院下属的贵州交通运输学校，当年懵懂的一名汽修专业学生，看到街上五颜六色的汽车飞驰而过时，他的内心瞬间被点燃。而那时看似微不足道的一小步，也正式开启了张国军汽车喷涂技能的成才之路。

张国军的职业生涯是从参加技能大赛开始的。进入贵州交通职业技术学院后，他迷上了汽车喷涂，基本上每天都花八九个小时泡在实训室里，琢磨喷涂专业技巧。为了把每一个细节做到极致，他从没中断过训练。"老师教了方法以后，还要靠自己多去练习，琢磨出一套适合自己的打磨和刮涂方法，这样喷涂出来的平整度才能够达到要求。"调色、损伤处理、中涂底漆喷涂、面漆前处理、面漆喷涂，喷涂的五个步骤他每天都会练习至少一遍，并且从中获得新的体会。张国军说："其实每天都重复同样的动作，有时候也会感到枯燥，但是每当我又总结出一套新的方法后就会很兴奋，那种枯燥感也会被一扫而空。"

张国军通过努力很快就在各种技能比赛上崭露头角，也在贵州汽车喷涂行业脱颖而出。2014年，张国军入选国家集训队成为世界技能大赛汽车喷涂赛项的种子选手，得到更高层次的训练，在世界技能大赛汽车喷漆项目中国专家组组长、上海庞贝捷(漆油)贸易有限公司(PPG工业公司中国区总代理)技术总监张小鹏等喷涂专家的精心指导下,取得了世界技能大赛选拔第六名的好成绩,2016年又代表贵州省参加集训,获得了第四名的好成绩。

在张国军技能成才的道路上,引领他时刻向前的,不仅是心底的技能梦和育人梦,还来自他的老师——贵州交通职业技术学院的优秀毕业生、留校教师王庆的倾心指导和潜移默化的影响。跟张国军一样,王庆老师也是在贵州交通职业技术学院求学、成长,毕业后毅然选择留校当老师。现在的王庆,不仅是学生团队的指导老师,更是学校荣光的见证者和传承者。他把张国军当成自己最得意的徒弟,他评价张国军"很上进,很能吃苦"。多年来,张国军不忘初心,在汽车喷涂工艺上精益求精,在打磨机的嗡嗡声中心性得到极大的锻炼。优异的比赛成绩使张国军在汽车喷涂行业内赢得了极大的影响力,这个20出头的小伙子已然成为贵州省行业内炙手可热的香饽饽。高职毕业后,不少名车4S店都向他伸出了橄榄枝,且都是月薪过万的岗位,然而,出于对母校的感恩,对职教事业的热爱,他拒绝了上万元的月薪,选择留校任教,成为一名普通的人民教师。

当一名汽车喷涂的专业教师,这不仅是因为对汽车喷涂的热爱,更是因为对母校的感恩。"在进入贵州交通职业技术学院学习以前,我的想法就是学个汽车专业,会修车,以后能找个地方上班,根本没有想到自己会获得今天的成绩",张国军说,"是交职院培养了我,让我有了更加广阔的天地,因此,我也希望能用自己在赛场上学到的最新技术回馈母校"。留校后,张国军立足教师岗位,把大赛经验应用于教学工作中,帮助更多有"技能梦"的青年成长成才,培养更多的青年高级技师,这是他对母校最深的感恩。2019年,贵州交通职业技术学院与贵州省民营企业百强——贵州通源集团达成汽车喷涂高技能人才培养意向,汽车系充分发挥行业引领、协调作用,将国际一流标准注入汽车喷涂高技能人才培养过程,张国军以饱满的热情组织实训教学和考核,和学生打成一片,和企业导师紧密配合,事无巨细,严格按照行业标准,防护服、护目镜、劳保鞋、7S管理……学生在提升喷涂技能的同时,也养成了良好的职业习惯。在企业看来,优秀的学生离不开优秀的教师,正是张国军的种种"细心和耐心",让企业接收到满意、合格的专业学生,学生能够在企业"留得住、干得好"。

张国军所取得的成绩,是个人不懈努力拼搏的结果,同时也是贵州交通职业技术学院多年来育人理念的缩影。贵州交通职业技术学院在组织开展学生"工学交替、校企共融"的过程中,同时还组织专业教师开展企业顶岗实践、主机厂外送培训、各级技能大赛比武等。多年的耕耘在校企产教融合大背景下,培养了大批青年骨干教师,支撑了一批校企合作项目。

任教两年以来,张国军已经为行业培养出了数百名优秀的人才,他以良技立业,以美德修身,以匠心传承,不断彰显着贵州交通职业技术学院"知行合一、德技双馨"的精神风貌,张国军先后获得"贵州省青年岗位能手""贵州省技术能手""贵州省五一劳动奖章""全国青年岗位能手""全国交通技术能手"等荣誉称号。2021年五一劳动节前夕,中华全国总工会对2021年全国五一劳动奖和全国工人先锋号进行了表彰,年仅24岁的张国军获得了"全国五一劳动奖章"。

(贵州交通职业技术学院　供稿)

罗杨：在不锈钢冶炼线上展现不锈的精神

> 罗杨，男，1996年出生，昆明冶金高等专科学校2018届冶金技术专业毕业生。在校期间担任冶金材料学院党支部组织委员，团委办公室干事，冶金1663班副班长，曾获国家励志奖学金、校级优秀学生干部、校级一等奖学金、校级三好学生、校级优秀毕业生。先后就职于永青集团印尼项目部、青拓集团有限公司，现在是青拓实业股份有限公司的一名AOD配气员。

2015年，罗杨进入昆明冶金高等专科学校冶金材料学院的冶金技术专业学习，其间一直担任1663班副班长。在校期间，老师们十分注重职业生涯和学习规划的指导，对今后面向氧化铝制取、金属铝熔盐电解、冶金原理、火法冶金熔炼技术、火法冶金粗金属精炼技术、炼钢技术、炼铁技术等多岗位能力素养的培养做了系统设计，采用精工实习和实践操作的教学体系，充分激发学生学习专业的热情。罗杨刚涉入冶金专业后，就深刻地认识到大学期间学习基础课程和专业知识的重要性。所以，从大学一年级开始他便认真仔细地学习每一门课程、每一个知识点，合理、科学安排时间。大一他就向党组织递交了入党申请书，经过两年的考核，2017年10月25日，他成了一名光荣的共产党员，之后担任党支部组织委员，组织了很多党建活动。在学习上，罗杨始终严格要求自己，努力学好自己的专业知识，大一结束时也迷茫过，后来通过院长和任课老师的讲解以及同学们的沟通交流，对自己的专业更有信心了。到了大二、大三，实习多了，罗杨参观了很多冶金企业，也做了很多实训课程，在老师的帮助下他把实训过程牢记于心，这也为往后的工作打下了良好的基础。学校的这些实践课程很有用，不仅能促进动手能力，也能提高操作能力。罗杨在担任1663班副班长时，还把实习实训的经验传授给学弟学妹们，他热心地解答相关问题，帮助他们快速了解专业知识，俨然成了他们的小导师。

罗杨一直没有忘记自己的人生目标，他想去省外、国外学习先进的生产工艺。通

二、精益求精 磨砺能工巧匠

过自己的努力和老师的帮助,罗杨如愿以偿赴国外实习。在国外实习的日子里,他每周都记录自己的实习报告,与老师、同学们分享实习心得。在企业实习的这段时间里,他发现学校里学的知识都用到了。在国外实习,罗杨不仅学习了AOD配气,学会了如何冶炼一炉完整的不锈钢,还了解了从原料到成品的所有工序。

2018年8月,罗杨结束实习后进入了青拓实业股份有限公司当AOD配气学徒,在学习的过程中所学的专业知识再次得到运用,从母液到成品,一炉完整的不锈钢冶炼完成需要经过6道工序——兑钢、化钢、开吹、还原、精炼、出钢,看似简单的步骤,什么样的母液如何配料,什么样的条件要用什么样的曲线打样,这些都是老师傅们教的经验,因为每个配气员的配料是不固定的,每个人的操作也有区别,需要集体分工协作。

罗杨入职的时候刚好赶上工厂新建,生产设备需要磨合,设备三天两头出问题,要么是人为的,要么是误操作导致的。罗杨的那股铆劲就出来了,正所谓脑子不用会生锈,操作不勤会生疏,不出问题你永远不知道如何解决问题,他一直钻研工艺,一次次尝试,改进工艺,经过公司领导的带头攻关,产量、指标得到了大幅度的提升,炉龄从原来的两位数突破到三位数,再到后来的二百多炉,每一次的提升都打破了青山的纪录,他所在公司配有VOD炉外精炼实现了炼钢的三步法,从AOD炉到VOD炉再到LF炉,不仅提高了冶炼速度,更是节约了很多成本,炉龄也得到了很大的提升,钢水的纯净度也得到了保障,对于冶炼超低碳很有优势,大大降低了能耗,提高了产量。2019年,罗杨所在的公司还炼出了国人很难攻破的笔尖钢,交上了"总理之问"的一张答卷,原先笔尖钢多数依赖进口,但是被青山人攻破了,当青山笔尖钢成功造出来的时候,作为青山人都感到无比的自豪,罗杨也有幸见证了这个伟大的时刻。之后,罗杨接触的钢种越来越多,各种特钢也是接踵而至,学习到的东西也是越来越多,他说:"目前面对国内炼钢行业的萧条局面,每个炼钢厂都在控制成本,就单纯的一个镍我们每炉保证钢水合格的情况下降低0.01,每炉按135吨钢水计算,0.01就能节约14.8千克的纯镍,按照现在的市场行情每吨16万元,一炉就能节省2368元,我们每个月平均要炼1600炉钢,一年下来能给公司节省4500多万元。不起眼的0.01,但在炼钢行业就是一个天文数字,每个钢种的成分都是精确到小数点后两位,每节约一个元素都是一笔不小的数目,这就是作为一名AOD配气员的职责。"2022年7月,罗杨被公司评选为上半年"先进个人"。

罗杨作为一名炼钢技术员,他时刻保持热情创新的精神,坚信每个人都有自己的理想,都想达到自己想达到的高度,这个过程可能很艰辛,其中还可能伴随着质疑和嘲笑,但是终究要成长,作为一名冶金人,应该拥有钢铁般的意志,不锈钢一样的精神,让自己的青春绽放光彩。罗杨希望用自己的专业知识结合现场的实际情况来为公司添砖加瓦,排忧解难,把炼钢技术变得更简单明了,真正做到节能降耗。罗杨还希望更多的实习生勤奋努力,刻苦钻研,每天都要总结经验,只有把理论和实践相结合才能得出让人满意的答案,这才是新时代需要的高技能人才,只有不断地积累经验才能验证所学的知识,这样才能快速成长。

(昆明冶金高等专科学校招生就业中心　供稿)

二、精益求精　磨砺能工巧匠

何小虎：液体火箭心脏"钻刻师"

> 何小虎，男，1986年出生，陕西工业职业技术学院2010届机械制造与自动化专业毕业生，现任中国航天科技集团公司第六研究院西安航天发动机有限公司数控技术员。作为"火箭心脏"产品线上的一名技术工人，他将自己的前途和命运与祖国的航天事业发展有机融合在一起，从基层一线操作工干起，瞄准"火箭心脏钻刻师"的奋斗目标，不断磨砺，现已获评高级技师职称，获得中国青年五四奖章、全国技术能手、全国五一劳动奖章，担任全国青联常委。参加工作12年共获荣誉60多项，工作中多次解决型号科研生产中的重大技术难题，每年为公司节约成本100余万元。

2007年，何小虎抱着能找到一份好工作的目的进入陕西工业职业技术学院机械制造与自动化专业学习。刚一入校，他就主动与班主任、辅导员、任课老师交流，并通过各种途径了解如何使自己在未来求职过程中取得更好加分。所有信息汇集一起后他明白，必须学到更多的知识，积攒更多技能，才能让自己有一份好的工作。经过思考，何小虎为自己定了几个小小的目标：一是学习成绩可以不是第一名但必须要在全专业前十名，二是实操技能一定要达到最高水平，三是一定要参加全国性的专业技能大赛。

目标有了，何小虎就铆足了虎劲，践行自己的计划。

一是要学得好。在理论学习时，不管上什么课他都尽量坐到前排，认真做好笔记并与老师积极互动。成绩不负有心人，在校三年，他专业课程成绩全部为优。何小虎谦虚地认为："其实我学习理论的能力不是很高，我大概就属于笨鸟先飞的那种人，我会抓住课堂上有限的时间尽量让自己在课堂上就消化当天的知识。"

二是要干得好。为了练就过硬的专业技能，何小虎认真研读相关技术资料、认真消化老师的动作要领，在正常实训时长之外，他还充分利用晚自习时间从车、铣、刨、磨一点点练起，力求每项任务、每个动作的尽善尽美，因为坚持和努力，他在校期间所有的专业实践课成绩全部为优,并以实操考核第一的成绩在300名应试者中脱颖而出,被他心仪的西安航天发动机有限公司录用。

三是要有漂亮的经历。为了磨炼自己,锻炼统筹、协调、沟通能力,基于自己对未来职业发展的考虑,何小虎参加了数学建模协会和机械创新设计协会。在回忆协会生活时,他说:"通过协会活动,使我了解到只有你想不到的没有你做不到的,只要你肯努力,每件事情都有可能成功,这种心理一直影响我到今天。"他还通过积极参加各类大赛丰富自己的求学经历,提升各类职业技能。何小虎认真对待每一项校内与专业相关的技能竞赛,并参加全国机械创新设计大赛和两次全国数学建模大赛。每次竞赛,他都与指导老师一起,认真研究竞赛标准与细则,经常是一项训练结束,就立刻总结、复盘,并不断提出更新、更高的要求,往往苦练到晚上11点,第二天又元气满满、早早地来到训练场。功夫不负有心人,经过努力他获得了第四届全国机械创新设计大赛惠鱼组二等奖,2008年和2009年分别获全国数学建模大赛陕西省二等奖和一等奖,指导老师在评价他时总是竖起大拇指说:"小虎真虎!"

何小虎来到陕西工院,最初的想法只是为找到满意的工作积攒资本。在目标实践过程中,起初他也茫然无措过,但一步步走下来,"追求卓越,争创一流"的工院精神以及"厚德博学,爱生乐教"的老师们深深地激励着他,也让他明白了一个道理,那就是——"任何困难最害怕的就是坚持、就是永不懈怠!"2010年,刚开始工作时,加工、测量、清洗,这一套流程何小虎每天要重复300多遍。他暗下决心,把这套动作优化,提升到每天只重复250遍、200遍完成,"最早进入车间、最晚回到宿舍"成了他当时的工作常态。三年后,靠着这股韧劲儿,他成了一名合格的航天工作者。他也将自己的前途和命运与祖国的航天事业紧紧联系在一起,并为自己定下了一个更高的目标——液体火箭心脏"钻刻师"。

何小虎深知,以载人航天、探月工程、探火工程、空间站等为代表的各型号液体火箭发动机喷注燃烧系统相关产品的精密加工需要人工完成,但是精度要求却很高,产品的精度直接影响着火箭发动机及飞行器能否精准入轨,丝毫差池都会导致火箭发射的延误甚至失败。为此,何小虎不断学习新技术,掌握新设备的操作方法,挖掘机床设备潜能,并不断通过重复性动作来完善产品的精度,就是凭着这股"虎"劲儿,让他在年轻人中脱颖而出。

发动机被称为火箭的"心脏",研发液体火箭发动机燃烧系统相关产品更是"心脏之中的心脏",就像是给心脏做手术,既需要精深技术,但同时也更需要较强的综合能力。2016年,在某型号液体火箭发动机的研制过程中,有项关键部件的加工精度公差相当于头发丝的十分之一,即使是高级技师,合格率也只能保证20%。何小虎主动请命攻克这个难题。经过半个多月的试验、摸索、查阅资料,何小虎提出了"极限加工稳定性控制法"和"首件标定参数法",改变了传统的加工方法。第一批次试加工时合格率达到了 100%,生产效率提高 4 倍。此外,他在反复实践中总结提炼出了"微小孔高效加工法",完成微米级的产品加工,有效保证了新一代液氧煤油发动机燃烧喷注系统的稳定性。

凭着对工作、对技术永不懈怠的精神,何小虎练就了十多种不同种类、不同型号的数控机床熟练操作技术,成了第一位也是唯一一位连续 9 年荣获航天科技集团六院某厂"技能明星"的职工,他是厂里最年轻的技能专家、技协老师。

精密零件加工效率由个人操作能力决定,但在很多加工过程中是可以通过改进工艺步骤实现的。比如调节发动机方向的关键零部件——传动轴的加工,就可以通过技术创新进一步提升精度。当时,这是迫在眉睫的重大任务。何小虎通过半年时间查找资料和技术方案论证,利用高精度车铣复合加工中心,实现了该产品的"以车代铣""以车代磨"的加工技术创新,将原来八道加工工序缩减为两道,使产品的加工合格率和准确率提升至 100%。

工作十多年,何小虎解决了火箭发动机加工难题 65 项,为"北斗"组网、"天问"探火、"嫦娥"探月和中国空间站建设等航天重大工程任务做出了贡献。他成了全国青联委员,获得了全国技术能手、中国青年五四奖章荣誉称号,2022 年被中华全国总工会授予"全国五一劳动奖章"。为了有更多的"何小虎"像雨后春笋一样奉献国家航天事业,何小虎积极组织参加各类职业技能竞赛及赛前训练工作,带领大家苦练本领,从技能培训到经验传授。他先后培养 20 多名徒弟,并多次在技能竞赛中斩获名次。如今他带领着"95 后""00 后"这个年轻的团队,正潜心攻克一个又一个技术难关,也正朝着航天强国梦迈进。

(陕西工业职业技术学院就业处　供稿)

张戈亮：铁路版"许三多"的故事

> 张戈亮，男，1990年出生，陕西铁路工程职业技术学院2012届铁道工程技术专业毕业生，现任中国铁路西安局集团西安高铁基础设施段鄠邑综合维修车间技术员。毕业仅6年便获得了全路工务系统高铁线路工技能竞赛决赛第一名、全国铁道团委"新线争章"立功竞赛"尼红奖章"、火车头奖章、全路技术能手、全路首席技师、陕西省技术能手等多项荣誉。

2010年，张戈亮进入陕西铁路工程职业技术学院的铁道工程技术专业学习。在校期间，老师们十分注重职业生涯和学业规划的指导，对今后面向铁路工程施工技术管理及铁路线路、桥梁、隧道等设备的检测与养护维修等岗位能力的培养做了系统设计，以"项目载体、信息贯穿、能力递进"人才培养模式为主线，构建"一贯穿、双融入、三层次"专业群课程体系，打造"线上＋线下＋职场化"课堂教学模式，充分激发学生专业学习的热情。张戈亮初涉专业就深刻地认识到大学期间学习基础课程和专业知识的重要性。所以，从大学一年级开始他便认真仔细地学习每一门课程、每一个知识点，不放过每一个难点、疑点，合理、科学安排时间，每天晚上在自习室或图书馆都可以看到他的身影。到了大二，老师们将生产案例融入课堂教学，将高铁建设技术规范、职业岗位标准融入专业教学标准，将行业新技术、新工艺、新材料融入教学内容，将技能竞赛操作规程引入实践教学，营造"技高为荣"的浓郁氛围，对接省赛国赛和"1＋X"职业技能等级证书设置项目，择优选拔人才参加省赛国赛。那时，张戈亮跟着老师做项目、参与竞赛，一次项目跟进下来，相当于对专业知识做了系统梳理。到了大三，学习主要以企业实习为主，学校将课堂搬到工地，将施工现场变成课堂，形成"产教结合、产教并举、以教领产、以产促教"的良性循环，通过"工地流动课堂"建设，促进城轨专业群教育链、人才链与产业链、创新链的有机衔接。经过现场实践的熏陶和锤炼，张戈亮对专业实践课程有了新的认识。

2012年8月，张戈亮毕业后分配到陇海线一个沿线工区，如愿地留在了离老家武功县较近的工区，成为一名线路工。在经历了入路后短暂的兴奋后，张戈亮很快对每

二、精益求精　磨砺能工巧匠

日捣固线路、检查扣件、紧固螺栓等重复作业产生厌倦情绪,对辛苦劳作的工务工作产生抵触情绪,现实与理想的差距让他一度心情低落,甚至一蹶不振。多少个漆黑的夜晚,他对着夜空发呆、沉思,一次次地拷问自己:"我的青春在哪里?我的梦想在哪里?我要从哪里站起来?"在矛盾中他度过了一段时光,直到有一天,他看到了《钢铁是怎样炼成的》,被保尔·柯察金的故事所打动。

回想工区老师傅们默默无闻干着自己的本职工作,却不抱怨、爱工作、爱生活的态度,他决心要改变自己,从适应环境、学好业务开始,做全新的自己,做积极向上的自己。

2013 年 11 月,大西高铁开通后,张戈亮有幸被单位抽调参加到大西高铁预介入工作,一边是刚熟悉的环境和离家近的优势,一边是新线成长锻炼的机会,再三思虑后,他认为人还是要去往有挑战的地方,这样才可以使自己的生命变得有意义、有价值。最终他毅然选择了后者,正式接触高铁。

高铁维修天窗是夜间凌晨作业,天窗时间长,设备检修标准和要求高,而且需要操作很多高精尖设备和仪器,夜间设备隐患发现难,这是很多老师傅都感到头痛的问题。然而张戈亮没有被困难吓倒,坚持在干中学、学中干,虚心请教工长业务知识,一有空就学习《高速铁路无砟轨道维修规则》《铁路工务安全规则》等规章制度。慢慢地,他开始独立做方案,认真完成算料、标注、改道、回检等一系列精调流程。他跟师傅跑遍了每一个道床板,弯腰测遍每一个枕木头,率先掌握轨道板精调作业流程,带头制定出一套更加适合于现场的精调作业方法。在反复锤炼中,他的业务技能得到逐步提升。大荔车间的主任说:"戈亮最大的一个特点就是只要确定目标,甭管有多难,都会锲而不舍,坚持到底。这娃身上有股子敢为人先、追求卓越的精神。"

付出总有回报,张戈亮被任命为大荔车间大荔综合工区班长,2015 年被评为段先进个人,2016 年被评为局先进个人。在 2016 年全路高铁线路工职业技能竞赛中,张戈亮在全国 18 个铁路局(公司)工务系统 36 名选手中脱颖而出,荣获个人第一名的好成绩,被授予"全路技术能手",同时西安铁路局荣获团体第一名。

2017 年 5 月,张戈亮来到西成高铁参加开通前联调联试。西成高铁是国家八纵八横铁路网的重要组成部分,是穿越祖国南北分界线的快速通道,能否确保这条新蜀道的安全运营举世瞩目。鄠邑至新场街 45 千米连续长大坡道,线路地质条件恶劣,隧道群密集,海拔落差 1000 米,昼夜温差大,线路坡度大,对线路质量提出了更高标准,设备检养修、应急处置都需要重新审视。面对挑战,作为高铁人张戈亮别无选择,他暗下决心做西成高铁的安全卫士,用自己的智慧和汗水守护这条高铁千垴的绝对安全。2017 年底,西成高铁开通在即,联调联试中发现新场街道岔动力学指标超限,如果不能及时解决将影响西成高铁按期开通。为尽快解决这一棘手问题,张戈亮从设计原理入手,啃数据、找偏差,分析道岔数据,经过数个昼夜的努力找到问题根源,并与铁科院、施工方等单位一起制定优化解决方案,保障了西成高铁按期开通。

白天,张戈亮学习钻研高坡线路设备特点,查阅高坡铁路资料,向车间干部、技术人员请教遇到的问题;夜间,他放弃休假,主动请战,每月坚持20天以上参加天窗作业,每晚坚持对设备进行徒步检查,参与制定长大坡道区段作业标准7项、安全保障措施8项、高坡技术材料写实8套、内燃机牵引轨道车作业标准1套、长大坡道日常设备检查方案5套,积累了一套行之有效的高坡线路设备检修维护方法。两年多来累计发现安全隐患100余处,所负责的线路区段没有出现一次重大安全隐患。作为西成高坡守护者,张戈亮在2019年高铁外部环境安全隐患大会战中主动放弃休假,轻伤不下火线,连续60天工作,累计消除隐患316件,确保了西成高铁运行安全,并于2020年荣获西安局集团有限公司第八届十大青年标兵、全国铁路青年岗位能手。

韶华之光,青春之芒,少者血气方刚,青者地阔天广。张戈亮立足岗位,扎根高坡,做高铁线路上一颗默默无闻的道钉,做那颗夜空中最亮的星,以青春之我,创青春之铁路,为新时代高铁发展奉献自己的一份力量。

(陕西铁路工程职业技术学院校友工作处　供稿)

二、精益求精　磨砺能工巧匠

张婷：勇攀电装高峰，焊接中国航天器未来

> 张婷，女，中共党员，1987年出生，2011年毕业于西安航空职业技术学院飞机电子设备维修专业，现为中国航天电子技术研究院十六所（七一七一厂）电装车间单板装配班班长，她带领组员圆满完成了班组承担的载人航天、月球探测等电装产品任务。2015年以来，由于出色的工作表现，两次荣获"党员先锋岗"荣誉称号，并于2016年获得所（厂）"先进工作者"荣誉称号。2017年获"全国技术能手"、中国航天科技集团"航天技能大奖"。2018年获陕西省国防科技工业"五一巾帼标兵"、陕西省"五一劳动奖章"等多项荣誉。2020年7月，被评为第20届全国青年岗位能手。

2009年，张婷进入西安航空职业技术学院航空维修工程学院飞机电子设备维修专业学习。自学生入校，老师及班主任谭卫娟就特别重视学生的学习及今后的发展，让学生知道飞机电子设备维修专业主要学习电工电子技术、飞机各系统构造与原理、飞机电子设备与仪表灯方面的基本知识和技能，要进行飞机机载电子设备的安装、调试、检测、维修、保养等课外实训活动。到了高年级，老师们还对标目标就业的航空企业对应届毕业生的招聘要求，要求学生取长补短。为了以后好就业，谭卫娟还多次引导学生多考取各类证书、多去企业实习。

张婷就是在这样的班级氛围中成长起来的。初步了解专业情况后，她就深刻认识到在校期间课程的重要性，在校期间的基础打好，在岗位上才能更快地进入状态，所以她严格要求自己，从大一开始，在学习上做到认真踏实，勤学苦练，刻苦钻研专业知识，不断提高实际动手能力，练就过硬的航电技能。天道酬勤，张婷的成绩每次在班级都名列前茅，并多次获学院奖学金和三好学生荣誉称号。为了丰富自己的课余生活，她还积极参加各项活动。在班级工作中，她担任学习委员，积极配合老师的各项工作，在老师与同学之间起到纽带的作用，热心帮助同学们解决困难，不管学习方面还是其他方面，都表现良好，曾被评为优秀学生干部、校学生会优秀干事等。在校

期间充实的学习生活为她以后的工作打下了坚实的基础。

2011年,七一七一厂在校招会上进行招聘且只招男生,张婷心想:男生能干的女生也能干。第二天她便拿着简历从阎良赶到西安,找到单位办公区的时候已经是下午5点左右,因安保严格,出入手续比较麻烦,第三天一早张婷才到人力资源处,但还是很可惜,性别原因让她错失了机会。直到第二年开春,单位第二次来学校招聘,这次应聘的同学特别多,张婷第一轮就被刷下来了,她就在教室门口等,直到结束后有个面试官上卫生间,她就在卫生间门口堵面试官,最终面试官重新看了她的简历,说"我们单位女生很少,都是男生干的活",张婷决然地说自己可以,她个人坚毅的态度与七一七一厂的工作态度高度一致,最终打动了面试官,毕业后进入七一七一厂。

自入职至今,张婷一直从事无线电装接工作。初进岗位,在校期间的学习让张婷深知,中国航天进入高密度发射期,航天事业的高风险决定了它有更加严格的高可靠性要求,任何一个环节出现失误,都有可能造成整体任务的失败。因此,对于操作者的技能水平提出了更高的要求。印制电路板作为基础产品,所有的组装件装焊基本上都是依靠手工焊接。电路板的尺寸小、焊点多,焊接时每天要重复动作达上千次,技术要求首先就是要专注精准。虽然张婷刚参加工作时间不长,但面对手工焊接工作,只要坐到工位上,她就能心无旁骛地钻进焊接的世界里。"用心做好每一件事"的工匠精神在她身上得到了真实的体现。她发扬女性细腻、执着和耐心的长处,沉下心来潜心钻研电装技术,仅用四年时间就成长为技术骨干并担任电子装联班组长,带领组员圆满完成国家重点宇航型号、月球探测、多项重点导弹武器型号等产品的电装任务。面对近两年载人航天、月球探测等繁重的生产任务,作为年轻的班组长,张婷以严谨细致和一丝不苟的工作作风,以身作则,带领着同样年轻的班组成员,在任务需求复杂、产品要求高、节点进度紧的情况下,确保了每个电路板和每个焊点的质量,完成了国家多个型号印制电路板组装件的焊接工作,从未发生过任何质量问题。

近年来,航天产品对于高精度、小型化的要求越来越高,随着多层印制电路板越来越广泛的应用,传统的焊接方法已无法满足航天产品可靠性要求。张婷在忙碌的工作之余,面对任务书和工艺技术的新要求,仍然拼命挤出时间,就像海绵吸水一样汲取焊装工艺的新知识。她曾说,"航天产品在创新,制作工艺也要创新,这就要求我们一直去学习,用高超的技术水平,攻克一个个困难,为航天产品的顺利生产,提供技术保障"。张婷在单位为了提升自己的工艺技术,一方面,她积极参加单位和车间组织的各种新技术学习培训,利用一切培训机会提升技术知识储备;另一方面,她大胆创新,不断进行工作实践,对装配中遇到的难点和瓶颈问题,反复开展分析、论证、攻关试验。在与技术人员不断沟通后,她大胆尝试,花费大量时间精力,终于攻克了多层印制电路板的高可靠性焊接工艺,填补了单位此项工艺技术的空白。

这段"玩命拼搏"的日子让张婷获益良多,除了提高专业技能,还磨砺了心性。在

二、精益求精 磨砺能工巧匠

集团公司第九届职业技能竞赛中,张婷凭着过硬的技能和良好的心理素质,从参赛的众多高手中脱颖而出,取得了无线电调试组第二名的好成绩。

量的积累促成质的飞跃。扎实的理论知识,大量的试验攻关让张婷积累了丰富的生产经验,成了车间名副其实的实力担当。作为车间最年轻的班组长,她针对班组中年轻人居多、工作经验不足的现状,自己编写了焊接实践教材,为他们传授技能经验及技巧,讲解操作中的事项及要领,并经常和同事们一起总结、分享焊接速度和质量等方面的经验,互助共进,不断提升整个班组的技能水平。当有"新鲜血液"注入时,她会不吝指点,结合自己最初的工作经历和经验,悉心指导,使新员工尽快适应环境,迅速提升理论基础知识和实际操作技能,早日独当一面。

为了更好地传帮带,所(厂)组织了"技师大讲堂"活动,张婷成为职业技能操作培训的第一位主讲人,通过讲述自己多年积累的焊接经验,以及多次的现场教学,先后将数十名年轻职工培养为电装技能骨干。作为"张婷职工(劳模)创新工作室"第一责任人,她秉承"传承航天精神,助力科技强国"精神,建立了高技能人才的技能创新机制、劳模精神传承机制,以解决技术难点、提高工作效率为目标,积极发挥模范带头作用。鉴于张婷出色的工作表现,2017年10月,被授予"航天技能大奖"荣誉称号;2018年1月,被授予陕西省国防工业"五一巾帼标兵"称号;2018年5月,荣获九院"青年岗位能手"荣誉称号;2019年1月,荣获"全国技术能手"荣誉称号;2019年5月,被评为"陕西国防科技工业系统十大杰出青年";2019年12月,被评为"陕西国防科技工业优秀班组长";2022年1月,被授予2021年度航天贡献奖荣誉称号;2018年5月、2020年3月,两次荣获"陕西省五一劳动奖章";2020年7月,被授予第20届"全国青年岗位能手"称号;2021年2月,被确认为西安市高层次人才O类(地方级领军人才);2020年12月,有幸成为十二届陕西省青年联合会特邀委员。

平凡的工作岗位上,张婷不忘初心,坚定"使命因艰巨而光荣,人生因奋斗而精彩"的精神信仰,坚守"匠心坚守提升焊接技能,奋力拼搏勇攀电装高峰"的技术追求,用扎实的工作业绩为青春赋彩,用自身的努力为航天事业发展贡献能量。

(西安航空职业技术学院 供稿)

赵宗义：扎根戈壁带领矿山企业走采掘工艺创新之路

> 赵宗义，男，回族，1991年出生，甘肃天水人，兰州资源环境职业技术学院（现兰州资源环境职业技术大学）2010届煤矿开采技术专业毕业生。2010年参加工作，先后担任大明矿业天湖铁矿技术部部长、矿长、副总经理等职务，现任新疆大明矿业集团股份有限公司总经理。2012年，他参与的采矿工艺技改项目荣获哈密市科技进步二等奖，2019年获哈密市劳动模范，2020年获自治区劳动模范，2021年担任哈密市伊州区人大常务委员会委员，同年任哈密市政协委员。

2007年，赵宗义进入兰州资源环境职业技术学院煤矿开采技术专业学习，在校期间成绩优异，表现突出，长期担任班委、学生会骨干等职务，是学院的优秀学生代表。煤矿开采技术专业是兰州资源环境职业技术学院的王牌专业，也是国家重点建设专业。"奋发有为、积极上进、开拓创新、力求卓越"是学院的人才培养标准和教育宗旨，学院以煤矿开采五星级重点专业建设为龙头，辐射带动本专业群内的矿井通风安全、金属与非金属矿开采技术、矿井建设等专业水平整体提高，全面系统化的教学研究体系，多方位开展校企联合，多元化的实践创新项目等，充分激发了学生的专业学习热情。赵宗义从一踏入校园，初涉专业后就清晰地意识到了基础课程和专业知识的重要性。所以，从大一入学开始，他就认真地学习着每一门基础课程和每一项专业知识，图书馆、自习室处处都能看到他踏踏实实、孜孜不倦、求知若渴的身影，他就像一块海绵，不断地汲取知识，不断地拓宽眼界。搞技术只有理论知识是不够的，在大一夯实了理论基础之后，大二学校也开始着重培养学生的实践能力，将生产案例融入课堂教学，将学习环境从课堂移入实训基地，学校的现代化仿真教学矿井和采矿实训中心让赵宗义对所学到的理论知识有了新的认知，他将理论知识通过综合实训室进行模拟和实践，为今后的就职提供充分的理论实践基础。努力学习的同时，赵宗义也很注

二、精益求精　磨砺能工巧匠

重个人综合能力的培养,积极参与校内各项活动,积极融入学院各类社团,不断提升着自己的沟通、交流、应变、为人处世等多方面的能力。在校的学习让赵宗义坚定了自己的专业志向,并对自己的职业规划有了清晰的方向。

2010年,赵宗义从兰州资源环境职业技术学院毕业,他毅然决然地选择来到边疆的戈壁矿区,用实践和坚守将在校学习的专业知识逐步磨砺成过硬的技术能力。多年来,他一直从事矿业开采相关工作。在新疆这块广袤而荒凉的土地上,比成长更难的是坚守,从初来乍到的跟班小学徒,到兢兢业业坚守一线的技术骨干,再到带领运营团队攻坚克难的管理者,赵宗义用了十多年的时间,完成了他的职业规划与蜕变。

技术与创新是第一生产力,粗放型的矿山企业必须要走上一条改革创新之路,只有这样才能不被市场所淘汰,才能推进整个行业转型升级,才能让中国的钢铁行业拥有更强的竞争力和话语权。赵宗义在多年的一线工作中深切地意识到了技术创新的重要性,他深知自己肩上的重任,多年来他扎根天湖铁矿,在一线真抓实干,强化生产组织,强化执行力,带领天湖铁矿管理团队和一线员工攻坚克难。从工艺优化、设备投入、自动化信息化建设、绿色矿山等方面采取多种举措,用超常规创新思维进行管理,实现连续、高效、稳定的生产流程,并超额完成生产任务。

通过技术革新和无数次的实验,赵宗义将中深孔爆破参数从1.5米扩大到2米排距,针对不同岩石结构采取对应的技术参数,将大块率降低到5%以内,生产成本减少上千万元。通过挖掘技术改造和尾矿回收工艺,将选矿台时入磨处理量从18吨提升至23.5吨,原有金属回收率提高4.9个百分点,设备效率大大提升,铁精粉产量累计增加六十余万吨,总价值超5000万元。天湖铁矿自2013年就实现了无切割巷中深孔爆破并沿用至今,这种技术让人员和设备都在稳固的巷道里作业,在节约成本和创造价值的同时,让员工和设备都得到了极大的保障。在生产能力上,铁精粉生产目标从2013年39.8万吨增长到2021年的50万吨,实现公司年度经营目标再创新高。在狠抓安全生产的同时,赵宗义非常注重在节能减碳方面的创新与革新,在他和全体技术团队的努力下,大明矿业能耗万元产值连续五年保持在0.28吨标准煤,井下采掘吨矿电耗9°、选矿吨电耗14°,均低于国家清洁生产一级指标,选矿废水单耗长期保持0.2吨/立方米,低于行业指标,获得地区科技进步奖。

积极学习,鼓励创新,建立创新激励制度,搭建技术创新研发平台,鼓励和帮助员工申领发明专利,这些都是赵宗义在激发人才创新和技术创新方面的举措。在他的带领下,企业内部也形成了浓厚的学习氛围,大明矿业目前共取得计算机软件著作权登记证书27项,实用新型专利证书28项,公司员工在外部期刊发表论文十余篇,并荣获自治区"五小"群众性创新活动示范性优秀成果。赵宗义本人也在《有色金属》《采矿技术》等行业期刊发表了多篇专业技术论文,并拥有多项实用新型专利和《井下爆破工程安全防护措施综合监管系统 V1.0》的计算机软件著作权,其参与的《基于

surpac 三维数字化矿业软件与采矿工艺生产结合的研究与创新应用》项目荣获哈密市科学技术进步二等奖,其主持的《无切割巷中深孔拉槽工艺在天湖铁矿的应用》荣获自治区关键核心技术创造性优秀创新成果。这些宝贵经验和技术数据不仅是推动大明矿业进步的动力源泉,对整个行业来说也具有巨大的推动力和影响力,赵宗义将先进技术和理念推广到其他矿山,进而推动整个行业的进步和发展,真正顺应了大明矿业"技术改革引领下一代矿山企业革命"的使命精神。

工作期间,赵宗义深入一线开展调研,认真听取基层员工意见,全面掌握员工的生活工作情况,解决员工的后顾之忧。赵宗义是基层员工心目中平易近人、能办实事的好领导,他诚实的为人、务实的作风和高度的责任心,使他在困难面前不退缩,在成绩面前不自满,始终如一、身先士卒、奋发进取,在平凡的管理岗位上创造了不平凡的业绩,在大明矿业全体员工中树立了良好的榜样。在当选哈密市政协委员及伊州区人大代表之后,赵宗义立足工作职能,积极体察民风民情,及时反映百姓意见,认真行使代表权力,深入群众,想群众之所想,急群众之所急,做好党和政府联系群众的桥梁和纽带,在会议期间认真审议各项工作报告,立足大局,联系实际,实事求是地提出建议,实实在在地履行人大代表的职责。

2020年,赵宗义心系母校,给兰州资源环境职业技术学院捐款1.5万元,用于帮助贫困生和学校建设。

2021年,为抗击疫情,赵宗义给哈密红十字会捐款上千元。

2022年新年伊始,赵宗义就参与了哈密市建设东路社区30家贫困户的帮扶工作,他不仅捐款捐物,还亲自上门体察、慰问,他用自己的实际行动,把春天般的温暖送到了每一个贫困户的手中。

赵宗义就是这样一位为企业发展和技术革新添砖加瓦、一心为公的人,在各种困难面前从不退缩,在成绩面前从不自满,始终如一地身先士卒、艰苦奋斗、戒骄戒躁、奋发进取,在摸索中不断成长,在奋斗中坚韧磨砺,在创新中迎接挑战,在发展中不忘初心。他在平凡的岗位上创造了不平凡的业绩,在点点滴滴的实际行动中,全心全意为大家服务,赢得了企业全体员工的尊重和信任,得到了集团领导和同事们的一致肯定。

(兰州资源环境职业技术大学　供稿)

二、精益求精 磨砺能工巧匠

薛健能:抗疫药品生产设备维护线上的守护神

> 薛健能,男,1988年出生,中共党员,金华职业技术学院2007级精细与制药技术专业学生。2009年曾获得全国石油和化工行业职业技能竞赛化工总控工赛项个人一等奖、团队一等奖。2010年入职浙江亚峰药厂有限公司至今,先后担任工程部技术员、设备主管、车间副主任、工程部副经理。

2007年9月,薛健能进入金华职业技术学院制药与工程学院学习。学校以五位一体"校企交互式"人才培养模式为主线,采用的许多课程都是请当地企业的主管以上领导来为学生上课,实践教学与课程教学相结合,充分激发学生专业学习的热情。学校老师十分注重学生综合职业技能培养、独立开展项目能力的训练以及学业规划指导。薛健能从大学一年级开始就深刻地认识到大学期间学习基础课程和专业知识的重要性,在校三年每年都能获得学校的奖学金,同时他还注重个人综合能力的提升,树立学生干部带头示范形象,积极参与校内外活动。在党组织的培养下,薛健能在大学二年级光荣地成为一名共产党员,时时刻刻以一名党员的标准要求自己。大二期间,学校以院开展"项目制"教学改革,实施项目化教学和实践,老师确定大致的方向,学生自己找文献、确定原材料,学校提供原材料。学生自己组队完成相关项目和总结报告。薛健能还积极参与陈銎老师主持完成的"苦瓜皂苷的提取""柠檬香精的提取""柠檬香型洗手液的制作"等科研项目。薛健能跟着老师做项目、参加竞赛,一次项目的流程跟进下来,相当于对专业知识做了系统梳理。薛健能对CAD课上的工艺设计等制图特别感兴趣,以优异的成绩完成了导师的任务。经过大二的各种项目和设计任务的锤炼,薛健能对专业实践课程有了新的认识,他经常带领寝室的小伙伴一起利用课余时间在实验实训场所给代课老师当助手。2009年,在罗翟老师的带领和指导下,薛健能团队代表学校参加全国职业技能大赛,并在全国石油和化工行业职业技能竞赛化工总控工赛项中荣获个人一等奖、团队一等奖的好成绩。

2010年3月,薛健能进入浙江亚峰药厂有限公司工程部机修班实习,开始接触制药设备的维修工作。他本着学一行爱一行的本心,听从毕业导师陈銎老师所说的,进入社会后要让自己逐渐适应社会,快速融入社会。实习期间,薛健能白天在公司里实习上班,晚上抽出空闲时间去机电学院报名学习电器维修和安装。考虑到以后机械和电路维修是需要一起合作的,所以他必须两个混着一起学。经过历时3个月的实践和学习,薛健能取得了高级维修电工证,公司相关机械维修技能也逐渐掌握。2010年7月,薛健能正式入职浙江亚峰药厂有限公司工程部机修班。在平时工作中,他充分发挥CAD设计制图能力和工艺管道设计安装能力,很快就晋升为一名工程部技术员。他主要负责设备的维护和维修、计量器具的日常管理、工艺设备的验证等工作。在工程技术员的岗位上会接触到一些未曾涉足的领域,他就自觉地抽出空闲时间进行学习,掌握相关应用技术并考取相关证书,使自己能更好地胜任岗位工作。三年后,他从工程部技术员晋升为设备主管,开始主要负责设备的日常维护、维修、工艺设计、制图、安装等工作。2015年,薛健能开始跟着夏经理学习生产线的改造,车间设备逐步由手工到半自动,再由半自动到全自动,由单一的全自动到多个岗位的全自动生产线的设计、制图、改造、安装、调试等工作。2019年以后,因为疫情的原因,生产订单逐步减少,公司开始推行精益化生产改造,在公司内倡导"节能、减排、增效"的理念。薛健能被推选为公司工程部的一名推行干事,他基于自己多年的生产线改造的实践学习和在学校积累的做项目的经验,开始在公司对各种浪费和不合理的地方进行改造。薛健能根据多年的工作经验,制作了一份"蒸汽冷凝水收集再利用的项目报告"。该项目需要投入资金30万元,但每年能为公司节省10000吨自来水和加热10000吨水所需的能耗,每年能直接给公司节省10万元,投入使用后的第四年就可以开始见到收益。公司领导看过该项目报告后,觉得内容详细,各项支出统计清晰,长远利益可期,就果断拍板投入实施。该项目从实施到竣工验收都由薛健能参与完成。在担任推行干事期间,薛健能曾多次获得公司颁发的优秀推行干事和优秀改善案例奖。他带领的团队也在推行精细生产的工作中荣获优秀团队奖。

2021年,浙江亚峰药厂有限公司想将薛健能培养为一名既懂设备运行与维护,又了解生产困难的技术骨干,所以厂部将他调到生产车间担任副主任,并兼任设备主管的工作。薛健能开始既要保证生产,又要降低设备故障率。这样车间隐藏的一些大问题也就在他面前暴露出来了。有些是设备设计上的缺陷,如增加工人劳动强度、重复劳动等问题,这些能在技术上给予解决的,都交由薛健能负责进行改造完善。由于出色的表现,薛健能带领的机修团队连续两年荣获集团颁发的优秀团队奖。

2022年,集团的兄弟公司浙江迪耳药业有限公司的管理出现问题,导致公司的工程部人员流失,无法正常维持生产,设备维护、维修等工作无人接管。集团公司紧急派遣薛健能带领团队在1周内基本摸清浙江迪耳药业有限公司工程部存在的问题,并将问题进行分类,将紧急重要的工作在三天内全部落实到位并完成,将紧急不重要的工作基本落实在半个月到一个月内全部完成。这件事给浙江亚峰药厂有限公司接管浙江迪耳药业有限公司的管理层起到一个模范带头的榜样作用,也让浙江迪耳药业公司的员工领略了亚峰人的处事风格和办事效率。由于工作出色,2022年薛健能被晋升为工程部副经理。2022年底,全国疫情放开后,全省乃至全国都处于一药难求的关键时刻,薛健能带领机修团队顺利保障浙江亚峰药厂有限公司和浙江迪耳药业有限公司在这场保供应的战役中取得圆满成功,保质保量地完成市政府乃至省政府要求的出货量。薛健能说:"医务人员的职责是守卫人民健康的防线,而我的职责是守护药品生产设备的健康。守好设备维护这道关,也是在为人民健康服务,我感到十分光荣。"

(金华职业技术学院就业指导处　供稿)

张笑笑：毫厘之间铸匠心的制鞋打板师

> 张笑笑，女，浙江工贸职业技术学院2009届鞋类设计专业毕业生。毕业后通过校招入职新百丽鞋业有限公司，并逐步成长为产品出格师（打版师）。2020年，张笑笑获人社部颁发的"全国技术能手"及中国皮革协会颁发的"全国制鞋行业技术能手"称号，2021年，张笑笑获得中华全国总工会授予的"全国五一劳动奖章"。

张笑笑是浙江温州人，出生在"中国鞋都"的她，打小就对鞋靴比较感兴趣。虽然家里并不制鞋，但温州浓厚的制鞋文化深深地影响着她的职业梦想。好在本地就有浙江工贸职业技术学院，刚好可以实现她就近求学的愿望。学校1999年筹建成立，定位为经济社会发展培养技术技能人才，助推温州传统优势产业发展。设计更美观、更舒适的温州鞋，成了学校专业发展的一个重点目标之一。2000年，学校开始招收鞋类设计与工艺专业学生，是国内最早开设鞋类专业高校之一。2001年，学校鞋类设计与工艺专业被列入浙江省高职高专重点建设专业。近年来，浙江工贸职业技术学院聚焦"匠苗培育"，以新时代大国工匠培育工程为抓手，与意尔康鞋业、卓诗尼鞋业等知名鞋企共建现代学徒制班级、深化校企合作，精准对接企业和市场需求，真正实现了"车间也是课堂，技师也是老师"的校企共育培养模式，在培养德技并修的新时代工匠苗子的道路上稳步前行，跑出了"两个先行"的浙工贸职业教育加速度。

家门口的优质教育资源以及做精益求精匠人的梦想，让张笑笑填报志愿时选择了浙工贸鞋类设计与工艺专业。进入大学后，张笑笑的志趣与制鞋专业的人才培养目标刚好契合，通过系统的制鞋理论学习、规范的制鞋技能训练以及多种形式的实训教学，张笑笑的制鞋技能日益纯熟。测量、选料、制作鞋楦、打板、下料、缝底、抛光、打磨等制鞋的十几个环节，张笑笑都能熟练掌握。由于出色的成绩，她还有幸加入大师工作室，随团队一起做企业项目。丰富的实践积累让还未毕业的张笑笑已经能独当一面。

2009年，张笑笑通过校招成了新百丽鞋业（深圳）有限公司的一名员工。她从一

二、精益求精 磨砺能工巧匠

名普通储备干部到新百丽生产系统中高端制造部妙丽开发部产品出格师,脚踏实地,稳健成长,一步步地走到了样品生产的前端,让她有了施展自己专业的大舞台。产品打版师,也称为出格师,负责根据设计师设计的款图打版做成纸样,给予定型化及具体化,为下一步的成品制作提供具体参考和服务。"说简单点,我日常的工作就是将设计师所创造的美,给予定型化及具体化,为成品制作提供具体参考和服务。打版是一项技术性很强的工作,容纳了很多琐碎、繁杂的工艺及细节处理,对细节的分毫必究,才能将工艺之美完美的展现,而打版的水平就在小数点后几位数字的变化中悄悄体现,以毫米来计算。"为了确保数据的准确,张笑笑会对同一数据进行反复测量,直至精确到小数点后几位。为了让版型效果更好,她总是不厌其烦地对纸样进行反复修改,将每一处都做到尽善尽美。出纸样时,她更是精益求精,反复琢磨手稿中工艺、结构具体要求;贴楦前详细了解楦体跟高、大底种类;画结构图时对线条、数据、结构分布进行反复琢磨。鞋子设计是否科学,弧度、衔接点等是否完美,早已形成"肌肉记忆"的她一摸便知其一二。

这种职业惯性一直延续到了平时的生活中,哪怕张笑笑在平时逛街或者上下班途中,也会特别留意市场新的流行趋势,思考同类产品好的方面,特别是准备参加全国大赛期间,还在思考如何将平时看到的好的成品都应用到比赛中。2020年,张笑笑作为广东分赛区预赛优秀选手,参加了全国皮革行业职业技能(鞋类)竞赛总决赛,与来自全国七大赛区的专业组和院校组共132名选手同台竞技。备赛期间,她白天上完公司的培训课,晚上下班回到家还会花几个小时练习,将白天老师讲的内容更好地消化吸收,隔天她又会将这些作业带去公司跟老师交流修改意见,不仅如此,她也勤于请教办公室做设计的同事,让他们帮忙提供一些配色上的修改建议。正式比赛前一天晚上,准备睡觉的张笑笑脑海中一闪而过一个新的灵感,她马上爬起来将这个创作灵感以文字形式表述出来,发给老师寻求修改建议……如此种种,充分的赛前准备才让她在比赛中有了良好的应变能力。

比赛实操中,考试提供的是220码的楦,而平时接触比较多的则是230码的楦,这对选手来说是比较大的考验,需要选手对楦有全面的了解。由于张笑笑平时有较好的积累,所以很好地完成了考试项目,交卷的时候,张笑笑将纸样搭成一只鞋的样子,也得到了评委的高度认可。经过激烈角逐,张笑笑凭借扎实的理论功底和过硬的专业技能,以优异成绩夺得专业组第一名,获得人社部颁发的"全国技术能手"及中国皮革协会颁发的"全国制鞋行业技术能手"称号。2021年,张笑笑又获得中华全国总工会授予的"全国五一劳动奖章"。谈及出色的职业成绩,张笑笑非常感谢大学的经历,她说:"老师教导我们,唯'精'才是技术立身之本。老师对线条美的极致追求、对样板的精准细致雕琢,培养了我的工匠精神。"

扎根13年,龙华早已成了她的第二故乡。在看她来,这里不仅仅是工作生活的地方,更是梦想起航的地方。"在我的人生规划中,是先成家再立业。先承担起家庭的责任,才能形成完整的个人价值,并自我实现更大的社会价值。这也可能是女性和男性不同的地方。这里给了我平台,包容我、鼓励我,让我不仅学习了知识,积累了经验,也提升了能力。现在,我的孩子已经长大,自己是入党积极分子,今后也将继续在龙华这片沃土上立足本职工作,不断提升自己,助力行业快速发展。"

数字化转型是鞋企创新发展、产业转型升级的必经之路。张笑笑带领她的团队将数字化软件应用到产品的设计和出格实践过程中,促使部门数字化软件应用覆盖率达95%以上,有效推动了部门鞋类数字化软件的应用和转型,实现部门研发设计的创新发展。张笑笑说:"制鞋业需要迎合信息时代的发展,专业的研发才有可能提高鞋类的质量与产品的附加值,并为国际品牌的塑造建立起产品基础。"在全球制鞋业的版图中,中国鞋无疑是最为庞大的军团。但品牌溢价率高的产品却不多,高端市场的占有率仍有很大的提升空间。推动中国鞋以及中国设计高端化是张笑笑和她的同学们共同的梦想。"作为新时代的青年,我会牢记初心使命,踔厉奋发,勇毅前行。"张笑笑表示,接下来,她将继续加强专业知识学习,努力提升自己,积极发挥劳模技能工匠的带头模范作用,立足岗位、创先争优,以技术工艺改善破解生产难题,助力企业降本增效,为企业数字化转型贡献自己的力量。

(浙江工贸职业技术学院党委宣传部　供稿)

二、精益求精　磨砺能工巧匠

刘豪：从创新小白到优秀的汽车仪表设计工程师

> 刘豪，男，1997年出生，湖北麻城人，中共党员，工程师，黄冈职业技术学院2017届工业设计专业毕业生。现任江苏新泉汽车饰件股份有限公司产品开发部科长。在校期间，曾获得多项国家专利和国家奖学金、中国设计红星奖、创新创业大赛等奖项。2017年3月，荣获共青团中央首届"劲牌阳光奖学金"暨"践行工匠精神先进个人"荣誉称号。2017年7月，荣获湖北省第三届"长江学子"创新奖。

2014年，刘豪进入黄冈职业技术学院智能制造学院工业设计专业学习。初入校的刘豪对什么是设计、什么是创新一无所知，在老师的引导下如饥似渴地学习专业知识。通过工业设计专业的教育和熏陶，刘豪学会了多款设计软件，同时还购买了网络自学教程，不断拓宽知识面。他经常浏览BillWang、PPLock等各大设计网站，提升审美能力，积累产品设计经验，自学笔记记了满满16大本。

为提升自己的动手能力，大一上学期刘豪申请加入了专业创新工作室，成为学院工业设计金鹰3D团队成员。他坚持每天早起晚睡，周末在创新工作室一待就是一天。通过一年的努力刘豪成为工业设计第五届金鹰3D团队队长。他带领的工业设计金鹰3D团队以"学3D！用3D！我创造！我快乐！"为口号，普及3D软件技术、引领创新人才培养、推动创新创业实践、促进学生就业创业，成为学校每年参加全国各类创新创业大赛培养人才的重要平台。该团队自成立以来，参加全国全省创新创业大赛，共获得86项大奖，其中国家一等奖14项、国家二等奖10项。刘豪个人获得全国"挑战杯""发明杯""中国设计红星奖"等大奖10多项。

刘豪总以"人有我优"的执着追求，用更多的时间和精力去努力实现创新目标，大力弘扬工匠精神，精心打造，永不放弃，不遗余力，精益求精，追求卓越，让作品和技术合意度"从99%到99.99%"。2015年暑假，为了学习逆向建模技术，刘豪天天待在工作室进行建模技术演练，学知识、练技术、强本领，提升实际操作水平。最终，他参与的

"百人3D打印马云"作品获得时任国务院副总理马凯现场点赞。作为核心成员,刘豪经过无数次的设计方案修改、数据测试、模型检验,历时一年半之久,终于完成了科研项目《新型折叠电动车开发》,并获得了国家实用新型专利3项。

在校期间,刘豪成绩优异,主动与同学们分享学习成果,共同学习,共同探讨,共同进步。在思想上积极追求进步,积极参加志愿服务活动,始终以党员的标准严格要求自己,经过学校党组织的精心培养,他于2016年12月光荣加入了中国共产党。刘豪先后获得学校"三好学生标兵""学习之星""国家奖学金",湖北省第三届"长江学子"创新奖,共青团中央首届"劲牌阳光奖学金"暨"践行工匠精神先进个人"等多项荣誉称号。其先进事迹被黄冈电视台、鄂东晚报、湖北电视台等多家新闻媒体专题报道。

2017年,刘豪毕业后加入江苏新泉汽车饰件股份有限公司,从事IP&CNSL(主副仪表板)工程开发的工作。2017年12月,他经历车间实习后进入技术中心,参与半年的商用车仪表板部分模块设计工作,在公司领导和业务骨干的指导下,设计能力迅速得到提升,同时得到了同事们的一致认可和好评。2018年,他参与CX743(领界)项目工程整改工作,在整改工作过程中,他将理论知识应用于工程实践,独立完成CX743 BEV副仪表板工程整改工作,做到了变更次数控制在三次以内,且无量产后变更,圆满地完成了江铃福特第一款SUV后期开发,获得客户一致好评。

2019年,刘豪参与并负责广汽新能源A18(埃安V)仪表板、副仪表板项目工程开发工作,以CX743项目的问题清单作为新项目的排查表,在A18的前期提出了130多个有价值、有水平的问题。在评审A18扶手的匹配结构时,充分考虑了产品的尺寸链传递,将扶手外盖尺寸链与焊接制造尺寸链打断,扶手外盖直接进行安装定位,使匹配间隙更加的稳定,大大降低了制造工艺难度,目前A18项目已量产,只下发了85次设变,就解决了全部的357项问题,平均单件设变仅2.2次。刘豪作为合资品牌的科长在与福特CX727 IP Cockpit(Mach-E)项目合作过程中,充分学习客户的优点并结合新泉实际情况将其为己所用,在工程开发、产品匹配问题分析、整改方案修改、8D问题报告编写、仪表板&副仪表板异响点分析等问题上进行了方案的最优化设计,个人及其团队获得了客户开发团队的点名表扬,同时公司获得采购中心-A级供应商认可&开发协作奖。

2022年,刘豪主要负责极氪BX1E(极氪X)项目工程开发,该项目对于新泉公司而言,有诸多新研发产品和创新点,如电动滑轨、可拆卸式后排扶手箱、后排储物盒、后排中央扶手及背板等。项目T0(项目初阶)出件后,刘豪带领工程团队(含新技术开发团队)迅速通过实地装配零件明确工程问题和零件状态,目前BX1E项目总问题达到484项,问题整改任务艰巨,新产品的新问题众多,刘豪没有丝毫抱怨,对待问题迎难而上,TT(工装试运行)阶段结束已关闭304项,还有103项正在改善中。

刘豪一直秉承"干"字当头,"实"字为先,他负责好了自己的项目,发挥好了党员的先锋模范作用。短短五个年头,他以高职应届毕业生的身份在名校毕业生云集的产品开发部脱颖而出,成长为能独当一面和带领团队的科长、设计工程师。刘豪对待工作一直保持热情严谨的态度,对待部门的管理工作一直坚持以身作则的工作方式。在部门里,他分享自己的技能与知识,做标准、做规范、做总结。在小组中,他以师徒一对一的方式,将自己掌握的技术倾囊相授。在以刘豪为代表的新时代年轻人的带领下,公司正朝着新的奋斗目标不断奋进!

(黄冈职业技术学院就业指导处　供稿)

咱们的高职毕业生——全国优秀高职毕业生典型案例

孟荣：在梦想轨道上奔驰的铁路"蜘蛛侠"

> 孟荣，男，1990年出生，石家庄铁路职业技术学院2013届电气自动化技术专业毕业生。任职于中国铁路南昌局集团有限公司福州供电段，担任国铁集团培训师，负责职工教育培训工作。依托铁路系统教学沙盘，开展系列创新性研究开发，先后获得实用新型专利7项、软件著作权2项；主持研究的QC项目多次获得全国铁道行业优秀奖、全国铁路青年科技创新奖；多次评为南昌局集团有限公司优秀共青团员、先进生产工作者。2018年，央视新闻频道"建设者说"节目和央视新闻移动网"五一"特别报道《无奋斗·不青春》节目中以"铁路'蜘蛛侠'孟荣：小沙盘，大梦想"为题进行专题报道。

孟荣从小痴迷于研究火车，单是收藏的火车头小模型就有近百个。火车飞驰为什么需要铁轨、它靠什么产生动力、不同样式的火车头作用一样吗……小孟荣从小就对这些问题非常感兴趣，带着这些问题，2010年，孟荣慕名考入了石家庄铁路职业技术学院电气自动化技术专业学习。学院依托铁路行业背景，契合铁路国际标准轨距1435 mm，创新"1435"人才培养模式；以服务学生成长成才为中心，培养学生设计、检验、安装调试、拓展应用等四大核心能力，将学院特色"三魂"文化融入人才培养全过程，实施校企双元主体"五融合"人才培养路径；构建"模块化"课程体系，将铁路系统实际运维项目融入教学内容中，实施理实一体化教学模式，极大地激发了学生的学习和实践热情。

一流的师资队伍、一流的专业课程、专业的实践教学环境、丰富多彩的校园文化氛围……这些为痴迷于火车的孟荣开展研究和提升技能提供了广阔空间。孟荣也用实际行动践行着个人的梦想，周末时间他从来不会睡懒觉或者宅在宿舍，除了在自习室适当温习自己的专业知识，保障各学科学习的稳固外，更多的是坐上火车去旅行。石家庄这座火车拉来的城市，位置优越，铁路交通四通八达，他的旅行不是为了到达某个目的地游玩，而是在整个旅途中，通过窗户一直用心仔细观察窗外铁路上形形色

二、精益求精 磨砺能工巧匠

色的设备,站台、车辆、接触网、轨道、桥隧、信号机……熟悉了这些设备后更促进了他对铁路现场的综合学习。

在校期间,孟荣如鱼得水,在老师的支持和鼓励下,他率先创建了科技型学生社团——铁道社。作为一个创新型社团,"铁道社"让很多像孟荣一样有着火车梦的同学们聚在了一起,他们利用课堂上学到的理论知识,亲自动手,亲身实践,尽情施展。大三下学期的实习期间,孟荣放弃了大家都在考虑的寻找有薪酬的实习工作,留在了学校社团,并自愿垫钱购买工具材料带着大一、大二的社员们一起继续制造完善电气化铁路模拟沙盘,在师生的共同努力下,大家攻坚克难,自主设计研发、制作完成了学院首套电气化铁路教育教学综合实训平台。

项目应邀参加了第十二届中国国际轨道交通展览会和第十届中国国际隧道与地下工程技术展览会,受到同行业界的高度评价,申请国家发明型和实用新型专利各1项、国家软件著作权2项。在项目实践过程中,孟荣与其他同学一起,昼夜奋战,废寝忘食,不仅将专业知识运用得炉火纯青,还熟练掌握了木工、泥瓦工、焊工、电工等多个工种的基本技能,为他在毕业短短几年时间里迅速成长为单位的技术骨干奠定了坚实的基础。

2013年,孟荣毕业后进入中国铁路南昌局集团有限公司福州供电段工作,成为一名接触网工,正式成了一名铁路"蜘蛛侠",这是孟荣的新绰号。铁路"蜘蛛侠"是铁路接触网工的别称,工作时他们的身体几乎完全悬空,全身的重量都悬挂在只有拇指粗细的承力索上,对电气化铁路上的空中供电设备——接触网进行检修。尽管这是一项高危作业,但他们身轻如燕,在纵横交错、状若蛛网的铁路线上全神贯注地工作,确保了运输大动脉的安全畅通。

开始工作后,孟荣用了半年时间,研读布满了密密麻麻公式的专业操作手册。这些让外行人看似"天书"的操作手册,却是每一位铁路"蜘蛛侠"的宝典。为了熟悉运用这些操作技能,孟荣又花了半年的时间。

在这个过程中,孟荣感到这种"啃书"的方法既枯燥又难懂,不是年轻人该用的学习方式。随着新设备大量投入运营,供电段新人中高职生占比逐年提升,职工难以适应当前形势的情况日益凸显,特别是在应急处置中,现场抢救人员的业务不过硬,可能贻误线路开通时间。善于思考的孟荣又陷入了沉思,"我为什么不能把每一个接触网线、每一条铁轨、每一个知识点、每一张图汇集成一个铁路沙盘模型,让新人直观地触碰到'天书'的精髓呢?"有了高仿真度、高精度沙盘,救援演练方案的优化、事故现场的回放能够实现"真刀真枪",就可以大幅度提升培训质量。在长时间思考后,孟荣将他的想法告诉了同事赵昀,两个人一拍即合,同时也得到福州供电段段长熊焱球的大力支持,从此两人开始了历时两年的"造梦工程"。

2年时间、700多个日日夜夜、30000多个纯手工零部件,孟荣把所有的业余时间用在了后来被誉为"中国首个电气化铁路沙盘"的工程上。他以福州铁路枢纽为原型,将小时候收藏的近百个火车头模型装上"翅膀",在梦想的轨道上奔驰穿梭。

"'复兴号'动车组平稳行驶,信号开放! 通过道岔,穿越隧道,从福州地标件数彩虹桥穿过,福州站二站台停车!"孟荣话音刚落,"复兴号"动车组稳稳停靠。逼真的动车、圆顺的曲线、密布的道岔以及供电接触网……,30多平方米的沙盘上,福州站区枢纽各种铁路行车设备设施栩栩如生。"沙盘就是一本大'书',有了这本'书',我们的职工培训工作将如虎添翼! 这就是用匠心做的精品"福州供电段段长熊焱球如是说。

电气化沙盘模型虽然很小,但在教学实践中起到了大作用。这套系统不仅大大缩短了新人上岗培训时间,还促进了实操应用,接触网抢修时间从原来的1个小时,缩短为现在的40分钟。"在沙盘上学到的知识,只要有一次遇到突发故障,他们在应急抢修中能够用到,我的努力就有价值,我的奋斗就有意义!"孟荣这样说。孟荣也因为这份坚持和热爱,多次获得路局优秀共青团员、路局先进生产者等荣誉称号,并获得两项第三届铁路青年科技创新大奖。2018年,央视新闻频道"建设者说"节目和央视新闻移动网"五一"特别报道《无奋斗·不青春》节目中以"铁路'蜘蛛侠'孟荣:小沙盘,大梦想"为题进行专题报道。

年仅32岁的孟荣在毕业短短几年时间里迅速成长为技术骨干,这在石家庄铁路职业技术学院并非个例。多年来,石家庄铁路职业技术学院以学生为中心,以能力为本位,创新"三魂"文化育人体系,创新"三进三请"技术技能人才培养途径,培养了大批优秀技术技能人才。他们立足岗位、践行工匠精神,开拓创新、敬业奉献,在服务社会中建功立业,书写了无愧时代的壮丽篇章。

(石家庄铁路职业技术学院教务处 供稿)

二、精益求精　磨砺能工巧匠

季慧东：保障煤海作业机械，守护国家能源安全

> 季慧东，男，石家庄职业技术学院机电工程系2018届机械制造与自动化专业毕业生，现就职于国家电投集团内蒙古公司扎哈淖尔煤业公司。

2015年，季慧东进入石家庄职业技术学院机电工程系机械制造与自动化专业就读。该专业开办较早，2014年被评为石家庄市骨干专业，2016年，该专业教学团队被评为"河北省优秀教学团队"，2018年被评为国家三年创新发展行动计划骨干专业。该专业建有15个校内实训室和1个产学研基地，拥有1个2000余平方米的校外生产性实训基地，该专业与京津冀区域30多家知名企业签订校企合作协议，为专业高质量人才培养教学提供了优质的软硬件条件。良好的专业熏陶锤炼了季慧东过硬的专业技能。他积极参加学校各项活动并取得名次，曾创办过社团，担任校健身协会第一届会长，考过国家职业资格健身教练证书，这期间练就的身体素质使得他在工作中也表现优异，遇到困难任务总是当仁不让地冲在前面。

2018年毕业后，季慧东放弃了大都市的优越环境，毅然投身边疆，来到扎哈淖尔煤业公司。扎哈淖尔煤业公司位于内蒙古自治区霍林河煤田二号露天采区，年产量1800万吨，这片科尔沁草原下的百里煤海，距离边境线不到二百公里，是1976年在周总理的批示下由三千民兵建设而成。那是一个一年里有半年多都是冬天的地方，著名小说《狼图腾》的故事发源地就在附近。全年最低气温零下40摄氏度，而且经常白毛风肆虐，即使4月份仍会下雪，当年的建设难度远超大庆油田。如今，拓荒建设的时代虽已过去，但艰苦奋斗的精神仍在传承。季慧东把读大学时的冲劲与这里艰苦奋斗的精神融合，一干就是五年。

2019年夏天，霍林河地区暴雨频发，雨水从山上疾驰而下，时刻威胁着厂区的设备设施。季慧东主动请缨加入抗洪队伍，用沙袋垒起了坚固的挡墙，保护了国家的财产安全。这时已经有部分同批的同事因厌恶矿区工作环境辞职离去，也曾有人问过他，当初没有选择留在大都市做金领一样的教练，而是回内蒙古做蓝领技工，会不会后悔，他笑了笑答道，"如果这点困难都克服不了，高考那年就不会选择这个专业了，各

行各业都有它的优缺点,生活不必完美,选择也不必分对错,适合自己才是最重要的,认清自己是什么样的人,适合什么样的事,路就不会错,人活着就要为自己和他人创造一些价值,总不能一直躺平享受吧"。

检修工作中季慧东不断总结摸索实践技巧与技能,协助班长对 SF31904c 自卸车进行了技术整改,通过无气化技术升级改造后,大大降低了设备故障率,同时减小了维修劳动强度,提高了生产效率,为矿山创造了经济效益。2020 年,春节刚过疫情便开始暴发,他提前结束休假,在封城前夕驱车赶到了单位驻地,经过隔离后第一批上岗。因为他知道,公司承担着大东北地区二十多家热电厂的燃煤供给,高峰期每天至少要外运 5 万吨煤,才能保证东北居民取暖。疫情之下的复工复产必定人手紧缺,此刻必须舍小家顾大家,用电取暖也是民生大事。他在休息期间也没闲着,忙前忙后,为后续返岗隔离的同事采购物资。他看到老家村群里正在征召防疫志愿者轮岗值班,老父亲也代表家族报了名,身在外有心无力的他仿佛也体会到了忠孝难两全的滋味,于是带动村里的年轻人为防疫捐款,也算为家乡防疫出了一份力。

守土有责,守土尽责,季慧东并不伟大,只是无数个普通员工的缩影,正如习总书记所说,一代人有一代人的使命,一代人有一代人的担当,逢山河动荡,我们不能像医生一样救死扶伤,也不能像军人一样守在边疆,但正是无数个这样的普通人坚守岗位才使得国泰民安。在平凡的岗位上能一直恪尽职守就是不平凡的,他爱岗敬业,求真务实,表现出了工人阶级高度的主人翁责任感和强烈的事业心,他拼搏进取,争创一流,反映了工人阶级与时俱进、开拓进取的时代精神,继承了劳模前辈的精神风貌和高尚品格。

扎根煤海,以矿为家,奉献矿山,建设北疆。路在脚下,心在彩霞,煤炭精神正是"燃烧自己,为他人发光发热"。季慧东在为企业做出奉献的过程中,努力开拓进取,拼搏奉献,经过不懈努力,终于由一名萌新小白成长为部门骨干。他在平凡的岗位上辛勤地工作,自觉学习业务知识,不断提高技术水平,练就了一手过硬的检修技术,为矿山默默奉献着自己的力量,也牢固树立了正确的价值观,以国家的利益为最高利益,在能源行业中实现自己的人生价值。

(石家庄职业技术学院　供稿)

二、精益求精　磨砺能工巧匠

张伟：国内最大单体炼钢车间连铸作业的带头人

> 张伟，男，1994年出生，中共党员，山西工程职业学院2015届钢铁智能冶金技术专业毕业生。现任职于宝钢湛江钢铁有限公司炼钢厂作业长，管理着国内最大单体炼钢车间连铸生产线。2016年、2019年被评为湛江钢铁优秀党员，2018年、2020年被评为炼钢厂优秀党员，2021年被评为"湛钢之星"。

张伟于2012年考入山西工程职业学院，并进入学校最具特色的专业——钢铁智能冶金技术专业学习，他充分利用该专业作为国家示范专业、山西省特色专业以及新材料研发中心、国家财政支持建设的仿真虚拟实训室等多种优势，努力学习，刻苦钻研。张伟在校期间学习成绩优异，担任系学生会主要干部并表现出较强的组织和协调能力，连续两年获得"优秀学生干部""三好学生"的称号。三年的校园生活不仅培育了张伟较强的专业技能，综合能力更是得到很大提升。他毕业时考取了高级炼钢工职业资格证书，为进入宝钢湛江公司并快速适应工作奠定了扎实的基础。

2014年底，张伟赴上海宝钢集团实习，其间获得"优秀学员"称号。2015年7月，张伟入职宝钢湛江钢铁有限公司炼钢厂，先后参与一期一步2150连铸开工设备调试、一期二步2300连铸开工设备调试及热试；见证二期1650连铸开工及投产，参与二炼钢零碳电炉系统项目技术设计和建设工作。历任1号机浇钢工、4号连铸机浇钢流长、1号连铸机机长、连铸作业区作业长。

2015年，湛江钢铁投产以后，作为现场操作工，张伟针对设备缺陷和事故异常，先后提出合理化建议15条并帮助解决现场问题，编写亲历事故案例3篇供大家学习。2016年，张伟参与4号机开工班，在投产前团队跟踪调试完善设备功能精度百余条，完成了一次热试成功任务；年底，他在一次钢包滑板异常打开事故中采取果断措施，第一时间将钢包转至事故位，组织切断所有能介阀门，迅速控制火势，为炼钢厂避免了一次可能引起的较大设备损坏事故。2017年，张伟担任1号连铸机机长且协助作业长进行作业区管理工作,其间打破了浇铸拉速、中间包连浇炉数、最大通钢量、连续无漏钢等纪录,成为连铸生产效率提升的典范。

作为见习作业长,张伟积极履行岗位职责,不断努力完善班组日常生产管理和基础管理工作。2018年,他带领作业区取得了生产绩效第二、劳动竞赛第一的优异成绩。2019年,他带领班组取得了劳动竞赛第一、全年无漏钢事故、作业区绩效第一的佳绩。2020年,他所在班组无生产事故和安全险肇事件,作业区绩效第一。在作业区管理中,张伟每天坚持写日记,记录生产情况和基础管理情况,每月对班中工作情况做总结分析,做安全履职总结分析,查漏补缺,积极整改,不断完善班组管理。在生产异常处置上,张伟沉着应对,果断指令,把握大局,多次避免了事故的发生;针对主机设备异常,能够发挥党员带头作用,冲锋在前,善于动手。在一次结晶器上线后,调宽卡阻异常和接班插引锭弯曲段有冷钢异常中,他率先拿割刀对主机进行保护板和冷钢割除,对设备异常进行及时修复,避免了不必要的停机时间。在与员工的相处中,张伟为人友善,能够积极帮助解决一些生活和工作难题,获得大家的拥护。

为了提效降本,张伟为作业区各机组制定了板坯夹渣封锁绩效提升方案,要求每位浇钢工日常做好浇注异常记录,机长每日上班后从系统中汇总出上一班次的板坯封锁数据,然后组织机组人员针对封锁板坯与实际浇注中的情况一一对应分析,总结出造成封锁的原因并且讨论制定整改措施。以此循环,各机组操作工日复一日不断提高防止板坯夹渣封锁的操作技能,最终浇钢丙班连续两年热轧板坯夹渣封锁绩效排名第一。2021年,张伟担任降本项目小组组长,承接了"降低结晶器非计划更换频率"的课题,他安排小组成员各司其职,分析出制约结晶器使用寿命的主要原因,并且实施了相对应的改善措施,使得结晶器非计划更换次数由2020年的7次降低为2021年的3次,超目标完成降本课题,降本72万元。2022年又承接了"降低弯曲段非计划下线频率"的课题,完成降本135万元,为炼钢厂成本管理做出了贡献。

2022年3月3日,张伟受厂部委派带领连铸作业团队赴沪支援宝山基地炼钢复产任务,抵沪后联系集中连铸应急生产团队各基地人员汇合,在指挥部的统一部署下协同其他区域制定了宿舍防疫管理机制、后勤保障机制以及学习培训任务。进厂前的一周,张伟牵头日班梳理分班定岗人员安排、连铸试车方案和每日对接学习总结。一张简易的桌子、一台笔记本电脑和一台打印机横放在月浦公寓11栋109宿舍正中间,这里已经成了连铸应急生产团队的办公室、临时会议室和后勤仓库,先后在这里召集开会及分发物资10余次,在这里决定了连铸每日分班组分岗位进厂人员具体安排、试车方案和具体到人的全厂消杀方案、设备功能确认条件、安保测试条件及各岗位生产操作注意事项等。复产以后,张伟及其余日班人员根据各班组综合实力差异进行跟班保驾生产,尤其热试时有人 24 小时连续加班,也有人 36 小时连续加班。为了不辜负股份领导的期望和东山基地领导的嘱托,连铸日班人员充分发挥党员先锋作用,不怕苦不怕累,敬业奋进,最终不辱使命以零事故的业绩圆满完成任务。

(山西工程职业学院冶金工程系　供稿)

胡兴盛：航天装配线上的创新达人

> 胡兴盛，男，汉族，1999年4月出生，山西介休人，山西机电职业技术学院2020届数控设备应用与维护专业毕业生。现为中国航天科工二院二八三厂数控维修工人。2021年获得第七届全国职工职业技能大赛"数控机床装调工"赛项全国一等奖、赛项全国冠军，并获得"全国技术能手"称号。2022年获全国五一劳动奖章，同时被中央宣传部、全国总工会联合评为全国最美职工。

18岁那年，中专毕业的胡兴盛在一个小工厂里打工，和一个老师傅一起干活，老师傅用自己的经历劝他回学校上学。胡兴盛从各方面了解到"大国工匠"之摇篮——山西机电职业技术学院，选择进入该校，主修数控设备应用与维护专业。

胡兴盛就读的专业有一支以黄大年式教师团队为代表的优秀教师团队，面向装备制造业生产第一线，要求学生掌握数控加工、数控设备的安装、调试、检测、维修与改装，以及数控设备营销等本专业的知识与技术技能，培育的学生共计5次斩获全国职业院校技能大赛一等奖。山西机电职业技术学院光荣墙上贴着好多优秀毕业生（全国劳模、大国工匠、全国技术能手）的光荣事迹，学院同时邀请优秀毕业生对在校学生开展讲座。榜样的力量是无穷的，在注重实践的浓厚氛围里，胡兴盛的心态发生了转变，从之前的被动学习变为主动学习，他想通过主动学习证明自己。

就读期间，胡兴盛先是加入专业社团，打好基础；利用学校组建的暑期培优班，提前学习好专业知识；选择经验丰富的专业教师为师傅，学习理论和实操知识；最后被学校选拔参加技能竞赛。山西机电职业技术学院通过"社团传、导师帮、师傅带、大赛练"的育人模式，让胡兴盛参加了一次又一次的技能竞赛，使得其综合专业能力和职业素养大幅度提高，并不断取得优异的成绩。父母、老师和同学们都看到了胡兴盛身上洋溢的自信。2018年10月，胡兴盛参加山西省职业院校技能大赛"工业机器人技术应用"赛项，获得三等奖。2019年6月，他代表山西省参加全国职业学校技能大赛"数控机床装调与技术改造"赛项，获得了全国一等奖的优异成绩。2019年11月，参加中国技能大赛——第三届全国智能制造应用技能大赛装配钳工"切削加工智能制

二、精益求精 磨砺能工巧匠

造单元安装与调试"项目学生组,获得全国二等奖的好成绩。

2020年毕业后,胡兴盛没有选择高薪水的私企,毅然选择了航天事业,就职于中国航天科工二院二八三厂。胡兴盛所在的二八三厂有一支高技能人才队伍,其中多人获得过全国五一劳动奖章,有的已是"大国工匠"。刚入职就受到了技能大咖的熏陶,胡兴盛兴奋不已,增添了技能成才、航天报国的动力。

胡兴盛刚进厂就要参加第七届全国职工职业技能大赛"数控机床装调工"赛项。赛前对带队师傅每一个赛点详细分析,整理几千题的题库,定制训练计划,两个月集训,历经成百上千次的练习,操作要领已经"长"进了胡兴盛的骨头里了。最终在大赛数控机床装调维修工实操试题第二部分,胡兴盛得到了裁判"全场最规范"的高度评价,一举夺冠,同时获"全国技术能手"称号。

技术的提升永远没有终点,一切才刚刚开始。胡兴盛和所在班组成员组建了创客团队,二八三厂第一个智能化生产车间由该创客团队操控,除了点检、排除机器运行故障,更重要的是迭代更新智能化生产线,根据实际需求发明创造。

胡兴盛在工作中勤勤恳恳、稳扎稳打,运用自身所学所用,不断尝试技术革新,短短一年多的时间里,他研制了多项设备,取得了令人瞩目的成绩:研制了气体置换保压安全装置,改变现有测试模式,实现工件的自动检测,相比原有的测试时间缩短120%;研制石墨套管自动打磨装置,突破现有生产瓶颈,实现无人自动打磨,生产效率提升80%;研制自动化轴承涂脂设备,改变现有人工涂脂方式,实现轴承的自动涂脂工作,缩减人力5人,效率提升200%。因业绩突出,2022年,胡兴盛获全国五一劳动奖章,同时被中央宣传部、全国总工会联合评为全国最美职工。

回看自己走过的路,胡兴盛常常感慨技能成长的付出与收获。一要有工匠之心,感恩之心。技能成才、技能报国之路如此宽广,练就一技之长同样能够成就精彩人生。技能有多高,人生的舞台就有多大。胡兴盛感谢父母的养育之恩,感谢学校和企业的栽培。二要积极向上,拼搏进取。他喜欢挑战,不喜欢乏味;敢于面对挑战,善于攻克难题;享受解决问题的过程,遇到问题反而更有斗志。在工作之余,仍要利用碎片时间,加强学习努力提升,迎接新的挑战。三要精益求精,勇于创新。他扎根一线,围绕科研生产中心任务,广泛参与各类技术创新和技术攻关活动,利用自身所学,创新加工方法,总结加工经验,进行技术攻关,突破瓶颈;啃下一个又一个"硬骨头",成为企业"急、难、险、重"任务的"急先锋"。

胡兴盛表示要不断取得新成绩,不断掌握前沿知识和技术进展,争做高技能人才,继承耐心细致、追求极致、精益求精的新时代工匠精神,成为大国工匠,为航天事业、国防事业做出更大的贡献。

(山西机电职业技术学院 供稿)

桑某：国防科工的一块小基石

> 桑某，男，1994年出生，山西职业技术学院2016届计算机应用技术专业毕业生，曾就职于太原瑞世通信息技术有限公司，现就职于某研究院化工材料研究所。

2013年，桑某进入山西职业技术学院信息工程学院计算机工程系学习，专业为计算机应用技术。初入大学的桑某被母校"厚德载物，强能立身"的校训深深感染，被母校浓烈的文化氛围及多元化的学习平台深深吸引，在专业老师的谆谆教导下，他深刻地认识到了大学期间深入学习基础课程及专业技术的重要性。因此入学后，桑某除了在课堂上努力学习，熟练掌握基础课程知识外，课后还积极参加各种提升专业技能的课外活动，如学校实验机房与图书馆的计算机硬件维修与网络运营等活动，将所学的知识投入实际应用中。到了大三，桑某开始跟着指导老师参加国家技能大赛。俗话说，兴趣是最好的老师，桑某在校期间对计算机科学产生了浓厚的兴趣，脑子里时常蹦出很多新奇的想法，为了随时验证自己的这些想法，大三上半学期，他将实验室当成了宿舍，每天待在实验室做各种实验，遇到疑点、难点，就积极向专业老师请教。那段时间的昼夜不分换来了最美好的成果——全国高职院校技能大赛二等奖。但比奖项更重要的是，桑某认识到理论与实践的良好结合才能更好地促进基础知识与专业技能的相互转化，这对于今后的工作尤为重要。同时，除了掌握专业知识之外，桑某也十分注重个人综合能力的提升。在校期间，桑某担任山西职业技术学院武术协会主席、西区护校队副队长、计算机维修小组副组长等，并多次组织参与校园文化及文艺汇演等大型活动，个人组织能力和交流能力得到了极大的提升。在校期间，桑某获得多项殊荣：山西省大学生武术锦标赛个人自选拳第一名、山西省大学生武术锦标赛团体太极拳第三名、山西职业技术学院第八届计算机技能大赛二等奖、学院2013—2014年专项奖学金、学院2015—2016年专项奖学金、逆光网2014年山西省大学生篮球CUBA锦标赛优秀志愿者、山西职业技术学院优秀社团干、2016年全国高职院校技能大赛"芯片级检测维修与数据恢复赛项"二等奖等。

二、精益求精 磨砺能工巧匠

2016年,桑某进入太原瑞世通信息技术有限公司实习,主要负责甲方的基础运维及协调工作。在岗期间,桑某凭借着扎实的专业技能,多次解决了甲方设备运行不畅的各种问题,为甲方的业务工作正常运转提供了重要保障,同事们都对这个刚来的小伙子赞不绝口,有任何疑点、难点都喜欢跟他讨论。

2016年11月,桑某收到某研究院的面试邀请,他怀着无比激动的心情,踏上了新的征程。2017年2月,桑某正式就职于某研究院,成为为祖国国防事业贡献心力的一分子。作为新进员工,桑某始终保持着一颗谦虚学习的心,在师父的带领下,学习新的知识,掌握新的技能。桑某利用自有技能,结合新工作岗位的工作特点和工作需求,将某产品装配工装进行了升级改造,大幅提高了装配效率,并基于此获得了两项实用新型专利。2019年1月,基于单位工作岗位的分配需求,桑某被调至管理组,负责单位的人力资源、预算等多项工作,担任固定资产管理员、信息安全员、学术秘书、机电员、计量员、团支部书记、所团委委员等。管理组是整个科室科研生产工作的保障岗位,也是各项工作顺利运转的润滑剂,事务繁杂。也正因如此,管理组对整个科室运行的流程有详细深入的了解。基于这一现状,桑某对提高管理效率、提高科研生产效率和管理能力提出了新的路径,即采用信息化的手段来助力单位科研生产。桑某在工作中发现仓储系统的管理为纸质化管理,这不仅不利于月度盘点清理,也降低了科室同事的工作效率与工作积极性。为此,作为计算机与网络专业出身的桑某在脑海中萌生了通过电子信息化平台来管理仓储系统的想法。为解决这一重点瓶颈问题,他将突破口聚焦在仓储系统的信息化升级这一方面。

2020年,正值"十三五规划"收官之年,全院在紧锣密鼓地规划数字转型工作,7月,领导找到桑某,想给年轻人再加点担子,让他接手单位的信息化规划工作,这与他之前萌生的想法不谋而合,于是他欣然接手了这份工作。跟领导讨论方向后共同决定以仓储系统的信息化升级应用为突破口,解决当时在仓储管理上存在的难点问题。仓储管理貌似直接简单,实则错综繁复,涉及质量、安全(危险品管控)、物资消耗管理、成本归集和廉政风险防控等方方面面,是多项管理的"堵点"和"难点",又是管理升级的"关键点"。多年来,领导一直在谋划酝酿,如何对此展开行之有效的改进和提升。经过系统策划、群策群力、稳步推进,针对仓储管理信息化的升级工作正式启动。因工作性质特殊,研究院不能像其他单位一样,使用无线局域网或者服务器信息数据上传等功能,桑某经过和相关专家领导的共同讨论,最终确定传输方案,解决了不同地点数据交互的难题,此后开启了跟承制商一起加班加点进行系统开发的日子。功夫不负有心人,在大家的共同努力下,系统开发工作在2020年10月交出了完美的答卷。但之后的工作量仍然十分庞大,系统建设完成后,数据录入的工作需要紧锣密鼓地开展。从2020年11月开始,在桑某的牵头下,大家开始编写物资清点方案,由领导开会决策认可后,大家按照编写方案开展工作,其中数据上线、试运行等工作都需要反复迭代,不断优化系统。运行过程中各项问题不断凸显,有一次在PDA终端,桑某发现了数据BUG,为单位挽回了几十万元的损失。同年他获评岗位奉献奖。

截至2020年12月,桑某通过信息化系统的不断完善与应用,最终完全实现了库房信息电子化,大幅提升了物品查询的速度,给库存统计与更新、状态预警、产品履历记录等带来极大便利,同时也为产品管理水平提升提供了重要支撑。

在此基础上,桑某利用自己专业所长,工作中勤于思考,又在信息化系统的基础上,开展了产品条码的管理研制。他结合编码规则总要求,开展了产品条码规则的定制,并实现了条码及产品编号合二为一。条码规则的制定进一步规范了产品编码管理,提高了产品出入库效率,为产品的生命周期履历追溯奠定了基础。对比库房调整前的状态,现有的仓储管理的信息化程度高、出入库手续简便、劳动强度低,工作效率得到了极大的提高,尤其在库房药量统计和履历查询上变化更加明显。原来每次库房药量统计都需要安排2~4人,奔波于各个库房、各个房间,不断地做着加减法,短的耗时半个小时,长的则需要半天时间,且还容易出现计算错误。而调整后的药量统计只需要短短几分钟就能做到准确无误,效率得到了飞跃式提升,为科研生产任务的开展提供了重要保障。

2021年,作为项目负责人,桑某承担了平台试运行及全所推广工作。他设计了终端风险防护装置,且在平台运行过程中,不断进行优化和完善,提出了近百个BUG,并积极与兄弟单位交流心得,协调事项,获得了大家的一致好评。桑某获得2021年年度个人考核优秀。

目前,桑某负责的信息化仓储系统已成为其所在单位信息化的标杆性项目,其他单位科研人员常来向他"取经"。除了在业务上获得的显著成果外,在思想上桑某也积极要求进步,工作不久就提交了入党申请书,并在2019年光荣的加入了中国共产党。在工作中,他坚持以党员的标准要求自己,不断改正缺点,努力提高党性。多年来的学习和工作经历,让他形成了积极努力、勤恳好学的品质。这一份品质也将长期伴随在他的工作中和生活中,让他不断取得进步,不断获得更好的成绩,为国防事业贡献自身的绵薄之力。

(山西职业技术学院　供稿)

二、精益求精 磨砺能工巧匠

郑清灼：清华大学实验室里的世赛冠军

> 郑清灼，男，1999年出生，中共预备党员，福建信息职业技术学院2020届电气自动化技术专业毕业生。他多次获国家奖学金和国家励志奖学金，在校期间被评为校优秀学生干部及技能标兵，荣获2018年度世界技能大赛福建省选拔赛"移动机器人"赛项第一名、2018年一带一路暨金砖国家技能发展与技术创新大赛——首届移动机器人与VR设计技能大赛（高校组）一等奖、2018年全国机械行业职业院校技能大赛——"博诺杯"移动机器人技术应用赛项一等奖。毕业后，他先后就职于福州地铁集团有限公司、清华大学电子系集成光电子实验室，现为清华大学集成光电子实验室微波键合及测试技术员。

2017年，郑清灼进入福建信息职业技术学院智能制造学院电气自动化技术专业学习。郑清灼初涉专业就深刻地认识到大学期间学习基础课程和专业知识的重要性，所以从大学一年级开始他便认真仔细地学习每一门课程、每一个知识点，不放过每一个难点、疑点，合理科学安排时间，每天晚上在自习室或图书馆都可以看到他的身影。除了完成课程要求，郑清灼还充分利用课余时间在系部实验室学习专业知识，积极参加系部组织的省赛、国赛集训，备战世界技能大赛。

从备战到比赛期间，在指导老师的带领下，郑清灼与团队成员共同商议集训计划，寻找高效的训练方法，全力解决训练中所遇到的各种问题。遇到困难，他总是先带领团队努力攻克，确实无法解决再找指导老师帮助。他遇事沉着冷静，事件描述清晰、问题阐述明确、做事井井有条，指导老师十分欣赏他的这种研究能力。通过对往年比赛资料的分析与研究，通过一次次模拟赛场，采用PDCA循环的方法进行训练，最终，郑清灼所在的团队荣获世界技能大赛福建省选拔赛"移动机器人"赛项第一名、一带一路暨金砖国家技能发展与技术创新大赛——首届移动机器人与VR设计技能大赛（高校组）一等奖、全国机械行业职业院校技能大赛——"博诺杯"移动机器人技术应用赛项一等奖。

大学的历练让郑清灼日趋成熟，敢于直面人生的困境。他明白，学习在任何时候都是大学生活的重中之重。在校期间,他认真制定学习目标,充分利用图书馆的优质资源,在学海中笃定前行。在与人相处时,他总是温暖包容,默默付出。他主动承担班级事务。有一次班级领书,由于新冠肺炎疫情许多同学还没有返校,郑清灼主动将大家的书运到宿舍楼下,并发放到同学们的宿舍。

回首大学时光,郑清灼收获的不只是知识技能,还有更多的精神食粮。他深知"立身以立学为先,立学以读书为本",并以此制定科学的学习计划以及明确的学习目标,认真研究专业知识,课堂上认真听讲,做好笔记;课后认真有效地完成各科老师布置的任务,并且善于总结与思考。他注重知识积累,在不断开拓进取中对学习有了新的认识。

除了学习专业知识,他还积极参与各项实践活动,走入厦门学习红色文化、重温革命历史,以实际行动接受革命精神的洗礼;通过实地参观企业环境,面对面与企业HR沟通交流,强化自身求职面试技巧,提升自我职业素质能力。他也会走入中小学校园和社区,在校园以及社区内向人们介绍移动机器人设备的相关知识,分享参赛经验,激发人们学习、探索、掌握和运用现代科学技术的兴趣。作为一名资助生,郑清灼经过学校的选拔、培训及考核,回到家乡奔走在乡间地头传递资助之爱,弘扬志愿精神,广泛宣传国家资助政策。

学习专业知识,参加社会实践,为的就是提升自我价值。大三下学期,郑清灼放弃了专升本的机会,选择步入社会磨炼。实习期间,他就职于福州地铁任司机一职。环境单调、工作时像机器人、发车需要精确到秒……这些都让刚工作的郑清灼很不适应,从一名学员成长为能够独立上岗的地铁司机,郑清灼经过每天不断地学习与训练,终于慢慢地适应了。

在学校的培育下,郑清灼心里早已埋下了跟随党旗的种子。在外工作时,他贯彻党艰苦奋斗、吃苦耐劳的精神,对于工作勤勤恳恳,兢兢业业,努力把工作做到最好,经常独自加班到凌晨。在繁忙的工作中,他也没有放弃知识的学习,抓紧碎片时间看书阅读,充实自我,提高修养。

在校学习和实践中,郑清灼一边刻苦学习文化知识,一边制定职业规划。校园生活让他深刻地明白未来的发展道路需要自己努力开辟。作为青年,郑清灼认为要接好时代的接力棒,把爱国主义作为始终高扬的光辉旗帜,把勤奋学习作为人生进步的重要阶梯,把深入实践作为成长成才的必由之路,把奉献社会作为不懈追求的优良品德,努力成长为有中国特色的社会主义合格建设者和可靠接班人。

临近毕业,一份来自清华大学的招聘启事打破了他内心的平静。他也怀疑过自己的能力,但是对世界的渴望,走进大城市,拥有更广阔的平台,一直是他心中的梦想。他积极准备招聘面试,经过紧张激烈的面试及筛选,他最终进入清华大学电子系集成光电子实验室,成为一名微波键合及测试技术员。对他而言,这不仅仅是一份职业,

二、精益求精 磨砺能工巧匠

更是他不断学习的动力来源。工作以来,在许多优秀的老师以及实验室成员的鼓励照料下,他用心练就过硬本领,努力储备专业知识,创新能力和实践技能都有了质的提高。但他深知,"每个人都是有进步空间的,我会继续保持终身学习的理念,勇于奋斗、敢于担当,向奋战在科研岗位上的先进人物学习,为我国的科研事业献出青春与力量。"

人生的旅途总是充满许多未知的因素,但郑清灼相信天道酬勤,每个人的努力总会得到回报。古语曰:人生在勤,不索何获?年轻是最大的资本,相信他会竭尽全力用辛勤的汗水去谱写属于自己的华丽乐章!

(福建信息职业技术学院学生工作部就业办公室　供稿)

韩玉英：坚持在品质一线的工业分析检测工作者

> 韩玉英，女，1993年出生，江西应用技术职业学院2015届工业分析技术专业毕业生，现任职于九江天赐高新材料有限公司。先后任化验员、技术员、班长、助理工程师、工程师，从一名基层化验员一路成长为分析工程师。2017年参加广州市化工行业协会2017年"天赐杯"化学检验工技能竞赛，并以第一的总成绩荣获"广州市化工行业技术能手"称号，2021年通过评定获得"助理工程师职称"，研究成果形成3项发明专利且均已授权。

2012年，韩玉英进入江西应用技术职业学院材料工程学院的工业分析技术专业学习，在校期间一直担任学院学生会干部、社团部长等职务。在校期间，老师十分注重学生的德、智、体、美全面发展及职业生涯和学业规划的指导，同时对学生今后面向化工、环保、石油、轻工、医药、冶金、地质、建材等行业中从事工业原料及产品化学成分、结构分析和污染监测等工作能力素养的培养做了系统设计，将理论课程与实践教学体系相结合，充分激发学生专业学习的热情，培养学生良好的职业道德和人文素养，使学生掌握分析检测理论、化学品实用分析技术以及产品质量控制等基本知识，具备分析检测、质量控制与管理等能力。

初入专业，韩玉英就深刻地感受到专业基础课程和专业基本技能的重要性，她将专业开设的理论课程中涉及的每一个知识的难点和疑点，都争取学会、弄懂。课余时间，她充分利用学校资源，合理安排时间，在自习室、图书馆巩固知识、开拓视野，在田径场上挥洒汗水。在大二期间，神奇的实验课打开了韩玉英对检测领域的新认知。学校将技能竞赛操作规程引入实践教学，她终于从书本的理论知识海洋中转到实际动手的应用中，这是学以致用的最好历练，也是对大一理论知识学习最好的巩固。在"原子光谱分析"课程的学习中，韩玉英在5天的实训中每天都是最晚一个离开实训基地的。在其他同学中午休息的时候，她仍坚持在实训基地认真地研究所实训的课程，从标液配置的要点到仪器运行的稳定，再到全面了解仪器硬件与软件，她不仅仅是自己在努力认真地学习，还会帮助同学们解决问题、辅助老

二、精益求精 磨砺能工巧匠

师完成教学任务器具的准备等,尽量让自己在有限的实训时间里交出最好的答卷。在思想品德上,她具有良好的思想道德修养,并有较高的政治理论觉悟,平时积极地向党委团委组织靠拢,参与工学生集体社区服务公益活动。在生活中,她经常关心和帮助其他同学,并以务实求真的精神热心参与各项社会活动及工业分析与检验知识公益宣传。

2014年6月,原本学校安排了一个月的实训任务,但韩玉英感觉在学校实训始终不能贴近企业,不能近距离了解就业后的工作状态,同时在学校实习对自身技能的提高不是很明显,因此,她想通过更多的实训经历提升自己的职业技能。在老师的建议下,她利用6月实训月以及暑假的两个月的时间,前往陕西省综合地质队实验室进行实习。在实习期间,韩玉英主要从事岩石矿物分析与易溶盐水质相关项目的分析,在实习期间她的能力已经完全能够胜任一名正式员工的工作了。在8月底圆满完成实习任务离开时,她因出色的实习工作表现,获得了单位领导、同事的高度认可,被单位评为优秀实习生。在实习期间,韩玉英将工业分析与检验课堂所学的知识灵活地应用于实践中,认真、热情对待工作,同时,她也经历了学校所没有的酸甜苦辣,感受到了工业分析与检验专业就业严峻的压力。经过三年的专业学习,韩玉英不但学到了很多专业知识,更重要的是掌握了较快处理新事物的能力,为以后走向社会从事工业分析与检验专业相关岗位奠定了坚实的基础。

2015年7月,韩玉英进入九江天赐高新材料有限公司担任化验员,工作6个月不到就因为出色的工作能力被破格提升为技术员(该岗位一般需本科工作2年以上才可胜任),并参与公司级检测项目。2015年,她参与公司与美国某公司一起合作的"一种高分子聚合物成分分析"项目中,开发成品检测项目关键性指标分析方法,通过与客户沟通产品标准品质评价,设置全程关键点及成品质量评价标准,分离并检测产品的残留物,历时3个月,最终开发出检测方法,通过准确的检测结果,为产品生产提供可靠性相关数据,指导生产部门调整工艺,产品最终通过检测的"眼睛"并实现量产。

2017年,公司与日本中央硝子公司合作,在国内启动液体六氟磷酸锂项目,此产品在中国国内仅此一家有技术能力生产。经过半年的生产,液体六氟磷酸锂产品品质合格率仍比较低,公司急需改进产品品质,于是紧急成立公司级锂盐产品的色度改善研究项目,韩玉英在该项目中为主要成员(分析工程师角色),承担完成液盐用EMC中杂质检测方法的开发工作,同时参与探讨影响产品品质的因素分析。韩玉英协同各有关部门,对生产过程中指标不合格的原因进行分析,检测原料成分;通过分析检测,找出影响产品品质的杂质,开发合适的检测方法,并进行方法验证;设定分析检测的关键节点,选择检测仪器,制定检测方案。最终该产品的品质得到提升,产品一次合格率提升至99%以上,降低了产品不合格率,为公司每年节约了上千万元的成本,该项目获得集团"科技和创新奖"。韩玉英在项目中开发的检测方法在新能源检测领域中有两个"最",即行业最先引入 GC-MS 先进仪器检测、GC-MS 定性定量最快方法的突破,同时该方法推广至整个行业,辐射供应商及客户,该方法以她为第一作者已于 2022 年申请专利。

  2015 年至今,韩玉英年终绩效多年为 A,且凭借丰富的经验和高超的技能,多次在短时间内解决了检测方法问题,作为生产的"眼睛"为公司创造了不可估量的价值。她将自己多年的分析工作经验和技能毫无保留地传授给每一名员工,充分发挥工程师与职工创新力的影响,累计为企业和社会培养专业技能人员十余名。韩玉英深知化学分析岗位的责任重大,是各行各业不可或缺的"眼睛",她用自己的专业知识为企业的发展付出了自己的青春与智慧,她坚信品质分析人员都能坚守自己的底线,在工作中创新,在工作中坚持,相信明天会更好。

(江西应用技术职业学院大学就业指导处　供稿)

二、精益求精　磨砺能工巧匠

杨志：大型机械设备生产工厂里的技术能手

> 杨志，男，1990年6月出生，中共党员，高级技师，2013年6月毕业于湖南工业职业技术学院数控技术专业，同年7月进入常德烟草机械有限责任公司工作。参加工作以来杨志先后被评为常德烟机年度考核优等员工、常德烟机模范员工，获"常德杰出工匠""常德十大杰出青年""常德市劳动模范""湖南省五一劳动奖章""湖南省劳动模范""全国优秀共青团员""全国技术能手"等荣誉称号。

2010年，杨志就读于湖南工业职业技术学院数控技术专业。在大学的三年时间里，杨志深知学习是学生的天职，始终把学习放在首要位置。他在系统全面地学习本专业的理论基础知识的同时，还努力拓宽自己的知识面，广泛涉猎各科知识，培养其他方面的能力。杨志的学习成绩和综合成绩均居全年级前列，为踏入社会打下了坚实的基础。

除了跟着老师学习各种理论知识，杨志最喜欢做的事就是在课后阅读数控加工方面的专业书籍，以及在学校的数控中心练习数控加工技术，不断丰富实践操作经验。正是由于他的刻苦钻研，杨志在众多大学生中脱颖而出，大二时代表学校参加了第五届全国数控技能大赛湖南选拔赛，并取得了湖南省学生组加工中心一等奖的好成绩，当时就被晋升为加工中心操作技师。

2013年，杨志毕业，同年7月进入常德烟草机械有限责任公司工作。2014年，杨志代表公司参加中国技能大赛第六届全国数控技能大赛湖南选拔赛，取得了加工中心操作工职工组二等奖，并且晋升为加工中心高级技师，同时被授予"湖南省技术能手"和"湖南省五一劳动奖章"荣誉称号。

在追梦的路上杨志始终如一，坚持不懈，他时刻准备向着更高的目标前进。杨志代表公司参加了2016年常德技能大赛，并获得常德市加工中心（四轴）职工组第一名的成绩，常德市人力资源和社会保障局授予他"常德技术能手"荣誉称号，常德市总工会授予他"常德市五一劳动奖章"荣誉称号。随后，他又代表常德市参加了第七届全国数控技能大赛湖南选拔赛，获得了湖南省加工中心（四轴）职工组第一名。他代表湖南省参加了2016年中国技能大赛第七届全国数控技能大赛取得了加工中心（四轴）职工组全国第二名的好成绩，并荣获"全国技术能手"荣誉称号，这也是历年来湖南省在全国数控技能大赛中取得的最好成绩。

作为一名普通的产业工人，杨志怀着一颗感恩的心在工作。他认为自身的成长离不开公司和车间给予的培养及机会，因此他立足于平凡的岗位，勤于钻研、勇于创新，利用自己的专业知识为车间的生产工作贡献着自己的力量。近年来，为了确保零件加工满足设计要求，杨志积极思考，敢于创新，攻克加工技术难题。他参与公司"提高ZJ116型卷接机组半轴机加工合格品率"质检专项研究课题，荣获集团公司2016年度质量管理活动成果二等奖；参与车间"提高铸铁件面铣削效率"技改专项研究课题，积极为如何提高铣削加工效率，降低铣削加工成本建言献策，最终该成果获得湖南省QC（质检）成果一等奖，所在的QC小组也被评为湖南省优秀QC小组。

当指尖触摸到零件，目光凝聚于图纸，杨志将年轻的躁动压在心底，以超越同龄人的谨慎和沉稳来成就机床的每一次运行的完美。作为"90后"的技术工人，他始终秉持着一颗赤诚的匠人之心，在追逐梦想的旅途上风雨兼程。参加工作以来杨志先后被评为常德烟机年度考核优等员工、常德烟机模范员工、"常德杰出工匠""常德十大杰出青年""常德市劳动模范""湖南省五一劳动奖章""湖南省劳动模范""全国优秀共青团员""全国技术能手"等荣誉称号，并当选为湖南省青年联合会第十一届委员会委员和常德市第六届青年联合会常委、湖南省工会第十六次代表大会代表、常德市总工会第七届委员会委员。出于对企业、对工作的热爱，杨志依然谦虚谨慎，严格遵守公司的各项规章制度，认真做好本职工作；他妥善处理工作和学习的关系，不断更新专业知识，工作热情高涨，干劲十足，始终坚守专注执着、精益求精的工匠精神。90后的他正以一颗匠心持续追梦，在新时代产业工人的路上不断挑战自我、提升自我，争做基层青年员工的榜样。

（湖南工业职业技术学院　供稿）

二、精益求精 磨砺能工巧匠

华某：镀膜喷涂工艺的探索者

> 华某，男，1992年出生，陕西国防工业职业技术学院2014届石油化工生产技术专业毕业生。现任职于某院机械制造工艺研究所。2013年，参加陕西省技能大赛"化工生产技术"赛项，是"团体一等奖"成员；2013年，参加全国职业院校技能大赛"化工生产技术"赛项，是"团体二等奖"成员；2017年，参加四川省涂装工技能大赛，获"特等奖"；2017年获"四川省五一劳动奖章"；2017年被四川省人力资源和社会保障厅授予"四川工匠"荣誉称号；2018年获单位"优秀共青团员"；2021年获单位"优秀共青团干部"。

2011年，华某进入陕西国防工业职业技术学院化学工程学院石油化工生产技术专业学习。在校期间，学校十分重视学生的职业生涯和学业规划的指导，为学生未来面向"石油化工生产"等岗位能力素养的培养做了系统设计和实施，充分激发了学生们投身化学化工专业的热情。华某在校期间十分重视基础课程和专业知识的学习。每一堂课他都会提前预习，勾画不懂的知识点，不放过每一个难点、疑点，然后有针对性地在课堂上询问老师或自己查资料。到了大二，老师将实操和仿真模拟融入课堂教学，将技能竞赛操作规程引入实践教学，将科研项目凝练成学生创新训练项目。华某跟着老师做项目、参与技能竞赛。一次次项目跟进下来，相当于对专业知识做了系统梳理；一次次竞赛参与，相当于操作技能的巩固提升。参加"全国职业院校技能大赛"期间，华某所在团队科学备战、团结协作；学院领导多次亲临现场关怀鼓励；指导老师倾情倾智、悉心指导……共同努力最终换来了国赛团体二等奖的好成绩。同时，华某也注重个人综合素养的提升，他参加计算机办公软件培训，自学CAXA工业设计软件，积极参与校内校外社团活动，在党团组织的培养下，华某光荣地成为一名共产党员。

2014年7月，华某毕业，因出色的学业成绩被某院录用。作为一名共产党员，华某在思想上严格要求自己，不断加强政治理论学习，关注时政，认真学习党的路线方针政策，努力提升自己的政治觉悟和政治素养。他工作态度端正，爱岗敬业，真正做到了"干一行、爱一行、精一行"。华某主动参与班组管理,分担组内各项工作,作为班组保密员,每月按时给班组成员宣讲保密知识,将保密意识深入人心,确保了国家秘密的安全。他担任班组财务助理,及时提交出差申请,认真核查发票,跟踪报销全流程,确保准确无误。他配合组长进行漆料计划工作,协助工艺人员进行漆种性能实验,择选性能最优的漆种。华某在工作中遵守"严、细、实"的质量原则,工作上敢于冲在最前面,为了解决涂装过程中的各种弊端,积极建言献策,为单位产品的外观质量提升和生产提速做出了贡献。正是由于他吃苦耐劳和一丝不苟的工作态度和精神,华某在2017年的四川省涂装工技能大赛中荣获"特等奖",同年获得"四川省五一劳动奖章",被四川省人力资源和社会保障厅授予"四川工匠"荣誉称号。

作为一个年轻人,华某虚心向老师傅请教,主动与技术人员交流;积极参与工艺优化,提高车间生产效率;积极完成各项工作任务,增强独立思考和发现、分析与解决实际问题的能力;遇事迎难而上,积极为单位发展奉献自己的一份力量。先后多次被所在单位评为"所先进""车间先进""车间优秀党员"等。

学习是人生永恒的主题,只有不断用新知识、新理念武装自己,才能增长自己的才干,适应新的形势,提高驾驭工作的能力。华某在学习某离子镀膜技术的过程中,为应对聚氨酯泡沫存在的吸水率高导致尺寸变化强烈的缺陷,与工艺人员通过对大量试样的分析、记录、对比、总结,最终采取高分子涂层技术和磁控溅射镀膜技术对聚酯泡沫件进行表面处理,阻止潮气渗入,降低其吸水率,提高尺寸稳定性,提高表面反射率。2016年,该工艺技术荣获"×××表面复合防护处理"所级改革创新入围奖。

2019年,华某所在单位采购"闭合场非平衡磁控溅射"等新设备,华某结合工作实际,阅读学习了大量书籍和科技文献,努力提高自己的理论知识和工作能力。为吃透表面处理涂覆技术知识,他虚心向经验丰富的老师傅、技术员请教,用心做好笔记,记录下师傅们的每一个宝贵经验,最终与同事一起完成了 TiN、TiNC、CrN、SiN、AlxOy、GLC 等多种镀层项目,并在2021年所级学术交流会上进行《TiN 膜层取得阶段性进展》报告,获得"优秀展板奖"。

华某对工作中每一个细节都会进行仔细认真的研究分析,通过看指标、摆问题、查原因、定措施等解决实际问题。在工作中,华某积极思考,因工作需要自学 CAD,把刻绘软件与 CAD 功能互补,原创性制作了一系列标准喷涂模板,不仅为后续的操作提供了便捷,还大大提高了喷涂效率,确保了喷涂标识位置的喷涂一致性和准确性。在熟练使用 CAD 后,为适应工作需要,他自学 UG,参与生产中各类工装设计及半自动化装置的设计,保障了生产安全,提升了生产效率,降低了劳动强度,解决了生产中的很多实际问题,在车间技术革新评选中多次获奖。

作为车间团支部书记,华某配合党支部、工会和团委开展各项活动。他先后参加了"青春半月谈""学雷锋,服务社区""废弃危化品整理清查"等各项活动,组织车间青年与兄弟单位互动,邀请"大国工匠"和"先进工作者"到车间传经送宝,积极打造车间品牌活动,搭建青年展示平台,在"传、帮、带"方面积极主动、热情耐心地帮助新来的同事,有力推进了车间青年思想建设和能力提升工作,车间团支部先后荣获"最佳品牌交流活动先进集体"和"五四红旗团支部",个人先后荣获车间"优秀共青团员"、所级"优秀共青团干部"和院级"优秀共青团员"。

就像习总书记所说,我们不能因现实复杂而放弃梦想,不能因理想遥远而放弃追求,作为一名新时代的青年党员,华某"不忘初心、牢记使命",始终感到肩头责任重大,始终以高度的责任心和使命感,勤奋学习,扎实工作,不仅专于具体工作,还结合工作需要进行业余学习,努力夯实专业基础,扩大知识面,针对生产需求主动做调研和验证,解决了生产中一个又一个难题。华某在平凡的工作岗位上创造着不平凡的工作业绩,用实际行动践行着青春奋斗的铮铮誓言,为广大团员青年树立了学习的榜样。

(陕西国防工业职业技术学院　供稿)

李从撑：创新酶法制药二十载的工艺师

> 李从撑，男，1983年出生，中共党员，台州职业技术学院2005届生物与化学工程系生化制药技术专业毕业生。毕业后在浙江海正药业股份有限公司从普通操作工做起，历任技术员、研发工程师、中试副主任、车间副主任以及车间主任，一直从事专业工作。个人荣获"全国优秀农民工""浙江省劳动模范""浙江工匠""五星台州技工"等荣誉称号。

2002年，李从撑进入台州职业技术学院生物与化学工程系生化制药技术专业学习，担任制药022班班长。在校期间，专业老师十分注重学生职业生涯和学业规划的指导，对今后面向药品安全生产、药品质量控制、药品服务等多岗位能力素养的培养做了系统规划和架构，以学校"高教性、职教性、地方性"的"三性"办学定位为指导思想，以"校企融合"人才培养模式为主线，采用"OBE"课程体系和"学做一体"实践教学体系，充分激发学生专业学习的热情。

李从撑进入专业学习后，就敏锐地洞察到大学期间学习专业课程知识和技能的重要性。他善于思考，勤于实践，坚持不懈。在学习每一门课程过程中，他不局限于课本的知识点，善于发挥想象和思考，勤于咨询和请教每门课程的老师，不放过任何一个疑难点，自习室、图书馆、食堂餐桌边都可以看到他看书学习的身影。到了实训和实习课程时，老师将企业岗位内容的实训项目安排进课堂，他都是第一个到，最后一个走，不仅动手实践最多，而且笔记本密密麻麻记着许多要点和关键点。在"微生物技术实训"课程学习中，从对仪器设备的消毒灭菌到操作过程，李从撑不仅可以承担助教的所有工作，还可以热心解答同学们的相关问题，并能够指导他人实践操作。

三年的专业学习让李从撑更加坚定了专业志向和方向。2005年他毕业后进入浙江海正药业股份有限公司，他深刻认识到学历和经验的不足，主动要求调到24小时三班倒的发酵车间看罐岗位，学习一线知识和基础技能。车间嘈杂的机器轰鸣声丝毫没有影响到李从撑，他随身带着笔记本，遇到不懂的就马上记录下来，虚心向老师傅们请教，短短2个月就记完了三本笔记本，个人业务也得到快速提升。功夫不负有心

二、精益求精 磨砺能工巧匠

人,4个月后,李从撑升任消毒岗位,他加倍投入岗位学习中;两年后,他凭借好学的精神、精湛的能力和熟练的技能破格从生产一线调入技术中心生物技术部。

2007年,初到技术中心,李从撑被安排到酶工程研究小组,因人员紧缺,他一加入就肩负起项目研发和酶工程发酵实验室组建工作,并直接负责"亚胺培南/西司他丁钠化学-酶法"合成关键技术及产业化研发项目。如果热爱是一种动力,那么担当就成为一种境界。李从撑初次从事技术研发,一次次的碰壁,他没有气馁,一次次的突破,他没有骄傲。他和专家老师们讨论、沟通、学习,汲取知识、充实自我。通过两年努力,该项目取得了突破性进展,技术更是达到了国内领先水平,团队申报的专利成功获批,项目成功进入了产业化生产,为公司带来了巨大的利润。该项目于2009年获得中国石油和化学工业协会科技进步一等奖,2010年获得国家技术发明二等奖。

李从撑的辛勤付出获得了海正药业的高度认可,公司为李从撑创建了发酵中试研究室,他也先后担任"阿托伐他汀化学-酶法""辛伐他汀酶法"等工艺技术改进及产业化开发项目负责人,所带领的团队荣获公司先进班组、工艺技术创新奖、技术进步一等奖等十余个荣誉,他本人被评定为助理工程师,并利用业余时间完成了本科专业的学习。

2013年,公司"辛伐他汀酶法"生产频频出现生物发酵菌丝溶菌死亡情况,李从撑临危受命,重新回归生产一线,调入105车间任副主任,全面主持车间微生物发酵日常生产工作,重点解决辛伐他汀酶法生产工艺的稳定问题。初回生产一线,李从撑不分日夜,逐批观察、分析和总结数据,仅花费1个月就初步解决了问题,恢复了生产,又通过几个月的时间优化改进工艺,彻底稳定了"辛伐他汀酶法"生产工艺。

解决了"辛伐他汀酶法"生产工艺之后,李从撑将目光转向庆大霉素B、米尔贝霉素、硫酸卷青霉素、洛伐他汀、普法他汀、非达霉素等产品。通过工艺改进,庆大霉素B、硫酸卷青霉素等产品生产成本下降1000余万元,米尔贝霉素和硫酸卷青霉素发酵单位实现翻倍,为企业带来巨大的经济效益,他本人也晋升工程师,并荣获"全国优秀农民工""浙江省劳动模范"等荣誉称号。

2019年,李从撑调入108车间任主任,当年车间就达到年产值4800余万元,超额完成生产任务。在此期间,李从撑秉承劳模精神和工匠精神,一方面他组建技能大师和工匠团队,做好新员工的传、帮、带;另一方面他重返母校,担任学生导师和兼职教师,并积极参与教师团队的教学能力比赛,2021年作为企业成员参加浙江省高职院校教学能力比赛荣获三等奖。

李从撑出身贫困家庭,依靠国家助学贷款完成大学学业,进入海正药业后,他一边用工资还贷款,一边给患强直性脊柱炎和尿毒症的父亲看病,他省吃俭用,每年筹款10多万元,背着债务给父亲治疗。在工作与生活中,他敢于直面困境,坚守孝道,一直保持积极乐观的人生态度,用辛勤劳动撑起家庭。

李从撑秉承吃苦耐劳的品德,竭力回报社会和公司的关爱。一次夜间测试时,他在上班途中摔伤,硬是坚持到凌晨工作完成后才去医院检查,结果小腿骨折,领导们都劝他休息,但他认为"脚无法落地,但手还是好的",仍然坚持上班。2020年1月,车间临时接到1吨的产品订单,急需交付,在员工春节返乡生产人员严重不足的困境下,他主动请缨,带领车间骨干人员和留守员工,迎难而上,圆满完成生产任务。2022年,李从撑荣获"浙江工匠"荣誉称号。

二十载的不断学习钻研、踏实苦干,李从撑实现了从一个农村小伙到工匠人才的成长蜕变。李从撑的成长成才,是千万职教学子心怀家国、勇敢逐梦,用一技之长改变命运、用感恩之心回报社会的生动缩影,更展现了职业教育深耕人才培养、厚植匠心精神、助力产业发展的光荣印迹。

(台州职业技术学院创业学院、医药学院　供稿)

二、精益求精　磨砺能工巧匠

高昌盛：从网瘾少年华丽转型的信息红客

> 高昌盛，男，1998年出生，台州科技职业学院2020届信息安全与管理专业毕业生，现任杭州安恒车联网安全技术有限公司天问实验室主任。他是CTF战队W&M创始人、第46届世界技能大赛网络安全项目国家集训队队员、工信部"车联网漏洞分析专家组"专家、网络与信息安全管理员一级（高级技师），先后获评"江苏省技术能手""浙江工匠"称号，著有《网络安全Java代码审计实战》。

初中时期的高昌盛是一名"网瘾少年"。在初中拥有了一台笔记本电脑后，他对电脑的兴趣与日俱增，每天放学回家后就打开电脑，逛着网上的论坛，开始瞎折腾，年纪轻轻就戴上了厚重的眼镜。于是父母开始限制他使用电脑，实行了断网、断零花钱等一系列措施。被逼无奈的高昌盛便使用之前在网上所学的知识开始反其道而行之，先是破解了电脑密码，然后再是找到免费网络，继续逍遥地玩起了电脑。正是在一次次想办法突破网络限制的过程中，他对电脑和网络的兴趣被最大限度地激发了出来。

在初三的时候，高昌盛接触到了乌云漏洞响应平台，上面可以提交个人发现的漏洞。漏洞危害越高，获得的评分也就越高，并且还能获得相应的奖励。这对于当时的高昌盛来说无疑是个展现能力和学习技术的平台，每次发掘网络漏洞带来的成就感是他不断提升技术技能的原动力，于是他慢慢地活跃在平台上。高昌盛在网络方面的天赋逐渐显露。

到了高中，高昌盛知道了CTF（Capture the Flag），它是网络安全领域中一种信息安全竞赛形式，能够在CTF中获得名次的都是技术一流的大佬。高三时高昌盛和朋友一同参加"中国儿童青少年计算机表演赛"，但却阴差阳错，以一个高中生的身份参加了当时的"第14届全国大学生信息安全与对抗技术竞赛"，并且还拿到了一等奖，这让他在圈内彻底地"火"了起来，大家都知道有个高中生拿了个大学生比赛的一等奖。

进入大学后，高昌盛最大的感受是："野路子"找到了"正规军"。专业课教师们深厚的理论知识，对"自学成才"的高昌盛而言，恰如久旱逢甘霖。随着学习的不断深入，他也逐渐了解到红客文化、红客精神、白帽子等概念。这些概念对形塑他的网络安全观有着重要影响。"红客"词源来源于黑客,在中国,红色有着特定的正义、进步、强大等价值含义。红客是一种精神,它是一种热爱祖国、坚持正义、开拓进取的精神。所以只要具备这种精神并热爱计算机技术的都可称为红客。红客通常会利用自己掌握的技术去维护国内网络的安全,并对外来的进攻进行还击。

"如何成为真正的网络安全卫士?"这个问题是高昌盛进入大学后的第一课上被问及的。他还记得"第一讲就是爱国守法,树立正确的人生观、价值观、世界观。"听了老师的话,他意识到之前自己的一些尝试属于"黑客"行为,即使自己技术高超,但如果没有正确的三观指引,也很有可能会误入歧途。成为一名守护网络安全的信息红客的想法就像一颗种子在高昌盛的心底埋下并开始萌芽。

大学期间,在专业技术的指导、各级竞赛的锻炼、团队协作的磨合下,高昌盛的综合能力得到了脱胎换骨般的提升。高昌盛表现出高度的学习热情和学习天赋,他的成绩优异,一直名列前茅,通过了 NCRE 全国计算机等级考试三级信息安全技术,国家信息安全水平考试 NISP 一级等考试。多次获得校一等奖学金,并获得全省仅 10 人的国家奖学金特别评选奖。他曾荣获第 15 届、16 届全国大学生信息安全与对抗技术竞赛一等奖,国家网络安全宣传周"第五空间"网络安全创新能力大赛一等奖,XCTF-SCTF 国际赛第一名,全国高校"西普杯"信息安全铁人三项赛第十赛区二等奖等。临近毕业整理资料时,高昌盛的证书奖状摞起来近半米高。在党团组织的培养下,高昌盛光荣地成为一名共产党员。

随着参加一次次竞赛、网络安保工作、护网演练,在高昌盛心中,守护网络安全的信念不断增强。除了不断练习提升自己的专业技术和能力,他更深刻践行"没有网络安全就没有国家安全"的网络安全观。高昌盛直言,从事信息安全行业,就像掌握了网络钥匙,是用钥匙打开宝藏的大门,还是守好大门、加固大门,选择往往就在一念之间。在台州科技职业学院的三年时间,高昌盛收获颇丰,他也将自己的经验以及实战经历编写成《网络安全 Java 代码审计实战》,为网络安全行业培养合格的人才贡献一份力量。

2020 年 6 月,高昌盛从台州科技职业学院顺利毕业。凭借着扎实的专业知识和精湛的专业技术,他成功就职于杭州安恒车联网安全技术有限公司,并担任天问实验室的主任,主要从事研究车联网与物联网车辆安全工作。车联网是新一代网络通信技术与汽车、电子、交通等领域深度融合的新业态,而天问实验室是安恒车联网旗下专注于车联网信息安全研究方向的实验室,在车联网安全领域颇负盛名。在高昌盛的带领下,天问实验室取得了诸多业内荣誉,为车联网与物联网车辆加上了一道道安全大锁,用守护信息安全保障生命和财产安全。

在 2020 年中华人民共和国第一届职业技能大赛网络安全项目中,高昌盛获全国第四名,被授予"江苏省技术能手"称号。2022年"浙江工匠"培养项目人员名单上,高昌盛榜上有名。"这些荣誉对我来说是一种激励,我会不忘初心,继续在信息安全领域勤奋耕耘,不断践行技能报国的使命,努力成为'守护信息安全'的大国工匠。信息安全跟每个人的生活息息相关,我愿意做幕后的人,为大众信息安全保驾护航。"高昌盛坚定地说。

(台州科技职业学院学生工作部、信息工程学院　供稿)

吴杰：每一件西服都承载着我的梦想

> 吴杰，男，嘉兴职业技术学院2016届服装与服饰设计专业毕业生。先后创办三素成衣定制工作室、嘉兴三素服装设计有限公司，目前公司主营男士西装、衬衫、皮鞋、领带、大衣的全定制。全公司共有32人，拥有独立工坊800平方米，接待展厅350平方米，近两年的营业额都维持在800万元以上。

吴杰是衢州人，2013年高考结束后，经过多方考察，他选择了嘉兴职业技术学院。"嘉兴人杰地灵，地理位置优越，既是求学的好地方，也是创业的好地方。"18岁的吴杰想得很远：读书、深造、创业，他早早为自己做好了职业规划。

高中阶段，论学习成绩，吴杰并不拔尖，但他对服装设计、搭配有着与生俱来的敏感与喜爱。"我知道自己要什么，能干什么，认准了就朝着这个目标努力。"高三毕业那年，很多同学彻底放松，但吴杰却选择了拜师学艺。他来到当地一家西服定制店学手艺，一个暑假，他学会了踩缝纫机、裁剪等基本功，还亲手给父亲做了一条西裤。

"有备而来"的他入读嘉兴职业技术学院后，很快从30多人的班级中脱颖而出，当了班长，也成了专业老师最喜欢的学生之一。在校期间，老师们十分注重职业生涯和学业规划的指导，对今后面向时装画技法、服装材料、成衣设计、服装结构与工艺、服装CAD制版、成衣立体造型、创意服装设计与制作、服装营销、服饰配件设计、服装生产管理等多岗位能力素养的培养做了系统设计，紧密围绕丝绸、毛衫和皮革等嘉兴服装特色产业与当地知名企业开展校企合作，组建产学研共同体学院，充分激发学生专业学习热情。

吴杰的专业是设计，但他执意要学制版，他深刻认识到，为了实现这个目标，自己需要花比别人更多的时间。所以，从大学一年级开始他便认真仔细地学习每一门基础专业课程、每一个知识点，不放过每一个难点、疑点，合理、科学安排时间，在掌握专业课基础上自学其他感兴趣的课程。"我的目标不是做个设计师，我要做自己的品牌，必须各方面都懂。"

到了大二、大三，老师们将生产案例融入课堂教学，将技能竞赛操作规程引入实

二、精益求精　磨砺能工巧匠

践教学,将教师科研项目凝练成学生创新训练项目。吴杰跟着导师做项目、参与竞赛,一次项目跟进下来,相当于对专业知识做了系统梳理;一次竞赛参与,相当于操作技能的巩固提升。经过项目和竞赛的熏陶与锤炼,吴杰对专业实践课程有了新的认识。他开始充分利用课余时间,结合专业开展手工定制大衣服务,展现了非凡的创业能力,实现了学费、生活费"自理"。天马行空的设计创意,严谨细致的制版技术,在他身上得到了完美呈现,也让他在国内一些服装设计类大赛中屡屡获奖。

"要做就做自己的品牌!"吴杰对成衣定制有自己的目标,从嘉兴职业技术学院毕业后,他一边进行创业实践,一边利用空余时间远赴英国留学攻研 Bespoke,并在英国萨维尔街享誉全球的定制名店 CHITTLEBOROUGH & MORGAN 学习工作了 2 年。更大的平台,更多的时尚,更先进的理念,在英国的每一天,他都觉得时间不够。"想要走得更远,就要有充分的积累,创业不能靠一时的激情,还需要时尚的眼光、精湛的技术。"

在母校养成的良好习惯,让吴杰在留学期间得以进一步提升能力,"留学深造的经历,让我对成衣定制有了更深的热爱。"他深有感触地说道。

2017 年 9 月,嘉兴三素服装设计有限公司在嘉兴开张了,吴杰把自己多个比赛积累的 100 多万元奖金全"砸"了进去。他的人生翻开了崭新的一页。每天早上 6 点多起来,处理好手头工作后,吴杰便开车来到绍兴的工厂,走入车间,与定制师傅们商讨细节,吃过午饭后再匆匆赶往嘉兴的公司,处理接单、与客户沟通、修改设计稿等事项,入睡往往已经是凌晨一两点钟。这便是他一天的工作常态。

刚走出校门,创业必定是一条荆棘与鲜花共存的道路,艰难自知。为找客源忧心、为赶工期熬夜,寻找设计灵感,公司多元化发展……随着公司发展,每一个阶段都会有不同的困难出现,吴杰偶尔也会有"感觉撑不下去想要放弃"的时候。每当这时,他便会放下手机,拿起剪刀,开始裁剪、缝制。老师的话便会在耳边响起:不管走得多远,都不要忘记你出发的初心和你追逐的梦想。工作台对吴杰有着神奇的治愈作用,拿起剪刀的瞬间,就能平复焦虑的心情,很多灵感会在这里闪现,困扰的问题也会迎刃而解。

"热爱是最大的动力,也是化解问题最好的良药。"吴杰热爱设计,热爱手工定制,即便为梦想翻山越岭,他依旧心甘情愿,"我要的星辰大海就在辛苦的背面。"

在吴杰眼里合身是定制成衣最低的标准,他希望从公司出去的每一件衣服都带着温度,不仅外形挺括,更要符合穿衣人的气质,"人衣合一"才是最完美的境界。这也是他创立这个以定位高端手工定制为主的服装公司的目的。

"公司刚开始成立,不看好的人很多,但嘉兴是一座温暖的城市,也是我的幸运之城。"从吴杰创立公司开始,母校的老师就给予了他最大的支持,母校更是他坚实的后盾。他的第一批客户就是身边的老师、朋友和同学,"有时吃着饭就开始给他们量尺寸了。"

吴杰接的第一个大单,是嘉兴的一位企业家要定制一套5万元的西服,客户是朋友介绍的。制作版式需要反复琢磨、研究,不仅要版型考究、线条优美,还要在细节上精雕细琢,一针一线都不能马虎。他用极大的细心、耐心认真对待,半年时间精心定制的西服,给了企业家十足的惊喜。吴杰现在想起来,可能当时这位企业家就是为鼓励他努力创业而下的单,而如今这位企业家所有的西服都在吴杰公司定制,还带了许多客户过来。

凭借专业知识和经验的积累,吴杰先后创办三素成衣定制工作室、嘉兴三素服装设计有限公司,从最初的4个人,到现在的32人,从单一的西装定制到多元化发展,4年时间,他与公司一起快速成长,现在已拥有独立工坊800平方米,接待展厅350平方米。走进展厅,素白的墙面、简洁的装饰与各色的西服形成了强烈的视觉冲击,视线不觉会落在服装上。每套服装一人一版独立制作、30个尺寸测量、300道纯手工工序、45天制作周期……背后坚持的严谨缜密的手工精神,成为吴杰引以为傲的核心竞争力。全公司凭借诚信、专注、优质服务,品牌价值逐年提升,目前公司主营男士西装、衬衫、皮鞋、领带、大衣的全定制,近两年的营业额都维持在800万元以上。

"为什么我的创业能顺利?我想,是因为我做的每一件西服都承载着我的梦想吧,经营梦想是一件幸福的事。"身为母校兼职讲师,吴杰用规划与梦想为学弟学妹们展现了一个为梦想插上翅膀的青春奋斗之路。

(嘉兴职业技术学院党委宣传部　供稿)

三、开拓创新　争当创业先锋

苏孝锋：化解中小微制造业企业用地融资困境的产业平台提供商

> 苏孝锋，温州职业技术学院2002届建筑经济管理专业毕业生，现任万洋集团（中国民营企业500强）董事长。同时担任温州市工商联副主席、温州市人大代表、温州市青年企业家协会会长等职务。作为新生代民营企业家，苏孝锋推进先进制造业和现代服务业深度融合，总结出"产业集聚、产城融合、资源共享、产融互动"的制造业集聚平台新模式——万洋模式，在全国各地开发建设万洋众创城，开创了中国首单预售模式下的厂房按揭，解决了制造业发展用地难、建设难、招商难、融资难、管理难、服务难等难题，赋能中小制造企业高质量发展。现已在全国范围内开发建设万洋众创城园区超百个，开发面积超7000万平方米，引入制造业企业超16000家，创造就业岗位近100万个，促进千万家制造业企业的转型升级，推动区域块状产业向现代产业集群发展，为制造业高质量发展探索出有效的解决方案，夯实了制造业的塔基工程，助推中国制造业走向世界。

早在高中时期，苏孝锋就尝试代理奶茶店，牛刀小试开始了创业历程。入学温州职业技术学院之后，结合自己所学的建筑经济管理专业，苏孝锋开始把目光聚集到建筑领域。在大学的几年中，苏孝锋一边完成学业，一边努力创业。这段时间虽然艰苦，却磨砺出他迎难而上、永不言败的个性，也为公司的发展打下了基础。毕业后不久，苏孝锋成立了万洋建设有限公司，专注承接房屋建筑工程。

从2013年开始，苏孝锋开始转型开发产业地产，致力于成为小微企业专业服务供应商。如何把金融活水导入实体经济，是万洋模式首先要突破的难题。2015年4月，平阳万洋众创城正式开工。这是当时浙江省投资规模最大的小微园项目，也是浙江省首个实现制造业中小企业"买厂房，可按揭"的小微园项目，真正解决了小微企业"融资难""融资贵"的难题。

作为行业头部企业领军人物专注服务制造业企业，苏孝锋几十年如一日，都坚持自己的商业逻辑，从需求出发，提供服务，创造价值，并响应国家振兴实体经济号召，赋

三、开拓创新 争当创业先锋

能中小企业发展,帮助企业实现"安家梦"。在苏孝锋眼里,他有自己的开发原则:通过规划先行,统一开发建设垂直工厂,容积率可达 2.5 以上,为城市更新腾出空间,实现节约集约用地;通过招商前置,为企业量身定制生产厂房,形成制造业产业集聚平台,促进中小企业高质量发展。经过实践,总结出"产业集聚、产城融合、资源共享、产融互动"的万洋模式。

从 2015 年到 2022 年,万洋集团成功突破"三年五城、五年十城"的规划,在长三角、珠三角以及全国重点城市共开发建设超过 100 个项目,开发总面积达 7000 万平方米,入园企业超 16000 家,协助地方政府加快先进制造业基地建设,引导中小制造业企业入园集聚,推动区域块状特色产业向现代产业集群发展,形成可复制、易复制的产业园建设发展模式,为制造业高质量发展探索出一条有效的途径。

在浙江省,万洋众创城项目布局全省,针对各地不同的产业发展情况,形成了以杭州万洋科技众创城、温州万洋科技众创城为代表的都市型产业园区模式,以浙江丽水万洋众创城为代表的山区生态产业园区模式,以浙江平阳万洋众创城为代表的产城融合产业园区模式,以浙江浦江万洋众创城为代表的传统产业"退散进集"产业园区模式,为区域块状产业向现代产业集群发展提供平台。其中,2018 年正式投产的平阳万洋众创城不仅成为浙江省小微园的样板项目,而且成功入选国家企业创业创新示范基地。

在广东省,万洋众创城深度参与到当地的产业转移和村级旧工业园区改造升级中,形成了以顺德万洋众创城、荷塘万洋众创城为代表的旧工业园区升级改造模式,成为广东省旧工业园改造的示范性平台。其中,顺德万洋众创城是广东省首个以"集体转国有+挂账收储公开出让"方式实现改造的"村改"项目,成为顺德率先建设广东省高质量发展体制机制改革创新实验区的新尝试。

万洋集团实行买厂房可按揭、买设备可融资租赁、买材料可办流动性贷款,系统性解决了中小企业"融资难"问题。

万洋众创城作为制造业集聚平台,是金融助力实体经济非常有效的途径。目前,万洋集团与国内金融机构达成战略合作关系,提供多样全面的金融服务,开创了浙江省首单预售模式下的十年期厂房按揭。通过万洋众创城的实践证明,在金融助力下,中小企业租得起厂房,就能买得起厂房。

万洋众创城引入组团式规划理念,构建园区城镇化服务体系,通过建设城镇化消费设施或社区化消费设施,实现厂门口享受城市生活,家门口实现工厂就业。

在产城融合基础上,万洋众创城借助智慧园区技术,为企业提供云平台、大数据、集中仓储、统一物流、公共技术开发、企业后勤服务等资源共享平台,建立一体化的园区内部智能管理平台。

万洋众创城园区构建"蓝领生活服务体系""中小企业集群生产服务体系""公共

服务承接体系"三大体系,打造中小企业集群高质量发展赋能平台,企业在厂门口就能享受"最多跑一次"改革便利,拎包入住,省心省力,有效降低企业运营成本。

在已投产园区内,深入开展党建工作,实现以党建促发展。在平阳万洋众创城建设有2200多平方米的党群中心,设置城市书房、党建大厅、众创空间、员工之家、儿童之家等,让党建与企业发展同频共振,延伸了政府服务功能,为中小企业提供了良好的发展环境,为民营企业家创造了便利的创业空间。

在企业运营发展过程中,苏孝锋还勇于承担社会责任,在开发运营制造业集聚平台的同时,利用万洋集团的专业优势,把个人的事业和国家脱贫攻坚紧密结合在一起,把万洋众创城模式打造成产业扶贫的新平台,积极参与到乡村振兴、国家东西部扶贫协作、浙江省山区26县建设中去,为脱贫攻坚拓宽了新渠道。

其中,慈溪·安龙万洋众创城成为国家扶贫攻坚的典型项目,项目负责人荣获国家扶贫攻坚先进个人称号。

苏孝锋带领着万洋集团继续产业园区的投资和运营服务,秉持"安得企业千万家"的愿景,促进千万家制造业企业的转型升级,推动区域块状产业向现代产业集群发展,为制造业高质量发展探索出有效的解决方案,夯实了制造业的塔基工程,助推中国制造业走向世界。

(温州职业技术学院　供稿)

三、开拓创新 争当创业先锋

刘佳豪:线上连锁经营管理的拓界者

> 刘佳豪,男,北京财贸职业学院2010届连锁经营管理专业毕业生。2014年9月创办北京豪钥科技有限公司,"O2O"电商领域领军品牌"中捷代购"的创始人。自2014年起经三轮共1.93亿元融资,2017年7月完成上市,目前市值过3亿元。刘佳豪将商业连锁、电子商务、线下社区便利店进行整合,发挥各类平台优势,对接线上优质资源,以最后一公里、生活服务为主线的双向"O2O"平台,让用户99%的购物需求不出社区得到解决,历经短短4年,公司发展迅猛,深受广大消费者的欢迎。目前,公司致力于打造43000家服务店,覆盖到每一个乡镇,成为中国双向O2O行业的引领者。

2004年,刘佳豪趁着寒暑假到作为经济特区的深圳亲戚家做客,其间他无意中发现了很多在北京高价销售的商品,在深圳价格低得"离谱"。这一发现在他的脑海里留下很深的印象,年仅16岁的刘佳豪用2000元压岁钱作为本金,开始了他的第一次创业,他第一个想到的货源地就是深圳,而他所选择的商品,竟是人们认为很高端的珠宝!

2000元能买到什么珠宝?而且2000元能买到几件珠宝?这实在让人匪夷所思。首先刘佳豪在深圳找到了一个大型的商品集散地,以仅相当于市场一折左右的价格进到第一批商品,当然由于资金的限制,他的第一批商品主要是银饰品,而他第一批商品的货款仅仅是1000元。之后,他使用剩下的资金中的800元在自家附近的菜市场里租了一间很小的店面,用200元买了个二手的柜台、自喷漆及地板革,并亲自动手装修了自己的小店。最后利用朋友赞助的200元制作了一个简约的门头,就这样,这个菜市场里的珠宝店开业了。

当然,没有人看好这个店,更没人相信一个开在菜市场里的珠宝店卖的会是真珠宝,甚至没人愿意花时间进店来看看真假。可以想象左边卖土豆、黄瓜、西红柿,右边卖鸡、鸭、鱼、肉,中间卖珠宝,这是一个多么让人匪夷所思的景象!但是随着一周之后第一位顾客的登门,让这一切不可能变成了可能。事后当人们问起刘佳豪第一笔生意是怎么做成的时候,他笑着说:"其实没什么,当时不是没人相信我的货是真的吗?我就把真货当成假货卖,我用假货的价格来卖真货!我的第一个顾客就是用38元的这个假货的价格,买走了一条纯银镀白金的挂玉佛项链,到家之后顾客发现这是真的,于是介绍了很多人来我的店里购物,市场就这样被打开了!"听起来一件不可思议的事情仅仅是源于一个决定,用卖假货的价格卖真货,这算不算是一个很大胆的尝试呢?不论如何,一个在菜市场开珠宝店的传奇就这样诞生了!

随着生意不断红火,刘佳豪的收入也越来越多,对于一个还在上学的学生来讲,有一个自己的店铺,还能挣一些钱,是一件很满足的事情,但是刘佳豪好像并不满足于这样的成功。于是他有了第一家分店,紧接着第二家、第三家陆续开业,"友记"珠宝品牌也由此诞生了。2008年,友记珠宝已经拥有7家店面,并在西单开了旗舰店,刘佳豪也一跃成为拥有百万身价的学生。

大学里专业的学习和对于商业发展趋势的认知,让刘佳豪意识到,未来经济发展的趋势将会围绕互联网展开。学院为大学生开办的创业培训系列讲座,为刘佳豪的创业梦想再次打开了一扇大门。2009年,根据专业课的要求,结合自己的思考,刘佳豪投资创立了名为"作业派"的学习网站。作为学生的他更懂得学生需要什么,经过不断的摸索经营,边学习边实践,刘佳豪的学习网站被广大用户一致认可,并创造日浏览量10万人次的成绩,他成了一个可以躺着挣钱的大学生。

互联网的飞速发展让整个市场经济都趋于互联网化,网购更是成为现代人购物中不可或缺的一部分,作为早在2005年就接触网购的人,刘佳豪经常自己或者帮助身边人从网上购物,当这种需求越来越多的时候,受到专业课老师的启发,刘佳豪意识到,一个新的商机出现了!

毕业后的第一年,刘佳豪开了一家淘宝代购店,很快得到了周围人群的认可,很多不相信网购、不方便网购或者不能网购的人都成了店里的客户。随着生意越来越好,刘佳豪很快开了第二家店,当他准备开第三家店的时候,却突然发现,既然在北京这个网络发达的城市,都有这么好的市场,那么在三四线城市,甚至于偏远地区的乡镇,这样的需求会不会更大。作为一个网购实体店,既保持了网购商品价格便宜的优势,又可以让顾客享受实体店的服务,将线上和线下的优点有机结合,并相互克服弊端,这一模式在日后被人们称为"O2O"。

2011年9月,刘佳豪正式创立北京中捷无忧科技有限公司,并开创了"中捷代购"项目,以连锁加盟的形式,向全国招商。2014年9月,北京中捷无忧科技有限公司正式更名为北京豪钥科技有限公司。截至2016年5月,中捷代购项目以"享受购物,不为购物所累"为理念,在全国设立了1400家门店,覆盖全国30个省,用户数百万。2014年和2015年,北京豪钥科技有限公司先后完成天使轮融资和A轮融资,成为估值上亿的"O2O"领域领军企业。刘佳豪的名字也在被越来越多的人所熟知。

三、开拓创新　争当创业先锋

2018年2月6日,北京豪钥科技股份有限公司中捷乐淘"全网生活一站通"发布会在北京举行。发布会上,刘佳豪与母校共同进行了北京财贸职业学院"创业实践基地"揭牌仪式,为学校的创新创业教育搭建新平台,并回学校为在校生开展创业指导,时时刻刻关心和支持母校的教育事业。刘佳豪认为如今的成功得益于脚踏实地,一步一个台阶的努力奋斗,他希望他能够继续拥有先进的理念,不忘初心,将企业做大做强,回报社会,为母校争光。

(北京财贸职业学院创新创业与就业指导中心　供稿)

张开翼：走在人工智能路上的青年先行者

> 张开翼，1991年出生，2015年毕业于北京电子科技职业学院应用电子技术专业。现任贝塔智能集团董事长兼党委书记、中共海淀区工商联执委委员、中共海淀区人工智能专委会副主任、中关村创业大街联合党委委员纪委书记、中关村创业大街新阶层联谊会副会长。在中国共产党成立百年之际被选为中华工商联100名青年企业家。

张开翼，1991年出生，2015年毕业于北京电子科技职业学院应用电子技术专业。在校期间，张开翼对电子设计特别感兴趣，积极参加行业大赛并取得国家行业、北京市等多项奖励，同时积极参与学校组织的各项活动，担任学校的国旗仪仗队队长、校主持人等。他利用学习之余，在自己热爱与擅长的领域发光发热，为其职业发展奠定了坚实的基础。

2011年，作为学校第一届，也是唯一一位赴中国台湾建国科技大学进行为期1学期交流的学生，张开翼积极参与科研活动，在中国台湾技术大赛上取得意大利发明展金奖，并代表交流学生与时任中国台湾国民党主席马英九先生进行对话。他利用课外时间，积极参与社会企业实践，激发了创业萌芽。回到学校后边读书边自主创业，他结合城乡融合的大趋势，带动乡村就业，开办了一个小型的手工艺加工厂，对员工进行培训，从简单的图案设计到产品制作，再到成品成功销售到各种装饰店，盘活乡村中剩余劳动力，而他也收获了人生的第一桶金。

积累了小额的创业初始金，张开翼没有继续投身创业，他认为大学的兼职创业证明了他个人的能力，而在台湾的学习交流经历让流淌在心中的家国情怀愈加浓郁，2012年底，他毅然应征义务兵入伍，开始了为期两年的军旅生涯。在新兵连时期凭借自己的努力和专业技术取得了全旅十佳标兵称号，进入部队的第一年，张开翼在坦克连基层不怕苦不怕累，参与多次大小演练，从一名二炮手晋升到坦克车长，全面掌握炮长、驾驶员、二炮手、车长等全部技能，同时取得优秀士兵、优秀共产党员的称号。在部队的工作不仅"能武"也要"能文"，进入部队的第二年，张开翼凭借第一年的优秀表现,负责营长的秘书文书工作。文书工作繁杂,需要超强的业务技能和个人学习能力,需要从政工到军事样样精通,全旅大小总结、指导员发言,甚至部分政治教育授课内容,也经常参与其中,正是因为他个人的扎实基础和出色表现,在参加全旅的军事知识大赛中荣获全旅一等奖。也正是通过这些学习与磨炼,张开翼依靠坚韧的毅力,才能在今后的职场中取得成就。

2014年12月,张开翼退伍回到北京,2015年,他升入北京联合大学本科学习。进入新的学习阶段,加之自己丰富的人生经历,张开翼对于专业认识更加深刻,他多次参赛并取得计算机大赛奖项。这时,他敏锐地觉察到,人工智能领域将是未来的风口,创业的机会已经来临。所以,在2016年6月还没毕业的时候,张开翼创立了贝塔智能科技(北京)有限公司(以下简称"贝塔科技"),他的职业新生涯正式开启。公司成立之初,张开翼本着 AI 为经济赋能、为生活添彩的使命愿景,成为国内第一批做人工智能的企业,并成为较早一批从事 AR 技术研发的企业,他与百度、腾讯、华为等企业建立了深厚的合作,完成了50多个非常有代表性的项目,获得各企业核心合作伙伴奖。

2017年,张开翼本科毕业并获得了"北京市优秀毕业生"称号。当他看到国家数字基建的新机遇,为了更长远的发展,公司开始在智慧公园、园区、社区领域研发自己的创新产品。2018年,贝塔科技参与北京海淀公园改造,这是全国首个智慧改造的大公园。由此,企业名气在行业打开,公司也加大投入研发,扩大人才招聘市场,取得多项专利,这使得贝塔科技成为国内体态算法的领头企业之一。此后贝塔科技不断升级到系列产品,当年获得了国家高新技术企业、中关村高新技术企业称号。

至今为止,贝塔科技承接了200多个公园、园区的智慧化改造,企业集团化后上了北交所大学生创业板。2020年疫情席卷全球,但贝塔科技逆势增长,业绩达到5000多万元,企业承接全国几十个城市、数百家公园的升级改造,搭上国家倡导全民健身的社会新风尚。2021年营业额破亿,企业由几十人发展到200多人,2022年获得"专精特新"企业称号、3A级信用企业等,张开翼也成为贝塔智能集团董事长兼党委书记,当选为中共海淀区工商联执委委员、中共海淀区人工智能专委会副主任、中关村创业大街联合党委委员纪委书记、中关村创业大街新阶层联谊会副会长。在中国共产党成立百年之际被选为中华工商联100名青年企业家之一,获得中关村科学城优秀共产党员等称号。

(北京电子科技职业学院招生就业处　供稿)

韩野：水下高端核心装备研发的探路者

> 韩野，男，1991年出生，天津职业大学2013届电气自动化专业毕业生。毕业后自主创业，成立天津昊野科技有限公司，公司研发生产的水下推进器产品打破美国垄断突破全海深封锁，多型号产品应用于国家重点研发计划，如"冬奥会火炬水下对接机器人""悟空号""沧海号""凌云号"等国防重点专项中，牵头新能源船外机项目获国家重点研发计划支持，产品远销海外数十个国家，完成了水下核心部件从进口到出口的转变。2020年1月，荣获第六届"天津青年创业奖"，2022年5月荣获"天津青年五四奖章"。

出身于天津市宝坻区一个普通家庭的韩野，从小对机械"情有独钟"：每当父亲修理家中的电器时，他总喜欢站在旁边细心地观察，长大一些，他便成了父亲最得力的小帮手。2010年，他成为天津职业大学机电工程与自动化学院电气自动化专业的一名学生。"国家要强大一定要发展科学技术！"带着这样的念头，韩野每天沉醉于学习的海洋。电气自动化专业是天津职业大学"双高计划"智能制造专业群的重点专业，专业教师全部为双师型教师，教授和副教授达到70%以上，多门课程为国家级和市级精品课程，是学校最早进行"教学做"改革的专业，与海尔、中芯国际、卡斯马、航空机电等多个著名企业合作紧密。学院为了培养学生动手能力和兴趣爱好，满足个性化发展需求，成立了电子与电气等多个专业社团和活动小组，由专业指导教师利用业余时间指导。韩野就是通过这种方式脱颖而出，在老师的指导和帮助下，大一下学期就参加了全国电子设计大赛，他利用晚上和周末的时间在实验室刻苦训练，第一次参赛就获得了三等奖的好成绩。老师的培养和大赛的平台给了韩野奋发向上的动力，大二和大三时，他又参加了电子、机器人等多项大赛，分别获得一等奖和二等奖的好成绩。

大学期间，韩野了解到我国深海装备核心配件一直依赖于国外的先进技术和产品，这让他更加坚定了自己事业的方向——水下高端核心装备行业。2013年，在学校的鼓励和支持下，他注册成立了天津昊野科技有限公司，与几个实验室的师兄弟组成团队，面向社会接受自动化机器人的商业订单，从此走上技能报国之路。

三、开拓创新 争当创业先锋

创业之初,韩野一人身兼数职,从产品研发、采购、市场推广到网站建设、销售等环节全程负责。资金不足,他就从亲朋好友处借钱;技术不够他就带领团队日夜钻研,四处求教;销路没有打开他就四处奔走,开拓市场。困难与挑战没有击退韩野,反而让他越挫越勇。公司接到的第一个订单,需要他们为水电站制作一款水下机器人设备,代替潜水员完成大坝检测等工作。这个时候,母校伸出了援助之手,学校在北辰区为韩野联系到了一处可以免费使用的厂房,就在那个60平方米的空间里,韩野和团队伙伴们用了将近1年的时间,完成了第一台水下机器人的研制工作。"现在说起来好像不难,但当时一切从零开始,还是很不容易的,我们几个人把所有的空闲时间都用在了这上面,经常熬夜到凌晨,有时候想一个问题,几宿都睡不好。"虽然第一个订单的利润,与他们的付出相比显得微不足道,但交付使用时,每个人的脸上都挂着幸福的笑容,"我们是真的热爱才会这样,那份成就感不是金钱能衡量的。"

在那之后,韩野的团队逐渐壮大,陆续接到稳定的订单,公司的发展也步入快车道,但总有一件事在他的心中挥之不去,那就是国内的水下动力设备和国外有很大差距,国外水下动力设备的价格非常高,一个小部件要几百万元,而且投入使用后,故障也常常发生,高价购回的设备,因维保不及时经常闲置一旁。他说:"水下设备前后左右上下的动作,都由推进器完成。国内之所以很少生产推进器,是因为供应链不行,很多核心部件要从国外进口,而且对方还有很多不平等条件,甚至是完全限制出口给我们。"经过一番深思熟虑,韩野决定放弃承接机器人订单,专门研究水中动力系统。但是一台推进器需要由电机、控制器、螺旋桨、密封等多个部分组成,研发电机的难度特别大。国内市场上没有完全符合他们要求的电机,韩野就带领团队成员用了一年多时间寻找到了相对适合的电机。在专家的帮助支持下,经过一次次水下实验,不断改造,终于在2016年,韩野带领团队完成了深度1000米以内的浅海推进器的研发,并成功接到了商业订单。

就在大家沉浸在喜悦中时,韩野又提出了"向深海进发"的想法。当时适用于深度1000米以上的水下推进器,哪怕是零件,都是一些欧美国家严格限制出口到中国的产品。很多人都觉得他异想天开,但他却力排众议,"外国人已经做出来的东西,我们怕什么?做!"韩野公司二楼办公区有一面墙的专利,记录着他们的努力,而一切的努力也没有白费。

党的十八大明确提出要"建设海洋强国"。我国深海探测研究从未中断过:2012年,"蛟龙"号深海潜水器下潜到7062.68米深度,创造了当时中国深海潜水最高纪录。2020年11月10日,我国研发的万米载人潜水器"奋斗者"号,挑战马里亚纳海沟并成功坐底,坐底深度10909米,刷新中国载人深潜的新纪录。马里亚纳海沟是目前所知地球上最深的海沟,被誉为"地球第四级"。在经历过无数次成功的万米打压模拟实验后,自主研发的推进器能够进入马里亚纳海沟,成了韩野新的梦想。2020年"奋斗者"号成功坐底3天后,我国全球独家深海着陆器"沧海"号和它的小助理"凌云"号,在万米洋底,成功为"奋斗者"号"打光拍照"。"沧海"号和"凌云"号采用的深海推进器,便是韩野团队研发的T1060,该款推进器采用钛合金外壳材质,耐海水腐蚀,突破了材料、结构等众多领域的技术难题,应用了先进的磁耦合驱动技术,减少了运行过程中的冲击与震动,从原理上解决了旋转密封结构容易泄漏的问题。2021年11月,韩野团队的全深海推进器又伴随哈尔滨工程大学科研团队研发的全海深无人无缆潜水器AUV"悟空"号,再次潜入马里亚纳海沟,下潜深度连续超越国外AUV潜深世界纪录,并顺利完成海试验收。

2021年,北京冬奥会前的几个月,韩野又接到了一个新的任务:北京冬奥会火炬水下传递。为了确保机器人之间顺利点燃火炬,他要为水下机器人设计更高精准度的动力系统,推进器要为机器人提供稳定的推进及控制。韩野带领团队十几个人,用了几个月时间,最后将机器人在野外复杂流场环境条件下,火炬末端的定位精准度持续保持在了1厘米以内。2022年2月2日下午,在北京冬奥公园内,水陆两栖机器人"举"着点燃的火炬下水,和变结构机器人在水下完美对接,而后另一只机械臂伸出水面,成功将奥运圣火传给255棒火炬手。水下传递落下帷幕,韩野的心才算彻底放下,"室外流场不可控,这一次是我们产品的又一次提升。"

如今,韩野和团队研发的水下推进器拥有50多个系列产品,与很多央企、高校达成了合作。自2019年实现全链自主设计研发后,他们的推进器价格比国外进口设备要便宜30%。2019年,韩野和团队又开始将水下动力的研究应用到了船外机上,目前他们开发的电能动力系统,取代了传统的燃油燃气动力,已经应用到了国内外的一些船舶上,达到了节能减排的效果。2020年,韩野的公司开始进军国际市场,U-Boat Worx、Isand Marine Enterprises等欧美潜水器制造商已经成为他们的客户。今年上半年,单水下动力系统方面的意向订单已经达到了6000多万元。

2022年,韩野被授予"天津青年五四奖章"。当被问到成功秘诀时,这位职教沃土培育出来的"大国工匠"笑言:"青春正逢盛世,奋斗恰如其时!我要特别感谢天津职业教育这片沃土,全国领先的办学理念、学校先进的实训设备、惜才重才的人才环境,为我们的成长和发展打下了坚实的基础。我只是泱泱大国中一个小小的工匠,我将牢记自己职教学子的身份,为国家水下事业的发展和进步贡献力量。"

(天津市职业技术大学　供稿)

王逸霖：历经两次创业国赛，完成三次变轨创业的环保先锋

> 王逸霖，男，天津轻工职业技术学院2014级光伏发电技术与应用专业学生。天津天星高科科技有限责任公司总经理，天津市青年企业家协会成员。2016年获中国创翼大赛全国二等奖，2017年参加中国首届创新创业成果展，并受到国务院领导亲切接见，2018年获"中国创翼"创业创新大赛天津赛区一等奖，2018年受邀参与工信部中德企业深度合作项目，2019年，负责项目"Blue wind-全新烟气治理解决方案"获第五届中国"互联网＋"大学生创新创业大赛金奖。

王逸霖学习认真刻苦，凭借着对学业的钻研精神，获得2012年全国职业院校技能大赛中职组光伏发电设备安装与调试赛项二等奖，随后留校担任助教，也因此有机会免试进入天津轻工职业技术学院光伏发电技术与应用专业学习。在校期间，王逸霖的专业素质不断提高，同时职业生涯规划越来越清晰。在此期间，他结识了很多创业导师和优秀企业家，点燃了创业梦。在老师的指导、团队的支持下，王逸霖做了创业尝试，成立了一家以农产品销售为主的电商工作室，在没有任何电商运营经验的情况下，他首先吸纳电商专业的同学加入团队，到电商专业蹭课学习；没有学过图片设计，就自学PS软件作图；不会店铺装修，就在网上听课一步一步学，不断地学习和摸索。每天不仅要完成日常的专业课程学习，还要运营网店。在许多同学眼里，王逸霖有着扎实的专业功底，原来可以靠自己的专业吃饭，却选择八竿子打不着的电商创业。

功夫不负有心人，网店一年时间销售了30多万元产品。这对于王逸霖来说只是小试牛刀，中职竞赛获奖和创业的交集碰撞出的火花让王逸霖朝着更高的目标努力，他希望在自己专业衍生的方向上重新创业。一次偶然的机会，王逸霖结识了一位家具厂老板，这位老板想让王逸霖在网上将自己的家具卖到国外。王逸霖通过调查了解到天津出口到国外的家具会因为黏合剂、甲醛超标等问题被国外拒收。同时家里的一位亲戚因为装修时甲醛超标而出现轻微的白血病症状，这让他了解到人体接触

到的有害物质大多数来自家具与墙面涂料的挥发,人长期生活在污染物超标的环境下身体会受到极大侵害甚至会诱发一系列的疾病。经过调研,他发现消除室内装修污染非常麻烦,要先使室温升高加快有害物质的挥发然后再消除,还要关门关窗三天三夜,净化一套房子的装修污染大概要半个月时间,而市场上每家公司的报价和收费方式都不一样,非常不规范。就在此时,他听说一家政府招商产业园正在招标装修净化,他察觉这块非常有市场,从而产生了做装修净化的想法。有了想法以后王逸霖通过朋友结识了张强和胡同盈,他们都是这方面的专家,交流之后都觉得这个项目能做,所以他将之前运营的电子商务公司卖掉,第二次创业瞄准了与光伏相关但入门门槛更低的环保行业,以学习心态开始创业之路。王逸霖首先成立了天津凌锐信蓝科技有限责任公司,主营民用环保服务。由于经验不足,创业初期困难重重,缺乏项目承接能力,王逸霖决定引进先进技术,转变经营理念,最终以高服务低价格的理念成功打入市场,先后承接了北京军事博物馆、金融街等大型项目。做完几个大型项目后,公司开放了加盟的模式,在京津冀等地区招募了多家优质代理商,业务模式均采取外包形式,最大限度减少投资成本。随着环保行业的不断发展,许多境外公司也将业务拓展至了境内,业务难以继续扩大、行业门槛过低、竞争者不断进入市场,公司的发展进入了瓶颈阶段,经综合考虑权衡,王逸霖选择将公司转让,赚到了人生的第一桶金。

第二次创业让王逸霖有了更多的创业经验,并深切认识到环保领域市场巨大,通过市场调研他发现工业生产企业迅速发展,工业排放废气污染已经成为我国目前突出的环境问题,挥发性有机物是当前大气污染物的重要来源。大量的工业废气排入大气,使得大气环境质量下降,给人们带来严重危害,给国民经济造成巨大损失。国家出台的"大气十条"政策直指工业领域的超标排放等问题,企业因排放超标而面临高额罚款、关厂限产等风险,如何为企业提供高性价比的解决方案将成为行业挑战。随着对市场的进一步了解和准确分析,王逸霖把创业方向确定为工业空气净化。2017年7月,王逸霖创立了天津天星高科科技有限责任公司(简称天星高科),公司定位为一家专注为工业客户提供大气环保设备与解决方案的系统供应商。在2019年举行的第五届中国"互联网+"大学生创新创业大赛中,在学院教师指导下,王逸霖团队的创业项目"Bule Wind-全新烟气治理解决方案"一路披荆斩棘,荣获职教赛道创业组金奖,成为该项赛事仅有的五个金奖项目之一,是学院在该项赛事中取得的最好成绩。赛后,王逸霖用感谢和自豪来表达他的心情,他说:"感谢学院对我的信任、在赛前对我的支持和鼓励;一名学生,只有置身拼搏创业的氛围,才能蓬勃向上;为了回报学校对我的培养,我将把这份感谢与感恩化作行动,勤奋敬业,激情逐梦,努力做到更好。"

王逸霖始终坚信"青春是用来奋斗的"理想信念,为共建绿色家园,共享绿水青山而奋斗。目前天星高科建设及运营管理的公司有30余家,业务布局国内华北、华东等地区。在建和运营的项目辐射京津冀、郑州、南京、银川等,年营收 2350.6 万元。王逸霖同时注重自主研发创新,目前已申请 30 项实用新型专利与 31 项发明专利,天星高科荣获中国新兴环保行业百强称号,其产品已经广泛用于众多领域和行业,提供性能可靠的系统,精准地实现空气质量控制要求。天星高科遵循现行环保法规,自主研发的核心技术在市场上占有绝对的价格优势,传统环保方式企业需要购置 3~4 台处理设备方可达到国家排放标准,天星高科通过独创的定制化集成模块+解决方案模式为企业减少了 50% 的处理成本,运行能耗是同类技术的 25%~50%。为减少前期投资,天星高科采取代加工模式运营,非核心零部件如设备外壳、管道等采取代工形式,核心零部件如滤芯、吸附系统、FBR 焰心分散燃烧装置、还热系统等自行生产,最后统一组装,按照需求生产定制化集成模块。通过积极与上下游供应商进行项目合作,天星高科目前已达成稳定的合作模式,通过订单和技术服务收入,营收稳定。

继天星高科项目取得成功后,王逸霖又开启了新的行业攀峰行动。在公司运营过程中,王逸霖带领技术团队不断进行技术革新与产品优化,与目前用于处理含低浓度化学溶剂废气的氧化系统相比,天星系统凭借更高的工作效率,可以有效降低运行成本和能耗水平。所属天星系统,在全流量状态下,可以处理 98% 的挥发性有机化合物(VOC),初级回收热率高达 95%。王逸霖带领的团队所开发的产品采用无焰零氮氧化物(Nox—Free)天然气喷入(NGI)设计,无须燃料,即可对进气口爆炸下限 3% 的含化学溶剂废气有效处理。公司提供的新一代 NGI 系统技术先进,比竞争对手采用"燃烧器/助燃风机"运转的氧化器更加节能,可以降低 30% 的燃料成本,在未来有更好的推广应用前景。

"年轻创业者要经历的事还有很多,创业道路上一要有明确的目标,二要抱持终身学习的姿态,三要有无坚不摧的决心。今后要学习的东西也有很多,做好每一事,行好每一步,一切的美好终将到来。"王逸霖说。

(天津轻工职业技术学院　供稿)

郑瑞江：绿色钢铁工厂里的护绿标兵

> 郑瑞江，男，1994年出生，河北工业职业技术学院2016届材料工程系冶金技术专业毕业生，现任新兴铸管股份有限公司炼铁部环保主管。2017年9月，被评为"军钢首届十大优秀青年大学生"，连续四年被公司评为"环保标兵""环保先锋"。任职期间完成多项技术创新并完成A级企业评级。他完成球团、白灰低氮燃烧工艺，为企业节省费用1.3亿元，每年成本节省3000万元。

2013年，郑瑞江进入河北工业职业技术学院材料工程系冶金技术专业学习，在校期间一直担任13级冶金技术1班班长。新生入学教育阶段，郑瑞江就接触了"钢的意志、火的热情、铁的纪律"的传承与要求，从此郑瑞江将这些传承与要求深深地印刻在自己的身上。大一的"职业发展与就业指导"课程，也使郑瑞江明白人生应该有规划，并应该为自己的目标去努力。

大一开始郑瑞江就认真仔细地学习每一门课程，每一个知识点，不放过每一个难点、疑点，合理、科学安排时间，每天晚上在自习室或图书馆都可以看到他的身影。到了大二、大三，老师们将生产案例融入课堂教学，将技能竞赛操作规程引入实践教学，将老师科研项目凝练成学生创新训练项目，以专业社团活动为载体，以实战实习为依托。郑瑞江跟着老师做项目、参与试验，一次项目跟进下来，相当于对专业知识做了系统梳理；随着专业实践课程的不断学习，郑瑞江已经可以利用课余时间在实验实训场所给实习带教老师当助手了。一点一滴的积累，郑瑞江最终取得一等奖学金。

作为班长，搞好自身学习的同时，郑瑞江引领班级学风向更好的方向发展，做好班级学风的领头人。他组织班级开展学风建设活动，如模拟测试、互助小组、榜样引领等，一次次的学习活动营造了一个踏实进取、积极向上、团结奋进的良好风气班集体，在年度管理评价中班级学习成绩、劳动纪律、文化活动等综合排名第一。

郑瑞江深入宿舍与同学交流，了解同学所需，解决同学所急，了解同学的兴趣爱好，不断为同学发展创造平台。同学生病时他陪同到医院办理住院手续，同学有困难时他第一个冲到前面，事事为先。郑瑞江还是学生会主席，他组织实施了传统文化学习月、运动会开幕式、三下乡活动等,大三组织开展一系列促就业活动,例如模拟面试大赛、简历制作大赛,同学们通过比赛找准差距,最终系同学都顺利找到自己满意的工作单位。郑瑞江积极参与校内校外活动,在党团组织的培养下,光荣地成为一名共产党员,从此为祖国、为事业奋斗终身成为他坚定的理想信念。

毕业后,郑瑞江有幸加入了新兴铸管股份有限公司。初入职场的他,深深受益于大学所学职业生涯规划知识,在日常工作中细心与老师傅相处,作为师傅的"跟屁虫",师傅走到哪里,他就跟到哪里帮助一起干。他虚心请教、勤奋努力、踏实懂事,很快便能够独自一人上手,胜任新的工作岗位——球团造球工,创造了公司学徒时间最短、新工上岗最快的奇迹。造球工艺最重要的是稳,为了保证物料到达链篦机是稳定的料层厚度与物料机速,他放弃休息时间,在显示屏前小心翼翼地关注着自己造球的成果。经过八个月的基层打磨经验,郑瑞江建立了良好的工作口碑评价,后来他转入机关工作,担任环保主管一职。

刚开始球团部环保工作一直排在公司末位,郑瑞江接手后就发挥了大学管理班级的优秀经验,面对其他人员的质疑,他决定放手一搏,先是不断向上级部门反映球团部存在的卡脖子问题,以及日后的工作重点和注意事项。面对新工作,他每天加班到很晚,在办公室打地铺是家常便饭。有时忙到凌晨三四点就在办公室睡一会,起来接着迎接大量的环保督察,晚上再安排学习、完成上级交办的文字任务。这样日复一日地付出,担任环保主管的第二个月该部门的综合评定就上升到公司第二名,并长期保持在了第一阵营。

2017年,恰逢公司建设绿色工厂,郑瑞江顺理成章领头绿色工厂建设先锋队。他罗列了大大小小34个项目,投资预算达到了1.6亿元。重任在肩,郑瑞江现场组织指挥协调,安排各项工作进度,同时挤出时间保持与上级部门沟通,确保项目进展方向不出错,他每天都是用"跑"来完成现场各个项目的进度跟催。经过郑瑞江及其团队的不懈努力,顺利完成了所有项目的建设,并创下了7天7夜完成一台除尘器从无到有生产对接的施工任务。白灰窑尾安装上了高温布袋除尘器,球团窑尾烟气深度治理项目竣工验收后,成为全国首条球团回转窑湿法脱硫达到烟羽消白的治理项目,绿色工厂建设得到了行业和地方的关注,邯郸电视台对郑瑞江及其团队负责的项目进行了专题报道。2019年,郑瑞江发挥了组织能力强的优势,带领团队从现场梳理、对外考察、方案制定、项目立项、项目实施到项目验收,完成了A级企业球团、白灰工序提升工作,并成功完成A级绩效评级,为公司秋冬季生产创造巨大效益,并在行业内提高了影响力。

在学习中成长、在创新中发展是郑瑞江职业生涯的核心理念,他参与研制的在球团源头控制窑尾污染物氮氧化物的生成,避免窑尾投资建设脱硝设施,为公司节省投资8000万元,每年运行费用节省2500万元,该项目荣获河北省科技进步奖。有了球团低氮燃烧的经验,郑瑞江又提出白灰烟气循环燃烧工艺,降低白灰燃烧的氧含量,成功地在源头就遏制了窑尾氮氧化物的生成,达到了超低排放,节省了窑尾脱硝设施建设 3000 万元,每年成本节约 1500 万元,为行业白灰脱硝提供了成功案例,并在 A 级绩效企业可行性技术中得到推荐。经过不断调研和开发,郑瑞江又研究出适合现场作业的烟羽消白设施,每年产生冷凝水 100 万吨,获得国家实用新型专利。

郑瑞江坚信只要有志向,就会有事业;只要有本事,就会有舞台。他期待在青春的赛道上跑出最好的成绩,不负韶华,不负期待,不负所有关心、支持、帮助他的人。

(河北工业职业技术大学　供稿)

索国伟：在不断切换营销赛道中实现赢销的企业家

> 索国伟，男，1991年出生，山西省财政税务专科学校2013届市场营销专业毕业学生。毕业后作为联合创始人先后创立锦上婚礼策划公司、山西"一块红布"国际青年旅舍、山西食盒记网络科技有限公司、太原志贾文化有限公司。现任山西食盒记网络科技有限公司副董事长、营销总监。

2010年，索国伟进入山西省财政税务专科学校财经商贸系市场营销专业学习。初入大学的他被母校"至诚至信，至善至美"的校训深深感染，被母校浓烈的文化氛围、多元化的学习平台、博学多才的老师深深吸引，在市场营销专业老师的谆谆教导下，他深刻地认识到了大学期间不但要打牢基础知识，还要努力精进专业技术。

入学后，索国伟在课堂上努力学习，熟练掌握基础课程知识，课后在专业教师的辅导下积极参加各种提升专业技能的实践活动。他将所学市场营销专业知识投入实际应用场景中，对所学知识有了更加深刻的理解，为以后的创业之路打下了坚实的基础。凭借优异的专业课成绩和出色的专业实践表现，索国伟被市场营销专业老师推荐参加各类竞赛。在老师的鼓励和指导下，他把自己投身到了竞赛之中，为了能够做出优秀的市场营销竞赛作品，他认真钻研、刻苦训练，带领参赛队员对竞赛产品做了多次充分的调研。在撰写营销策划方案阶段，为了能够与指导老师有更多时间交流，他要来指导老师的教学时间表，预约好老师的指导时间，只要老师和自己一下课，便立刻冲进教师休息室就竞赛方案与老师交流和探讨。功夫不负有心人，在大学期间，索国伟在全国市场营销调查竞赛中获得三等奖，在"挑战杯"大学生创业计划竞赛中获得银奖，在多项竞赛中都有着出色的表现。除此之外，索国伟作为财经商贸系商学院学生会主席，经常组织参加各类学生活动，这也让他的综合素质得到了快速提升，不管是团队协作还是作为活动领导者，他都可以很好地扮演好自己的角色，出色地完成任务。

大学阶段的学习实践经历让索国伟看到了更大的平台,内心的激情不断增长,他开始憧憬未来的自己有更大的可能。求知欲和探索欲是人生路上最大的动力,索国伟在校期间对商业经营和市场营销产生了非常浓厚的兴趣,他非常想知道自己动手实践之后会有怎样的结果,为了验证自己的想法,在校期间他就开始了自己的"微创业"计划,从小商品经营开始,从小做起,不断探索、不断实践、不断总结,至此在他心中埋下了创业的种子。

索国伟说到,作为一个从村镇走出来的孩子,外面的商业世界是怎么样的他很好奇,怎样才能见识到外面广阔的世界实现自己的梦想,是他一直思考和追求的,他勇敢地走上了创业之路。

2013年,索国伟创业首发,公司做的是婚礼策划。三人小团队组成了公司的组织架构,每个人都身兼数职,一路发展下来,当初的婚庆公司已经发展为锦上婚礼策划公司,一跃成为太原市首屈一指的婚礼宴会策划企业。初创期,索国伟不忘自己是营销专业的学生,将曾经在校学到的营销思维和营销方法引入工作中,利用搜索引擎营销在网络上寻找客户,效果显著,婚礼策划公司很快便初具规模。在最初三个月内凭借良好的服务口碑而维系的客户,直到现在依然是锦上婚礼的忠实顾客,这些客户不断将锦上婚礼推荐给身边的亲朋好友,成了公司最宝贵的资源。如今锦上婚礼策划在某平台的社群营销做得有声有色,为公司沉淀了许多优质客户以及潜在客户。这些都离不开索国伟的营销创新思维和对营销策略的勇敢尝试。

2015年,索国伟开启了平遥客栈项目,取名"一块红布"。该项目在平遥古城有很高的知名度,吸引了许多中外游客入住。虽然客栈已从公司业务中分离出来,但是客栈的创业时光帮他积累了许多宝贵经验。这次创业中,索国伟依旧在所有环节亲力亲为,从选址、装修、采购,再到招聘,都投入了很多的精力,甚至亲自为入住的客人提供服务。客栈发展迅速,吸引了许多外国游客前来。为了提升客栈综合服务水平,索国伟开始重拾英文学习,最终成了客栈英文最流利的服务人员,深得各国游客的赞赏。至此,他明白生命不息,奋斗不止,他也用自己的行动印证着这句人生名言。

2016年,索国伟和创业团队开始探索标准化中式快餐外卖事业,"食盒记"快餐品牌横空出世。短短两年时间,食盒记成了太原一流的标准化连锁经营的快餐外卖品牌。在做快餐的道路上,他带领公司不断进行新品研发、技术升级,打造企业的竞争优势,带领公司快速发展。太原的模式成熟之后,在晋中、西安、石家庄等地建立了渠道网点,将业务扩展到更广阔的市场。有了此次餐饮经验,索国伟之后的创业发展之路更加清晰。

索国伟具有敏锐的商业眼光,他发现,奶茶这个品类的市场处于快速扩张期,因此2018年,开始筹划奶茶品牌——芳茗。通过对山西省市场的深入了解,索国伟决定将下沉市场作为主要目标市场,因为有了之前餐饮的研发经验,这次创业进展非常顺

三、开拓创新 争当创业先锋

利。在研究下沉市场的过程中索国伟发现,市场对于基本款奶茶的需求最大,因此他将研发精力更多地放在基本款上。通过自营和加盟,芳茗累计在山西各地市、各区县的开店达到150多家,这也让索国伟下定了做品牌的决心。

2020年,"新茶说"品牌正式建立。新茶说是索国伟在发展路上不断突破自己的一个标志。在芳茗不断扩张的路上,他发现南方的喜茶、茶颜悦色等占据了全国大部分的市场,尤其是高端市场。不就是消费升级么,他心想,咱们也可以发展北方的茶饮品牌。说干就干,他带领团队走遍南方各大城市,喝遍店里所有产品,去挖掘"好喝"的秘诀。既然说到消费升级,原材料得过关,为了找到高品质茶底,索国伟走访各大茶山茶厂,品尝过上千款茶,最终找到了令自己满意的茶底。在经历了多个日夜的研发之后,新茶说的各类产品系列已经成熟。为了把控品质,新店全部自营。新茶说的目标是走向全国,索国伟的这种魄力和勇气,着实令人佩服。

有了经验的积累,那就再做个品牌。索国伟又把目光转向了新中式点心。2021年,索国伟带领团队创立了中式点心品牌"狮子蛮王",不管是品牌名称还是品牌logo都是浓浓的中式风格,他立志要打造出一个点心界的国潮品牌来。公司的研发室成了品牌落地的摇篮,不知经历过多少次烘焙试验,"狮子蛮王"终于具备了开店的条件。目前该品牌项目已在太原、大同、吕梁等地落地生根。与此同时,为了将品牌更好地推广出去,索国伟自行学习和开发抖音爆店计划进行品牌营销,每次新店开业都能取得不错的营销效果。索国伟始终把营销作为创业工具,助力事业高质量发展。

创业路漫漫,通过不懈努力,目前食盒记已经快速成长为年营业额达6000余万元的中型服务企业。索国伟在负责处理企业日常经营管理的繁重工作的同时,积极发挥企业家的社会责任,为母校创新创业教育贡献自己的力量,已多次回母校参加大学生创新创业报告会,他还为首届创业精英班学生做创业教育和创业指导。自2019年起,索国伟担任商学院市场营销业建设的行业带头人,指导数字营销方向建设,担任学院创业导师承担"创业实训"课程的授课任务,也将公司作为创业导师工作站和大学生创业孵化基地,竭尽所能回报母校与社会。

(山西省财政税务专科学校　供稿)

刘翔:双创教育滋润下饮水思源,
创业磨砺中泽及中小微企业

> 刘翔,男,1996年5月出生,共青团员,江苏扬州人,南京工业职业技术大学2018届机械设计制造及自动化专业毕业生。在校期间任校创新精英班团支书、机械工程学院双创工作室负责人、机械创新设计协会团支部书记等职务。他有专利80余项,其中授权发明专利3项、实用新型专利9项,软件著作权14项,因个人突出的创新创业能力,获得中国"互联网+"大学生创新创业大赛国赛金奖、中英一带一路青年大学生创新创业技能大赛一等奖等省级以上大奖36项。毕业后获得南京市大学生优秀项目资助。现为南京精素网络科技有限公司法人、江苏天达汇中企业管理集团有限公司创始人。

2014年,刘翔进入南京工业职业技术大学机械设计制造及自动化专业学习,同年加入学校机械创新设计协会,成为热衷科创的学生团体中的一员,向实现自己的发明家梦迈出了第一步。在协会中,他吃苦耐劳,钻研技术,为了能够做好项目,认真钻研,发奋学习,一年内自学了本专业三年的课程。刘翔首次参加全国高职高专"发明杯"大学生创新创业大赛,便在激烈竞争中突出重围,个人设计制作的三项作品均斩获一等奖。

基于自身专业开展创新创业活动是全面深化"双创"教育的应有之义,学校把创新创业教育融入教育各环节、人才培养全过程,成立了"精英人才学校",开设了"创新精英班""创业先锋班""创优示范班"三个类别的班级,这些班级打破了学院和专业的限制,聚集了来自全校各个学院的创新创业学生,探索具有鲜明高职教育特色的、跨界式精英人才培养模式,将"手脑并用,双手万能"理念落到实处。2015年3月,刘翔首先选择加入了创新精英班。在班里,他的思想与其他同学不断地碰撞,正是借助这个契机,刘翔找到了合适的同伴组建了创新团队。有了团队的他更加痴迷创新,他带领他的团队,不断地钻研技术,并设计对应的解决方案。

三、开拓创新 争当创业先锋

同时,学校为刘翔他们开设了专业定制化的课程体系,更加系统地接触先进的创新创业教育资源。经过一年系统化的创新精神的培养和创业知识的学习,刘翔所在的7人团队成功地从众多学生中脱颖而出。在校"五四"表彰大会上,刘翔崭露头角,一年时间内申报发明及实用新型专利80余项,其中授权发明专利3项,实用新型专利9项,成了全校唯一一名在校期间就拥有3项发明专利授权的学生,他也因此被同学称为"发明专利达人"。

2016年5月,在"大众创新,万众创业"蓬勃发展的新浪潮中,刘翔带领的团队申请并加入了南京工业职业技术大学创业先锋班。在这里,刘翔与全校创业的学生共享专业的创业导师、投资专家、知名校友等,他们边学、边做、边交流。储备了丰富的创业知识后,刘翔慢慢有了把自己设计的产品投入市场的想法。2017年3月他创立了南京精素网络科技有限公司,正式走出创业第一步。经过半年的经营,公司主营项目"家生活社区服务平台"被上海一家网络公司看中,以40万元的价格购买了公司的项目数据,就这样他赚取了他的第一桶金。第一桶金的到来更加坚定了刘翔的信心,他加大研发投入,更加深入地提高公司的研发能力和产品竞争力。2018年,刘翔申请了南京市青年大学生优秀创业项目并成功入选,个人入选"福地青年英才"人才计划,同时他以优异的成绩获评校大学生年度人物。

2018年6月,刘翔毕业了,为了延续自己的创业道路,他申请进入了江苏省青年人才创新创业基地,得到了科技园专业孵化团队的指导和帮助,公司成功进入高新技术企业培育库。2019年,刘翔参与了第五届中国"互联网+"大学生创新创业大赛获得国赛金奖、铜奖各一项,这使得学校创新创业教育人才培养得以传承,同时,公司也提升了软实力。这种发展共赢的理念深深地植入了刘翔内心,他认为,学校对职业生涯、学业规划、创新培养和创业孵育的全方位指导,是创新创业的引子,自身不断地探索创新是动力,要树立自己的企业品牌与形象,企业就应该成为政府、学校服务社会的重要纽带。随着公司的不断发展,刘翔也在努力实现自己的社会价值,积极与学校开展校企合作,助力社会人才培养,创业带动就业,创造就业和实习岗位,为在校生提供创业指导和帮助,在创业道路上积极反馈社会。

刘翔是这么想的,也是这么做的。刘翔坚持回母校开展创新创业教育讲座,以理论为指导,以实践做验证,让更多的学生敢于创新、勇于创业,对学生创新创业意识的培养起到了积极作用。利用自己在申请专利方面的心得,刘翔与机械工程学院相关老师共建知识产权兴趣小组,采用理论指导、实战教授的方式为学生申请专利提供无偿帮助,不断提升学生就业、择业、升学重要凭证的含金量。他用一年的时间实现了工作室人人有专利的目标,对学生知识产权意识的培养以及知识的应用做出了贡献。为了更好地回报母校,刘翔把自己摸爬滚打出来的企业带回了母校,他的企业与学校达成校企合作协议,共建教育培训实训基地,共同制定人才培养计划,共同开展人才培养工作,旨在与学校一起,为社会培养更多的应用型技能人才,服务母校,服务社会。

一花独放不是春,百花齐放才是春。刘翔不满足于一个公司、一所学校的发展,他要让更多中小微企业也能得到成长。2020年,经过3年的发展,公司升格为江苏天达汇中企业管理集团有限公司,开始进入集团化运作发展阶段,公司业务也从科技研发拓展到财务管理、知识产权布局、高新技术研发等多个领域。截至2020年底公司累计合同总额已超过8000余万元。2021年,刘翔的个人创业事迹被中国青年报、学习强国网等主流媒体报道,个人获评江苏省大学生就业创业年度人物。2022年,刘翔的公司获得句容市政府的大力支持与认可,批准成立了句容市宝华科技推广与创业孵化服务中心,为地方中小微企业提供科技推广与技术研发等孵化服务。

(南京工业职业技术大学招生就业处创业办公室　供稿)

三、开拓创新 争当创业先锋

李松：带领班集体投身园林花卉创业的时代先锋

> 李松，男，汉族，29岁，中共党员，杨凌职业技术学院2015届园林工程技术专业（规划设计方向）毕业，之后进修西北农林科技大学园林专业。读高职期间，他将大学班委凝成一股绳，成立公司集体创业，使班委全部转为董事。现任陕西垚森园林景观有限公司、陕西垚森农林科技股份有限公司总经理、党支部书记，同时兼任杨凌新时代乡村发展研究院院长、杨陵区团委副书记、杨凌区非公团工委书记、杨凌示范区花卉协会副会长、杨凌示范区电商协会副会长，并当选为共青团陕西省第十三次代表大会代表、共青团第十八次全国代表大会代表。

2012年，李松在机缘巧合之下，报考了杨凌职业技术学院。该校的园林工程技术专业是国家林业与草原局、陕西省的重点专业，同时被陕西省列为省重点专业和重点实训基地、省"培育一流专业建设项目"，国家"创新行动计划-骨干专业建设项目"。拥有国家级精品课程2门，国家级精品资源共享课程2门。雄厚的专业办学实力让李松的专业学习有了充足的保障。他利用园林计算机辅助设计实训室、园林工程综合实训中心、园林景观设计与施工赛项集训中心、园林工程技术实训中心、园林招投标室、园林机械实训室、园林苗木繁育与生产中心等实训基地，不断夯实自己的专业能力。性格开朗的他经常活跃在学院各项活动当中，并经常组织策划生态环境工程分院的活动，赢得了师生的认可。

为了团结全班同学，丰富班级同学业余生活，李松带领全班同学创办隶属班集体的"毅谨"班报，以所学园林规划专业为依托，承载青年人所得所悟，在团总支的支持下，发展成为分院学术讨论报社。他创办隶属班集体的"诚毅"编辑社，整理园林专业知识，对植物进行全面的分类整理，并且翻印制作成相关专业小册子；在分院支持下首创工学结合实验田，开创园林专业花卉自主实践先河；创立隶属班集体所有的"随毅"图片摄影室，在丰富大家课余时间的同时也记录着他们的实践旅程。

李松还将班级的"经营"所得，交由班委采购生活用品，以宿舍为单位分发到个人。学风奖励方面，班级每年年底以宿舍为单位进行学分总评，班费设置学风奖励专款,全宿舍成绩总和在班上名列前茅者,进行物质上的奖励,目的在于促进同学间相互帮助和相互督促,也在无形中增强了宿舍的团结意识。

2015年7月10日,在毕业前最后一次班委会例会上,班委会决议,成立陕西垚森园林景观有限公司。其主要经营范围是园林设计、养护、施工等,集体入股50万。正是在管理班级和创建班级良好学风的过程中得到了管理和领导经验,集体选举出班长李松担任执行董事。

从此李松开启了自己的创客人生。公司成立之初,由于没经验、缺资金、少门路,运营屡受打击。在母校和社会各界多方支持帮助下,公司相继承接了杨凌职业技术学院养护、咸阳市市政绿化改造和山水林田湖综合体规划设计等各类项目30多个,公司经营逐渐走向正轨。2016年3月,隶属陕西垚森园林景观有限公司的陕西垚森农林科技有限公司成立,注册资本200万元,至此班委会成员全部转为董事。

2015年公司成立之初,在杨凌示范区组织部的支持下,获批成立中共陕西垚森园林景观有限公司支委会,目前公司拥有员工15人,党员15名,大学生全覆盖,党员全覆盖,成功实现了团支部到党支部的转变,李松任党支部书记。

李松高度重视和无条件支持公司党群建设工作,凡是关于公司发展、事关员工福利待遇的事项,都事先在党支部进行讨论,推动公司党建工作;为确保企业党建经费的充裕,他将企业文化和党建工作相结合,在业务的开展上提升员工的业务水平和能力,在党风的建设上提高员工的思想觉悟和素质涵养,让大家对党的相关政策和方向方针有了正确解读和思考方向。在李松的主持下,党支部现每月将50元的党支部经费发放到每位贫困党员母亲账户中;他先后组织公司员工周末到福利院陪伴残疾儿童和孤儿并进行功课辅导;多次组织公司员工到敬老院,为敬老院的老人们带去欢乐、带去温暖;参与植树节种树活动,为大自然增添一抹绿色;到附近小学开展小型讲座;汇总杨凌常见园林病虫害,为杨凌示范区的虫害防治提供一系列更详尽的防治措施;集中公司员工学习观看复兴之路纪录片,让员工更有家国情怀。随着党建活动影响力的扩大,杨凌区文明办聘任李松为乡村大课堂的兼职教师,人社局聘任李松为杨陵区创业导师。

从李松团队成立公司后,杨凌职业技术学院绿化养护的第一个项目拓展到西安、咸阳和杨凌三个项目部,公司规模也由最开始的3人扩展到现在的15人;企业利润从2015年的8万元增长到2019年的260万元。李松借助杨凌区校融合发展优势,在西北农林科技大学和杨凌职业技术学院相关专业导师的指导和帮助下,经过科研团队反复试验,他们改变多肉的体型、性状,还成功"水培"了多肉植物。2019年,他带领团队及培育的新品种,在中央电视台《创业英雄汇》平台上,向全国展示他们的故事,并且现场成功获得300万元融资。2020年初他的公司在新四板成功挂牌上市。

2017年,李松作为双创唯一参会代表,参加复旦大学主办的两地三方助力秦巴山区脱贫攻坚大会。同年受汉中市汉台区徐西湾村邀请,前往汉中汉台区进行产业帮扶。2018 年,李松带领大家又先后与汉中市西乡县、渭南市合阳县就垚森多肉植物的发展理念达成共识,共同助力脱贫攻坚,得到社会各界的广泛关注。

  2018 年,在中国杨凌农业高新科技成果博览会上,李松向山西省副省长汇报他们团队从大学到目前的创新创业工作,省领导对李松带领下的垚森团队给予充分肯定,他对李松说:"我也是大学时期的班长,但是这个班长做得不如你。"2019 年,陕西省委书记在杨凌调研期间,深入公司多肉基地,李松积极做了汇报,书记对于他们团队和模式给予极大肯定。2019 年,陕西省委副书记深入调研公司后,李松更是被副书记喻为年少有为的"三肩挑"。

(杨凌职业技术学院招生就业处 供稿)

吴帅：让产品搭上会展的快车

> 吴帅，男，1994年7月出生，常州信息职业技术学院2017届会展专业毕业生。吴帅毕业即创业，他成功创办了常州飓风传媒文化有限公司、上海易德会展服务有限公司，两家公司年销售额累计500余万元，带动30余人就业。他成功地将自己所学的会展专业知识用于创业中，实现了个人专业升值、专业创造价值的目标。

2014年9月，吴帅考入常州信息职业技术学院，成为会展设计141班的一名学生。进校后，他对学校充满了好奇，对专业课更是非常感兴趣。学校对会展学生复合型知识和能力体系的设计非常独到，发挥了国家示范性软件职业技术学院的特点，较早地让这些服务类专业也插上了信息化的翅膀。学校要求学生拥有一定的信息素养，掌握和会展相关的信息软件，吴帅学得特别有劲，特别是各类软件设计课，他基本上超前学完，老师还没教的，他也都学会了。由于学习积极性高，软件操作能力强，他被陈维艳老师选中去参加"挑战杯"中国大学生创业计划竞赛，负责整个项目的设计策划。在陈老师的带领下，吴帅及其所在团队经过寒假的设计、市场调研，暑假的打磨、修改，耗时两年完成了"常州市大型社区文化配套设施方案设计与策划"项目，该项目获得了江苏省特等奖、全国一等奖的好成绩。

吴帅说："其实这次比赛能获奖，也在我意料之中，因为在参加比赛之前，我就参与了多个企业实践项目的训练。这些项目均来自陈老师的推荐，比如黑牡丹集团的服装商业空间、展示道具的设计，江阴一家设备公司的大型设备的3D设计、母婴公司的产品包装、画册设计等。在这些项目的实践过程中，陈老师一直在指导我，帮我修改方案，甚至找她的朋友带我进入施工工地亲自跟进商业空间的设计。在这样的锻炼下，我积累了丰富的实践经验，不再是一个只懂书本知识，不懂实践技能的青涩大学生了。"

临近毕业时，吴帅有点懵，因为以他的专业技能和实习经历找个薪资比较高的工作一点也不难，但是他内心里又不甘于为别人打工，他想自己去闯闯。他把自己的纠

三、开拓创新 争当创业先锋

结告诉了陈老师。陈老师和他谈了一个下午,她鼓励吴帅去创业。她分析了吴帅身上很多优点,比如勤奋好学、悟性高、肯吃苦、善于沟通、善于发现问题。陈老师说学校也非常鼓励学生创业,而且科教城东区的大学生创业园政策很好,免费提供办公室,还减免税收等,让他可以大胆试试。在陈老师的鼓励下,吴帅决定创业。

万事开头难,对创业到底要做哪些工作,吴帅一无所知。在陈老师的指导下,从注册公司名,到购买办公室设备,再到印刷宣传单拉业务,吴帅完成了创业的第一步。在注册公司的时候,吴帅怀着忐忑的心情,找到了学生处的江新老师,希望江新老师提供房屋租赁合同、产权证复印件等。江新老师非常热情,他希望更多的大学生都能放开手去自己创业,他鼓励吴帅好好做下去,力争成为常州信息产业园里大学生创业公司的标杆。

吴帅得到了学校的鼓励和帮助后,创业的热情更加高涨。当时为了节约成本,他去买了很多二手电器,比如二手打印机、二手电脑、二手空调等。为了帮吴帅筹备更多的创业资金,陈老师又从朋友处拉来新的设计业务,她带着吴帅连夜加班,给对方公司完成产品画册设计、宣传单设计等,这笔设计费成了吴帅购买第一台新电脑的启动资金。公司成立后,吴帅压力非常大,因为新公司的业务较少,之前大部分业务都是陈老师给吴帅介绍的,现在他要自己去拉业务,让公司更好地独立!

那年夏天,吴帅顶着炎热的天气,背着一大包名片、宣传单去扫楼,一家家上门推销自己的公司。别看这种方法原始简单,但确实为他带来了不少业务。他尝到了甜头,干劲十足,只要有人找他,不管大单小单,甚至不赚钱,他也去做。他觉得做了才能了解更多的市场需求,才能积累更多的业务资源。

公司成立一年没有亏损,反而赚了一笔钱,这对吴帅来说非常不易,也更加坚定了他继续创业的决心。他非常感谢学校给自己提供了这么好的创业环境,没有房租的困扰,真的为他节省了一大笔创业资金。第二年,吴帅慢慢地把会展业务做起来了,从小的展厅设计开始,他逐步了解了整个会展搭建的全部流程。他说:"虽然在课堂上,老师经常给我们讲会展设计搭建施工的流程及复杂程度,但只有自己真正做了,才明白老师所说的那些知识。"为了让会展业务进展得更加顺畅,吴帅做了个大胆的举动。他在常州租了一个厂房,开始加工生产会展道具。为了让加工厂的业务发展起来,他邀请来了自己的父亲。他的父亲也是一位会展从业者,一直在北京的会展公司里从事会展设备生产和搭建工作。吴帅说,工厂建成后,他压力更大,毕竟厂房租金、设备资金都是很大的开销。为了更快地掌握会展生产技术,他经常连续多日在工厂里加班,什么蚊虫叮咬,什么木屑灰尘,他毫无感觉。就这样,吴帅开始了他的"以会展战天下"的计划。

2018年,吴帅的会展公司业务发展非常迅速。此时,他并不满足在常州把公司做好,他想去中国的会展中心城市发展他的会展梦想。2018年11月,他将公司迁至上海,注册了易德会展服务有限公司,注册资金500万元。时至今年,他的易德会展已经发展了4年,公司业务足迹遍布中国各大省市,服务的客户有100多家,其中不乏高校、博物馆和一些知名企业。他从常州的3人团队发展至上海的数十人团队,从年销售额几十万元到现在的上百万元,他的创业是成功的。2020年吴帅带着他的易德会展,参加了江苏省的"互联网+"大学生创新创业大赛,获得了三等奖。在比赛过程中,学校双创中心为团队邀请了多名专家,为吴帅的公司提出诸多建议,双创中心的江新老师等人也一直对吴帅的项目尽心指导。吴帅说:"专家和老师们的宝贵建议真的非常好,这让我更加明确了自己公司的未来发展方向。非常感谢学校邀请我参赛,参赛可以学习他人创业的成功经验,同时也能检查自己的不足,收获很多。"

吴帅说,创业是一件非常辛苦的事情,但也是一件非常有意义的事情,它能让人迅速成长,让自己发掘更多潜力。他给自己定了非常清晰的目标:未来两年内,要让公司的年营业额突破千万元,让更多企业因会展拥有更多产品的回报。

(常州信息职业技术学院招生就业处　供稿)

三、开拓创新 争当创业先锋

苗伟男:"95后"鹦鹉大王

> 苗伟男,男,江苏农牧科技职业学院2017届动物医学检验技术专业毕业生。受家庭影响,他从小喜欢鸟类养殖,在校期间创建了鹦鹉社团,并白手起家开展鹦鹉养殖繁育的创业,毕业后突破产业发展难题,进一步扩大鹦鹉驯化、鸟类用品等相关产业,年销售额超千万元,获江苏省优秀创业青年、全国农牧业创新创业导师等多项荣誉。

  苗伟男的爷爷和爸爸都是兽医,他从小就对鸟类情有独钟,家里养了很多鹦鹉。2012年9月,还在读高二的他把自己第一次繁殖出的一对小鸽子通过QQ成功地销售了出去,从此"鸟生意"在他心中埋下了种子。每到节假日,苗伟男就跑到花鸟市场观察商家售卖的小动物,也结交了不少有共同爱好的朋友。2014年,填报高考志愿时,苗伟男不顾家人反对,选择了江苏农牧科技职业学院动物医学检验技术专业。一次偶然机会,老师带他一同去当地动物园为一只受了伤的鹦鹉看病。为了救治这只受伤的鹦鹉,苗伟男经常向老师请教有关鹦鹉疾病防控方面的知识,每天自费乘车前往动物园查看救治情况,并亲自为其换药、给药。在他的悉心照料下,受伤的鹦鹉很快恢复健康。救治期间,苗伟男对这种美丽、聪明的鹦鹉有了更深入的认识。2014年第一学期,在校团委的支持下,苗伟男创建了"鹦鹉社团",并担任首任社长。

  大学期间,苗伟男特别喜欢钻研有关鹦鹉方面的书籍和资料。他了解到,鹦鹉智商高、寿命长、会说话,经过人工驯导后,适合作为陪伴留守儿童、空巢老人的宠物甚至导盲,羽毛和斑纹也具有较强的观赏性。因此,鹦鹉在宠物消费市场中已快速成长为一匹黑马。而学校质量立校、特色兴校、人才强校、科研促校,将"科研"要素融入人才培养全过程,系统构建了"工学研融合、产教创一体"的人才培养体系,鼓励在校学生结合自己的专业创业。能不能把高中在网上卖鸟的事业做得更大一些? 能不能运用自己现在所学的知识,创更大的事业? 带着心中的疑问,他找到班主任解老师探讨宠物鸟创业的前景。解老师说:"大二的时候你要是选择创业,寒假任务就是去几个省市进行市场调研。"经过调查,苗伟男发现市场还处在启蒙阶段,许多人对鹦鹉养殖知识欠缺,市场引入意愿不足,市场几乎还是空白。于是,他怀着憧憬,在学校"前店后厂(场)"孵化模式的帮助下,走上鹦鹉养殖、繁育的创业路。在校时他就挣到了人生第一桶金,也成了小有名气的"苗老板"。

2017年毕业,苗伟男和女友一起来到宿迁市湖滨新区,创办了金翎羽鹦鹉驯养繁殖场,还有了自己的公司。从幼鸟孵化到成鸟养殖,每一个环节都需要过硬的技术支撑,由于温度、湿度和饲料等驯养技术问题,引进的品种饲养并没有成功,这给刚刚毕业的两个年轻人当头一棒。失败之后,苗伟男开始总结教训,并向母校江苏农牧科技职业学院寻求帮助。

"背有大树好乘凉,这些成绩的取得都离不开母校的支持,尤其是在技术支持上,无论是新品培育还是疾病防控,遇到不能解决的问题,第一时间和学校的老师们联系,他们都是无条件地给予帮助,这是我最强大的后盾。"苗伟男说。在创业过程中,学校不吝资源,为学生提供了国家级水禽种质资源保护基地、现代农牧科技创新示范园基地等科研基地及人才培养创新创业孵化环境,充分发挥科研以及特色人才培养优势,在种质资源保护利用与特禽养殖上深耕细作,把专业人才培养与创新创业融为一体,培养创新型复合型技术技能人才,帮助学生创新创业。

正是在母校的帮助下,苗伟男带领团队突破了不少产业发展难题。近年来掣肘鹦鹉行业发展的最主要的问题是,人工繁育能力满足不了宠物消费市场日益增长的需要。苗伟男和他的伙伴通过反复实验发现:芳香化酶抑制剂能使雌性性腺发生反转,而对雄性睾丸无抑制作用,性反转后的鹦鹉不能通过正常的交配获得后代。团队据此独创了子代繁育阻断技术,即在温度、光照控制下,往种蛋气室注射酶制剂溶液,使得子代鹦鹉失去繁殖后代的功能。这既有效响应了法律规定,保护野生种群稳定,也通过控制鹦鹉的性别提高了市场占有率。苗伟男说:"市面上鹦鹉公鸟,说话语言能力和模仿能力比较强,所以说对公鸟的需求还是比较大。"

团队自主开发的鸟尿裤也是即实用又美观的奇思妙想。鹦鹉是直肠动物,每隔二三十分钟就要排泄一次。为了解决鹦鹉在外时"随处大小便"的问题,2019年苗伟男开始和女友构思设计鸟尿裤。鸟尿裤的制作包括绘画、打版、剪裁和缝制四个环节。纸尿裤外层是棉布,内里是防水布,使用前放入小护垫或者化妆棉,即可防止鸟便外流。鸟尿裤适用的鸟分为小体型和大体型的鸟,根据不同鸟体型量身定做,首先进行绘图,绘好图后进行打版,再进行剪裁,最后上缝纫机进行缝制。人们对生态环境保护意识逐渐增强,文明养鸟、保护环境已成为多数人共识。鸟尿裤的出现,解决了遛鸟人随时携带鸟笼的麻烦,让宠物鹦鹉鸟穿上漂亮的鸟尿裤,便可以随意携带至各个区域。目前,鸟尿裤已销往全国各地,市场占有率超72%。

如今,苗伟男不仅有了成熟的养殖模式,还注册了自己的商标品系。和尚鹦鹉是公司主打品种之一,其自主培育的大白品系,颜色以白色为主,尾巴呈现浅蓝色,因其独特性,很受消费者喜爱。公司已经取得了14种鹦鹉人工繁育资质,成为全国优质种源和宠物鹦鹉供应商。目前,公司年销售额过千万元,还建立了"公司+农户+养殖基地"合作模式。一方面,公司向农户定向提供经过子代繁殖阻断技术处理过的受精蛋,由农户饲养至雏鸟或幼鸟后再由公司回购,通过线上、线下开展销售;另一方面,公司向养殖基地提供种鸟,由养殖基地繁育种蛋后再由公司回购,或由养殖基地通过线上、线下进行销售。与此同时,为带动周边村民致富,公司还与28户农户签订供销协议,实施养殖包销解除农户销路之忧,降低了农户的养殖风险,增加鹦鹉养殖效益。这一模式带动了宿迁市当地10多户养殖户创业和1800多人就业,鹦鹉养殖户曹殿玲对这位"鹦鹉大王"赞不绝口,他说:"苗总人很好,带我们致富了,他人好。"

2022年7月底,苗伟男拿到了2022年江苏省职业院校创新创业大赛一等奖。年销售额超千万元的"鹦鹉大王"成了江苏省优秀创业青年、全国农牧业创新创业导师,这是一份肯定与激励,对凭借其技术踏上养殖致富路的农户也是一个福音。回顾创业历程,苗伟男说:"因为我自己喜欢这个东西,无论遇到任何事情,我自己不停地去攻克,然后去突破,回头看创业过程虽然比较累,但是特别充实。"下一步,他准备拓宽养殖道路,在鹦鹉养殖消耗品上下功夫。同时,他也希望通过自己的力量带领更多人致富。

(江苏农牧科技职业学院　供稿)

强海波:销售额超亿元的电商鞋王

> 强海波,男,1989年出生,安徽蚌埠人,芜湖职业技术学院经济管理学院2011届电子商务专业毕业生。在校期间从姐姐处借的500元起步开始创业,逐步做成集互联网营销、品牌孵化、品牌推广、流量运营等在内的专业整合式电子商务运营商,年营业额超6亿元。

2008年9月,强海波考入芜湖职业技术学院,他回忆,"当初高中毕业那年的暑假,我在火锅店有过兼职经历,觉得钱并不好赚。后来有一位亲戚给我提示,在网上做生意可以赚够学费、生活费,我当时就了解到了电商这一行业。恰好,学校也有开设这方面的课程,于是就果断地填报了电子商务这个专业。"他在电子商务专业课程学习的过程中,聆听学校邀请的一批批创业学长的讲座,书本的知识经过前辈创业成功的实践,让强海波坚定了扎根电子商务领域的决心,也点燃了他早期的创业梦想。"当时学业是比较紧张的,专业性、实践性的课程也多,虽然辛苦,但确实让我学到了不少电商知识,老师也非常鼓励我们动手实践,这给我的创业提供了很好的帮助。"强海波笑着说,"老师比较开明,得知我正在做电商这一方面的创业时,对我说你要是做出了一些成绩,这门课就算你实践通过了。老师们的支持,也成了我进行创业的动力之一吧!"2008年11月,强海波在专业课老师的指导下,尝试着在淘宝网上注册创建店铺,专营女鞋。作为学生的强海波,家里人都在外打工,当时他从姐姐那里借来500元进行创业,经过不断摸索经营,他边学习边实践,半年后,他的店铺信用级别达到一钻。获得初步成功的他萌生出带领班级其他同学一起淘宝创业的想法。2009年初,在系党总支书记、班主任、专业老师的指导下,强海波与同班其他三位同学创办了学校电子商务协会,并担任会长。通过协会一系列活动开展,他让更多的同学、校友深入了解电子商务、淘宝网等信息和知识,他开始带领有相同爱好的校友一起创业。

为了加强学生们创业的实战经验,学校鼓励支持以强海波为代表的有志创业的学生,参加一系列创业相关大赛。例如2009年3月到7月间,阿里巴巴在全国千余所高校里开展的第二届中国大学生"明日网商"的挑战赛,强海波在系部的支持下参赛,

三、开拓创新 争当创业先锋

通过大赛的模拟操作,初步掌握了阿里巴巴这个当时中国最大的电子商务平台的运营规则与实操要领,为后来淘宝网店及天猫、京东、亚马逊等电子商务平台上的创业成功奠定了坚实的基础。2009年10月至2010年10月,经济管理学院开展了"新光杯"大学生网络营销大赛、"我心中的雷锋"主题网页设计大赛等,围绕固定产品实行网络营销,锻炼大学生自主创业能力。强海波同学在系部老师及专业教师的支持下参赛,取得优异的成绩。他通过比赛增强了创业自信,同时也增强了自己的创业技能。

2010年7月,强海波正式成立芜湖佳雨商贸有限公司,并注册"蕾佳娜"品牌,开始经营自己的品牌和公司。8月,公司正式入驻淘宝商城"蕾佳娜服饰旗舰店",进军B2C拓宽市场。在他的带领下,2011届电商班许多同学争相投身创业,注册自己的创业公司及品牌。同年,强海波将店铺开至天猫店,并陆续在京东、亚马逊、速卖通等各大平台开设了自己的商城。创业路上的强海波,一直思考如何回馈系部的培养和支持,他积极履行帮扶承诺,多次举办讲座传授创业知识、分享创业经验,发挥示范和辐射作用,带领同学创业就业。

2012年,芜湖职业技术学院获批安徽省AA级大学生创业园资质。强海波和其他22名校友的创业项目进驻孵化。在学校创业指导学院专业团队的指导和学校在场地、智力等政策扶持下,一批创业学生成绩斐然。2014年,强海波成立芜湖汇品电子商务有限公司,并先后引入"名将""远波""回力""人本"等国内知名品牌,为后续以合作品牌发展突破策略奠定了坚实基础。2020年至今,强海波先后成立杭州昊诺电子商务有限公司、芜湖东昊网络科技有限公司,全面布局新媒体电商版块并开始集团化发展。2022年,公司再次引入"Kappa""鸿星尔克"等知名品牌,公司迎来再一次的迅速发展。

目前,芜湖东昊网络科技有限公司已成为一家集互联网营销、品牌孵化、品牌推广、流量运营等在内的专业整合式电子商务运营商,与国内多个知名品牌达成战略合作,并具有多起品牌孵化成功案例,业务触角覆盖了主流线上平台,包括抖音、快手、小红书、天猫、京东、拼多多、淘宝、唯品会、得物、阿里巴巴等。截至2021年12月,东昊网络旗下客户资源数超过5000万,积累了1000万以上的线上粉丝资源,以"厚植有利于创新创业的土壤,让梦想发芽"为企业愿景,持续深耕于电商行业,致力于成为具有全球影响力的合伙人平台。

2021年3月,强海波正式布局抖音平台,以内容价值为核心进行团队孵化和运营,团队人员规模达150多人。2021年单平台销售额超5亿元,2022年上半年销售额超3亿元。日销售额380万/单日/单店,商品交易总额(GMV)1800万/月/单店,超过李宁、百丽等国内知名品牌。2022年3月17日开播,5月份做到抖音平台鞋靴箱包店铺排行榜第一、服饰鞋帽品牌榜第二,并持续霸占榜单,场均80万/天、月均投放"350万以上",1天度过冷启动期,2天日均过千单,2个月日均过万单。

2021年6月,强海波正式布局快手平台,1个月时间,GMV突破千万,平均同时在线人数(ACU)突破500,投资回报率(ROI)超过10。2021年单平台销售额达8000万,2022年上半年销售额超3000万。品牌旗舰店开播1个月粉丝突破38万,单场GMV最高达700万。当月11日开播直播代购,10个月粉丝达到121万;单场最高销量6万多单,付费投产ROI>8,涨粉超过10万;10条单视频播放量超过1000万;100条单视频播放量100万以上。

2021年12月,强海波着手小红书平台,培养孵化达人上百位,自运营账号300个以上,平均爆文率在15.3%,优质账号的成长速度在2个月左右。品牌曝光量超1亿次,日常单品文章曝光量可达30万~50万人次。合作达人已逾5000人,粉丝量最高达2800万,自运营账号超百个。

目前,强海波已经拥有40多家天猫店铺,40家拼多多店铺,12家京东店铺,3家唯品会店铺,3家得物店铺等计180余家店铺,团队规模达200人以上。2021年销售额达12亿元,2022年上半年销售额达6亿元。

强海波一直认为,他取得今天的创业业绩离不开学校和老师的帮助。公司发展过程中,他一直与母校保持密切联系。芜湖东吴网络科技有限公司与学校电子商务专业签订了校企合作协议,在分类招生选拔、专业建设、实习实训及就业等环节,强海波都给予了较大支持。无论时间多么紧张,强海波都会定期来校为学弟学妹们开展创业讲座。他自己说:希望通过自己的切身体会,与学弟学妹们分享,让他们少走弯路,增加创业成功的可能性。

作为芜湖职业技术学院优秀创业学生,强海波一直在思考能给他人、给社会带来什么。引用他自己的话:"我们最擅长的就是卖鞋,那我们就于鞋子领域在芜湖造就一个全国知名的鞋品基地,成就更多的大学生,带动更多人就业、创业,创立一些我们国人喜欢的、爱穿的民族品牌,把我们的国货发扬光大。这也许就是我们的愿景。"

(芜湖职业技术学院招生就业处　供稿)

三、开拓创新 争当创业先锋

董大鹏：为智能机器人提供最稳定的底盘

> 董大鹏，男，山东商业职业技术学院2015届机电一体化专业毕业生，极创机器人智能科技（山东）有限公司CEO兼总经理。曾获山东省大学生十大创业之星，泰山区十大杰出青年，山东省"互联网＋"新锐人物，泰安市挑山工精神获得者，山东省青年创新榜样等荣誉。2019年代表山东商业职业技术学院获得全国大学生创新创业大赛总决赛金奖，是当年山东省唯一获得金奖的项目。

董大鹏自幼喜欢动手，科技发明小有成就的经历使得他一步入大学就开始参加各类科技竞赛。他因科技兴趣浓厚，大二时被选举为校科技创新创业协会会长，从零开始招募到一百名会员并逐步筛选为十人创新团队。团队成立后，在老师的带领下，团队屡创省级、国家级比赛奖项新高。董大鹏看到新闻上多次出现汽车开门撞伤人的事件，为避免这一事故的发生，他开发了一种汽车安全开门防撞装置，避免了鲁莽开门造成的安全隐患。这一研究方案得到了专家认可，荣获"2013年山东省大学生机电产品创新设计竞赛"二等奖。此后，他的科技发明在全国大赛上摘金夺银。轮式立体栽培机械荣获"2014年山东省大学生机电产品创新设计竞赛"一等奖和全国机械设计大赛国赛二等奖；多用途变形履带车荣获"2013年山东省大学生机电产品创新设计竞赛"一等奖；无线充电教杆鼠标荣获"2013年山东省大学生机电产品创新设计竞赛"一等奖，他的发明还被推荐到第十届（新加坡）国际市场营销大赛中国区选拔赛暨第七届全国商科院校技能大赛市场营销专业竞赛中，荣获三等奖。

董大鹏是非常注意观察并捕捉新技术动向的人，在第一次参加科技竞赛时，一个履带式侦查机器人的出现便吸引了他的注意。在得知该底盘花销三万多元时，他萌生了专注于移动机器人底盘产业创业的想法。经过深入调查和市场调研，董大鹏发现：随着机器人领域的发展，移动机器人大多使用轨道、轮式、履带式的移动方式。然而它们都有弊端，轨道施工麻烦，灵活性低；轮式虽然灵活但难以适用复杂地形，作业环境有限。综合分析以上因素，履带式底盘自然成了移动机器人的首选。于是董大鹏带领团队开始了创业试水，研发试制履带底盘后，他们利用阿里巴巴、淘宝店铺等平台上传自己的产品图片、参数和介绍进行宣传。为了让客户能够搜索到自己，紧跟客户搜索的关键词及时调整上下架，为了增加浏览机会，在站内和站外同时做推广。苦心人天不负，网站的浏览量终于开始稳定，并且不断有人咨询产品并下单采购。就这样，董大鹏团队开始了白天上课，晚上加班生产的日子。

2014年7月，几乎所有的同学都找到满意的实习单位开始顶岗实习时，董大鹏还在钻研着他的履带式通用底盘，几经思考后，他结束了学校所有课程决定创业。把工作室搬到家乡泰安并成立了泰安极创机器人科技有限公司后，董大鹏、王礼生以及1995年出生的师弟邵庆然开始了创业之路。三人投资15万元资金，自主研发了四五款履带式机器人通用底盘。

2015年，全国大学生创业基金申报评审在郑州西亚斯国际学院召开，董大鹏在会上对该创业项目做了如实汇报，顺利吸引了数家风投企业洽谈，并获得了入围资格。后在天津举办的创业竞赛全国总决赛中获奖，此次项目共有全国2300余个大学生创业团队参与评选，60余个项目晋级决赛，公司项目代表学校在全国团队中脱颖而出，获全国一等奖，并赴广州接受颁奖典礼，彼时同台获奖的几乎都是博士团队和国外大学团队。第二年，公司已成为国内为数不多的专业履带式底盘供应商。

2019年，董大鹏带着"让机器人畅快奔跑－极创机器人底盘项目"代表学校参加由浙大主办的第五届中国"互联网＋"大学生创新创业大赛总决赛，代表作品受到了极大关注，团队完成千万级PreA轮融资，运营再创新高。经过多年在行业内深耕，董大鹏的极创机器人已经发展为国内机器人底盘领军企业，员工达到70余人，在深圳设有分公司，是集生产、研发、销售为一体的国家高新技术企业。董大鹏对企业承担社会责任十分看重，他严于律己，关心职工，处处流露出人文关怀。企业运营上他规范管理，严于律己，无论在工作当中还是工余时间，都具有很强的亲和力和感召力。在疫情期间，他们仅用十天研发了智能防疫消杀机器人，捐赠给防疫部门，并使其加入防疫队伍中去，在最关键的时刻顺利交付武汉各大医院和社区五十余台防疫机器人，为抗击疫情贡献了力量。

董大鹏还带领公司广泛与各大科研院所、高校及企业建立合作关系，机器人底盘技术和产品得以不断优化发展。公司拥有四十余项专利，获得外界的无数好评。多年来，董大鹏在创业道路上一路披荆斩棘，专注于高精度轻量化减震底盘，解决了机器人行业对于移动作业和运动场景应用的要求，在机器人关键部件领域脚踏实地的研究移动机器人移动技术，填补了机器人市场上升期对底盘强烈需求的空白，为机器人产业奉献了绵薄之力。

机器人产业是一个全新的划时代的革命性产业，这种划时代的革命性的产业必然会给很多人带来发展的机遇和挑战，也会改变更多人的命运。机器人产业与30年前的个人电脑、20年前的手提电话、15年前的移动互联网类似。由此看来，机器人产业可能会应验盖茨的预言:它会重走个人电脑崛起的道路,并彻底改变这个世界。而董大鹏,将继续带领极创底盘团队,迎接新一轮浪潮!

(山东商业职业技术学院就业指导中心　供稿)

代振忠：服务地方信息化建设的青创先锋

> 代振忠，男，1982年出生，山东菏泽人，中共党员，日照职业技术学院2008届计算机多媒体技术专业毕业生。2011年创立了山东至信信息科技股份有限公司，现任董事长兼总经理。担任山东省青年联合会委员、日照市人大代表、市工商联执委、东港区政协常委委员、中国社区发展协会职业教育工作委员会副理事长、山东省省职教社青年创新创业工作委员会委员、日照市大数据产业协会副会长兼秘书长、日照市青年企业家商会副会长、日照市四叶草爱心志愿者协会理事长等职务。

代振忠出生于山东省菏泽市东明县的一个小山村，从小成长在一个普通的农村家庭，父母都是老实巴交的农民，在上大学之前，他从来没有走出过县城，更不用提拥有一台电脑。第一次见电脑还是在亲戚家，他碰都不敢碰一下，但是对它展现出来的一切都充满了憧憬。2005年高考结束，代振忠经过深思熟虑，出于对计算机的浓厚兴趣，怀揣着对大海的向往，来到了山东东部沿海城市日照，就读于日照职业技术学院计算机多媒体技术专业。

三年的高职学习经历，不仅给代振忠奠定了坚实的专业基础，也为他打开了一扇通往成功之路的大门。在学校里的三年，代振忠过得非常充实，每天都像一块海绵一样，如饥似渴地吸收知识，锻炼技能。学校提供了很好的学习条件，开设的课程非常先进和实用。早在2006年日照职业技术学院就开设了PHP语言Web开发课程，这门语言现在已经发展为最流行的编程语言之一。当时很多老师既年轻又有激情，动手能力很强，手把手教编程序、做软件。从大二开始，代振忠被老师选中参与了几个网站系统的开发。虽然只是几个规模不大的网站，但通过实际项目的锻炼，让他切身感受到了技术的价值，也从中体会到了软件开发的乐趣，从此以后一发不可收拾。在老师的帮助下，代振忠独立承接了一些网站和程序的开发，逐渐具备了独立开发的能力。

毕业之初，代振忠在老师介绍下进入当地一家科技公司做Web开发程序员，一干

三、开拓创新 争当创业先锋

就是三年,很快成长为这家小企业的技术骨干,在当地收入可观,但他并未因此满足。当时的日照市作为一座新兴城市,各行各业信息化处于起步阶段,市场需求十分旺盛,而IT企业大都是小企业,做产品代理,具备自主开发能力的企业凤毛麟角。信息产业作为朝阳产业,政府支持力度大,优惠政策多,代振忠瞅准了这个机遇,在2011年果断辞职创业,凭借着自己工作几年的积蓄和从亲戚朋友那里凑来的5万元启动资金,开启了自己的创业之路。

创立之初的至信科技只有2名员工,租赁了不到50平方米的门面房,是不折不扣的"微型企业"。但凭借着精准的市场定位、扎实的产品、良好的信誉和细致周到的服务,公司迅速得到市场认可,从做小网站起步,逐步发展到承担日照市政府部门的信息化项目,一直到承担全省政府机关、事业单位、高校的项目,至信科技在短短几年内实现了规模和效益的跨越式发展,迅速成长为日照市软件行业龙头。

2015年,作为日照职业技术学院优秀毕业生,代振忠与母校联合共建了高标准一体化软件研发基地——日照智慧城市研发中心,与日照职业技术学院建立校企深度合作关系,合作共建省级科技创新平台和技术研发中心4项,市级实验室2项,在高校兼职企业导师6人,共同建立就业创业导师工作室、软件技术专业产教融合教学试点班。日照智慧城市研发中心,作为教学实训与科研转化基地,确定了"人才共育、过程共管、成果共享、责任共担"的发展思路。截至2021年12月底,共接收教师顶岗56人,实训培养学生400余人,联合成功申报项目及课题共40余项。

2020年,突如其来的新冠疫情打乱了整个社会的生产生活秩序,面对严峻的防疫形势,代振忠提前结束假期,第一时间与日照市大数据发展局、市公安局等疫情防控信息化相关部门取得联系,集中公司精干力量组建疫情防控平台研发小组,开发并免费提供"疫情防控管理云平台"用于全市抗击疫情工作,为疫情防控管理决策提供数据支持。他不眠不休地为疫情防控奔走,带着突击小组通宵达旦地开展研发,累了沙发上窝一会,饿了泡面凑合一下。就这样以最快的速度开发完成平台并投入使用。想到学校是人员密集型场所,也是疫情防控的工作重地,代振忠为母校免费定制开发了一套疫情防控指挥调度管理系统,解决疫情防控期间数据采集和远程调度的难题,并向母校捐赠消杀防护用品,助力校园疫情防控工作的顺利开展。

2021年,日照市五莲县爆发新一轮新冠疫情,代振忠带领至信科技疫情防控小组第一时间组织全体员工按疫情防控要求有计划地进行三轮核酸检测,并筛查上报公司员工行动轨迹,为打赢疫情防控阻击战贡献企业的力量。与此同时,至信科技用最快的时间调集了一批疫情防护物资,通过市共青团团委向五莲疫区捐赠N95防护口罩共计30000只。

在代振忠带领下,至信科技成长为一家集软件研发、创新系统集成、大数据、云计算、物联网及人工智能等服务为一体的综合性国家级高新技术企业,员工156人,70%

以上为技术研发人员,拥有完善的自主研发体系,产业布局涉及政务、教育、民生、应急、监管、党建、旅游、园区、交通、公检法等智慧应用领域,服务全国800余家政企单位,研发行业平台系统400余个。公司精耕优势行业,持续迭代智慧政务、智慧校园等产品及应用,持续深化发展,向客户提供一体化解决方案和技术服务,被认定为山东省"瞪羚企业""专精特新企业""产教融合型企业""高端品牌培育企业"和日照市重点培植企业、数字经济领军企业。

作为高职生的优秀代表,代振忠创造了一名普通高职生从零开始、白手起家的创业奇迹。2018年,代振忠荣获职业教育国家级教学成果奖,日照市"互联网+"创业青年企业家,同年,荣获中国产学研合作创新成果奖,并与团队攻关省重点研发项目课题"大数据关键技术在山东农业领域的综合应用"。2019年带领团队以"边缘计算智能盒子"获第三届山东省科技工作者创新大赛三等奖,以"物联网与互联网异网同构综合智能平台"获日照市科学技术奖二等奖。2020年成为第一批东港区有突出贡献的中青年专家。2021年荣获山东省大数据产业"领军人物",同年获评中国电子企业协会全国优秀企业家称号。现拥有五项专利,参与十余项国家、团体、行业等标准的编写。

作为一个农民子弟家庭出身的企业家,尤其是经历了白手起家的创业过程,代振忠始终怀有一颗感恩回报的赤子之心,积极履行社会责任,热心参与教育、扶贫、援疆、抗疫等公益事业,积极为城市建设与教育事业发展提供助力。2011年至2022年4月,代振忠带领至信科技累计向社会组织、教育及科研机构捐赠物资及现金1600余万元,以亲身经历、实际行动书写当代青年盛世青春的奋斗华彩。

代振忠说,"我们也想做日照'腾讯'、日照'阿里'……为此,我们还有很长的路要走。"在创业创新的道路上,既要有脚踏实地的韧性,也要有敢于仰望星空的勇气,他带领着山东至信信息科技股份有限公司正蓬勃向上、大跨步向前!

(日照职业技术学院校友办公室　供稿)

三、开拓创新 争当创业先锋

范明凯:高端互联网教培机构经理人

> 范明凯,男,汉族,1995年10月出生,滨州职业学院2017届网络技术专业毕业生。现任北京华清远见科技发展有限公司上海分公司中心主任,华清远见上海分公司股东代表及联合创始人。作为专业嵌入式技术服务机构的负责人之一,范明凯一直秉持"做良心教育、做专业教育、做受人尊敬的职业教育"的新发展理念,凭借卓越的品质保障和务实的做事风格,以标准的高端培训服务于长三角地区,在业界获得了非常好的口碑。

2014年9月,范明凯考取了滨州职业学院信息工程学院网络技术专业。在校期间,他清醒地认识到,作为一名当代大学生,只有努力提升自身素质,自觉做到理论与实践相结合,才能在实现中华民族伟大复兴的历史征程中实现自己的人生价值。所以他充分利用好这一省级特色专业的优势,跟随"2+1"项目导向模式用心学习,利用专业的省级精品课程学习平台不断拓宽视野。大学三年他虚心向老师和同学请教,夯实相关专业理论知识,积极参加社会实践,将自己所学、所长服务于同学和社会,受到了师生的一致好评,先后获得学院优秀学生干部、国家励志奖学金等荣誉。

2017年毕业以后,范明凯的第一份工作是面向教育行业的互联网运营岗位,面对新的环境,他脚踏实地,兢兢业业,秉持"干一行爱一行、爱一行钻一行、钻一行精一行"的理念,虚心向富有工作经验的同事请教,坚持每天比别人早来一会儿晚走一会儿,用自己的实际行动践行工匠精神。范明凯不懈地努力和付出赢得了公司和同事的认可,先后两次被评为"公司最佳新人",被公司提前转正,并作为储备干部重点培养。

2017年年底,范明凯凭借关键绩效指标(KPI)考核第一的出色成绩,被公司直接任命为大数据新的事业部副总经理,负责新事业部的教学研发、高校合作以及人才输送事宜。2018年5月,范明凯被任命为公司济南高新区中心运营总监。职务的提升、大幅的涨薪和角色的转变并没有改变他的初心,反而使他更清醒地认识到所肩负的责任和使命,也更加懂得了担当,每当有加班需要时,他总是第一个站出来,两年来他从来没有过周末休息,加班到凌晨一两点是常态。工作之余他开始研读企业管理方面的专业理论和书籍,充实提高自己,并将专业的管理理念应用于团队建设,不断提升团队的凝聚力和战斗力。在他的带领和团队的共同努力下,公司济南高新区中心运营2018年整年销售额为570万,净利润达到16%,被公司多次评为最佳优秀管理团队。年会上,公司总裁评价他说,"明凯是最有管理天赋的年轻人!"

由于公司业务向新媒体转型,与范明凯从事IT相关行业最初的梦想和坚守有一定的距离,他有了突破自我的想法。2019年,他积极与华清远见(济南中心)总经理李鹏就华清远见集团上海中心的创建进行沟通。凭借全面的综合素质和能力,他在众多应聘者中脱颖而出,成功应聘华清远见集团上海中心主任。

理想很丰满,现实很骨感。初到上海,面临着公司选址、团队组建等一系列困难,各种压力也接踵而至。这个时候,他就默默地问自己最初的梦想是什么?也暗暗鼓励自己"人生能有几回搏?此时不搏何时搏!"。经过不懈的努力,公司取得年市场销售额突破二百万、纯利润率达到14%的骄人业绩,并与几十家高校建立联合实验室。

在上一家公司积累的经验告诉范明凯,公司要往高处走,就必须有系统的制度设计,如果没有规范化的基础管理,没有优质服务,每一个"小问题"都可能是公司的一个"漏斗",每一个环节都可能给公司带来致命的破坏。因此,作为一名年轻的创业者,他非常重视管理和服务,注重体制机制创新,给公司注入新的活力,使公司在激烈的竞争中得到发展,为当地的经济发展做出了积极的贡献。

基础管理的根本要义就是精细化管理,范明凯严格落实责任制,实施"一对一"管理,注重体系建设,保证人人都在管事,事事都有人管,公司的一切都在规范化的管理中运行。为了提高服务质量,适应市场需要,他重视市场调查、顾客反馈,不断改进和提高产品质量,为公司站稳市场打下了坚实的基础。

范明凯回顾自己奋斗的历程和取得的成绩,多次提到这都与他的母校——滨州职业学院三年的辛勤培育密不可分。"是母校给了我理论基础和专业技术知识,是母校给我指引了正确的发展方向和奋斗目标……从前、现在和将来,无论身在何处,我都会非常自豪地向别人介绍母校——滨州职业学院,是母校、恩师培养了我,教会了我如何生存、如何做人做事。"

刚开始创业的时候,他经常回到学校谈一谈自己工作中存在的问题和困惑,信息工程学院李莉院长耐心细致地给他做思想工作,给他鼓劲。他曾和李莉说:"在外面无论什么样的地位和成就,回来依然是您的孩子。"李莉也极力推荐上海朋友的资源,令他非常感动。为报答母校恩情,他每年都前往学校招聘学弟学妹到公司工作,为学弟学妹安排合理的岗位,为个人成才积极搭建平台。2020年,因新冠肺炎疫情,过去大量的课程依靠网课实现,范明凯公司研发的线上教学平台为各大高校提供免费线上平台资源,及时疏解了教学资源的供需矛盾,消减了疫情带来的影响,积极履行了企业的社会责任。

随着疫情的变化,范明凯公司的业务也不断地扩大,但创业永远在路上,而这一路上的每一个点滴都幻化成一个个独特的音符,成为自己一生的骄傲!范明凯表示:"人生是一块画板,我们就是自己最好的画家。选择拼搏就是选择了一种生活方式,就是选择了一种尊重。一个人自身的存在,都有一种自我实现的渴望,生命在追赶中前进。"

(滨州职业学院　供稿)

杨西炜：寝室冲凉冲出为群众解愁的创业金点子

> 杨西炜，男，中共党员，1999年出生，湖南株洲人，2020年毕业于长沙民政职业技术学院机电一体化专业。曾获评中国大学生年度人物提名奖、湖南向上向善好青年、湖南省百佳优秀大学生党员，荣获第五届中国"互联网＋"大学生创新创业大赛金奖、第三届中华职业教育创新创业大赛全国冠军、第十二届"挑战杯"中国大学生创业计划竞赛全国铜奖。

2017年，杨西炜入学长沙民政职业技术学院机电一体化专业。民政是以服务社会为中心的服务行业，往往干的都是最脏最累的活。在学校的三年，有一句话影响着杨西炜的价值观，那就是"上为国家分忧，下为群众解愁"，正是这句话，让他更加坚定地认为，我们国家从来都不缺高大上的企业家，而缺真真正正能为国家、为人民多做点实事的创业者，学习机电一体化专业就是要为民政人改善工作条件，提升工作效率，为民政服务对象带去更为便捷的生活设施，提升他们的生活质量。因此，杨西炜选择的创业是别人眼中的"脏累活"，他聚焦于城市楼宇的中央热水、中央空调节能改造，以及响应国家乡村振兴号召专注于农村生活污水整治。在大部分人眼中这并不是一个年轻人喜欢去干的事情，似乎只有金融和白领才是一个大学生值得去追求的工作。

在大学时期，杨西炜开启了他的第一段创业。学生在寝室洗澡时常会遇到热水供应不足、出水压力不够、蓄水温度不高等问题，洗澡冲凉一个简简单单的生活常态，却成为许许多多同学的生活痛点，他自己也深有体会。于是他思考能不能结合自己所学的电子信息工程技术，应用到学校寝室的热水供应上面，解决洗澡难的问题。在找到创新方向后，他得到了学校的大力支持并带领团队开始了产品研发。

从大一起，杨西炜就没有周末和放假的概念，只要有空闲的时间，就拼命地研发。从项目立项到产品研发，从硬件设计到软件开发，杨西炜带领团队全身心投入技术创新中，先后申请了十余项国家专利和软件著作权，三项国家级产品认证。2018年，他推出了第一代中央热水能源管理平台，在解决中央热水稳定性的基础上还提升了设备30%左右的节能率，产品很快获得了市场的高度关注。2019年，他带领团队成立了湖南青创

三、开拓创新 争当创业先锋

丝路科技有限公司,获得天使轮融资200万元。产品先后在浙江大学、同济大学、山东农业大学等近500家学校、酒店等单位进行了应用。

2019年,杨西炜带领项目团队先后荣获了第五届中国"互联网+"大学生创新创业的全国金奖,创造了湖南省高职院校在"互联网+"大赛国赛中的首金,并作为湖南省唯一的代表团受到了国务院副总理孙春兰的亲切接见,获央视、湖南卫视、人民日报等媒体专题报道。此后,杨西炜团队又荣获了第三届中华职业教育创新创业的全国冠军,创造了湖南省高职院校的最好成绩,获得了全国人大常委会副委员长郝明金的亲自颁奖。

时间来到了2020年,突如其来的新冠疫情让团队措手不及。2020年他们面临着两大问题,第一是疫情,第二是毕业。大学生创业有一句老话,毕业季即解散季。很多创业团队会因为毕业时面临高质量就业、入学深造、出国留学等问题,导致团队核心成员流失,从而使整个创业项目难以形成有效的、可持续的生产力。

杨西炜开始思考起来:疫情影响带来的酒店停业、学校停学使中央热水项目直接停滞,杨西炜结合新冠疫情和厕所革命趋势,决定解决高校复学返校的公厕学生扎堆排队造成疫情感染的痛点问题。他带领团队研发出了"监厕灵"校园智慧厕所系统,打造出一个能高效保障校园公厕疫情防范安全的智慧厕所。该厕所不仅能及时检测如厕人数,通过手机反馈给学生,避免同学扎堆如厕造成交叉感染的风险,更能实时监测厕所的空气质量等卫生环境情况,及时高效地让卫生工作人员去清理厕所,避免重复低效率的打扫。在此基础上,他们还推出体温检测和自动冲洗功能,尽最大力度地保障同学们的安全和学校复学防疫工作的开展,助力疫情防控和厕所革命,向全国校园科技厕所革命迈出第一步。

新产品新市场的及时开拓,让原本很脆弱的大学生创业活过了2020的疫情。随着复工复产的推进,到了6月,中央热水的市场份额企稳回升,并且智慧厕所的项目也获得了大量的社会关注和应用,成功入选为中国厕所产业技术联盟32家企业之一,成为智慧厕所的唯一代表。2020年,杨西炜的公司更是获评2020中国中小企业十佳新锐品牌和中国城市环境卫生协会会员单位,企业的发展又迈上了新的台阶。

2021年,杨西炜积极响应国家乡村振兴战略号召,结合以往技术优势,与江苏一家专注于农村户厕生活污水治理的登高环保科技有限公司开启了全新技术合作。为了全面促进国家乡村振兴战略实施,提升农民的幸福感,国家采用全额财政补贴,免费为农户将厕所改造成新材料化粪池。但是目前改厕过程中仍存在大量问题和不足,尤其是农村生活污水治理后二次利用等技术匮乏。于是杨西炜和登高环保的邓总上山下乡,足迹遍布湖南省37个县近200个乡镇。看到很多农村空巢老人依旧使用着传统深坑旱厕,两块木板一个坑、臭气熏天、蚊虫环绕,杨西炜很感谢国家能关注到农户的如厕问题,下定决心一定要提供最优质的产品和服务,用最低的价格为每一位农户提供干净、卫生、安全、舒适的农村户厕。上厕所这件小事,成为他追求的人生大事。

杨西炜带领团队利用智慧中央热水、智慧厕所技术的积累,让新型化粪池通过水循环利用原理,可以将处理干净的污水通过回水循环装置重复冲厕利用,解决农村厕所供水不足的痛点;利用多年平台开发的经历,搭建农村户厕网格化管理平台,来解决农村户厕管理分散问题,从而落实网格化一体管理;利用多年产品工艺设计的经验,将新型的玻璃钢三格化粪池创新为六格化粪池,利用折流、跌水等工艺,使化粪池污水处理更加高效和彻底。目前该产品已在湖南株洲、湘西、娄底、常德等多个地市州县应用,获得了湖南省农业农村厅、湖南省乡村振兴局的官方肯定,市场应用前景巨大。

现在杨西炜已经做到了以物联网技术为核心,未来智慧城市和智慧农村发展为场景,以热水、厕所这些贴近民生的项目为基点,通过智慧中央热水和智慧厕所为城市智慧化公共设施改造提供技术支撑,依托智慧化农村生活污水治理设施,为农村乡村振兴战略提供技术创新引领,真真正正地用职教学子不怕苦、不怕累的精神,为国家经济社会发展、技术创新进步、乡村振兴实施、民政民生福祉贡献新时代青年职教学子的创新创业力量。

(长沙民政职业技术学院　供稿)

三、开拓创新 争当创业先锋

解华林：高职扩招缘就的返乡"硅途"

> 解华林，男，1978年4月出生，岳阳职业技术学院2022届市场营销专业毕业生。2019年9月通过高职扩招入读该专业，从事晶体方面工作二十余年，已掌握了晶振的封装及石英晶片、陶瓷基座、上盖的全套生产技术，个人获得一级人力资源管理证书及多项国家发明专利与实用新型专利荣誉。2020年，他组建创业团队，募资成立湖南国创同芯科技有限公司，专业从事SMD陶瓷晶振的生产与销售。国创同芯科技有限公司现已取得注册商标2个、发明专利3个、实用新型专利9个。公司现有员工40多人，其中工程技术人员及企业管理人员10多名，该公司已迅速成长为一家专业从事集石英晶体元器件研发、制造、销售为一体的高科技企业。

认识解华林的人都说，他身上既有商人的激情与果敢，又有文人的儒雅与谦恭，可解华林自己却笑着说："我不是商人也不是文人，我只是个追梦二十年的创业人。"

解华林从小家境贫寒，中专在读时，除了学习外，他想得最多的是如何利用课余时间去社会实践，一方面可为家庭减负，另一方面可增长社会阅历。他发过传单、摆过地摊，寒暑假时，上过流水线，当过服务员。这些体验让解华林积累经验、拓展人脉，迅速成长。那个时候，解华林也想过毕业后自己创业，但是他不知道自己能做什么？

2002年，解华林南下打工，开始进入晶体制造行业，入职加高电子（深圳）有限公司（台资上市公司）。他从普工开始做起，苦心钻研技术与管理，曾经连续6个月没有休一天假，通过不懈的努力，逐渐成为加高电子（深圳）有限公司的资深工程师，并担任制造主任。在该公司的12年间，解华林参加了各种晶振电路技术培训班13个，自学了英语、日语，阅读了大量国内外的专业书籍。他的勤学好问感动了公司由台湾过来的工程师，不惜手把手相教。

理论和实践的结合磨炼,让解华林精通了 49U/49S/SMD 石英晶体谐振器的生产技术与管理,他开始在圈内有了知名度。2012 年年初,深圳科鑫泰电子有限公司筑巢引凤,聘请技术精湛的解华林负责石英晶体原材料石英晶片的生产技术与管理。

从 2012 年到 2014 年,解华林精心管理,培训技术人员,做好传帮带,梳理生产流程,深圳科鑫泰电子有限公司的石英晶片生产逐渐走上正轨,并开始产出可观的效益。

解华林的经验和技术已经全部贡献出来了,他意识到只有综合能力更强的人才能适应企业未来的需求,于是他功成身退,来到新成立的登电银河科技有限公司(现更名为瓷金科技(河南)有限公司),担任副总经理一职,负责石英晶体原材料陶瓷基座的立项、研发、生产与销售。历经 5 年,殚精竭虑,解华林管理的公司目前已成为全国两家能批量供货的陶瓷基座供应商之一,打破了日本企业长期垄断此材料的格局。

2015—2020 年,在管理公司之余,解华林个人还获得多项发明专利与实用新型专利,先后荣获河南省内外多项个人荣誉。作为职场精英,解华林深知学无止境的道理,读大学一直是他装在心里敢想又不敢说的梦想。当他得到高职院校扩招的消息后,便立即离职返乡,回到岳阳职业技术学院读书。领导留他,朋友劝他,他很承情,但态度也很坚决:"梁园虽好,终非吾乡啊。"他说:"我在技术和管理这条赛道上跑了近 20 年了,我想换个赛道,家乡才是我新的起点。"

读书时,解华林和班主任肖永光以及学院就业指导老师刘小平谈及在读创业的事,两位老师听后十分欣赏他,并就创业的政策层面、行业层面、技术层面、市场营销层面一一分析,认为解华林的创业时机已经十分成熟。就这样,解华林通过对市场情况和需求的一系列考察比较,下定了决心,他利用自身从业 20 来年的人脉关系,充分利用岳阳职业技术学院师生的资源,组建团队。2020 年 3 月,解华林在湖南省岳阳市城陵矶新港区注册成立湖南国创同芯科技有限公司,公司注资资金 1000 万元,同年 10 月开始投产石英晶体元器件,到 2021 年就初步形成了年产值 1200 万元的规模,月均生产 1000 万只。公司正按计划进行发展,2022 年又增加投入 600 万元,月产能达到 1500 万只,产值达到 2500 万元,利润保持在 20% 以上。

解华林带着浓浓的回报家乡之情兴办企业,不仅直接为当地带动就业 100 多人,还为岳阳培养了许多半导体生产管理方面的专业性人才,他将和他的团队在创业道路上义无反顾、勇往直前,用"青春梦"构筑自己的"创业梦",点燃星火,筑梦国创,照亮更多有志于创业的追梦人。

(岳阳职业技术学院　供稿)

陈锋：争做海南岛电商运营与服务的脊梁

> 陈锋，男，海南经贸职业技术学院2013届国际商务专业毕业生。在校期间，他与3位同学成立海口尚米斯商贸公司，毕业后注册成立了海南米斯网络科技有限公司，并成功入驻罗牛山产业园，2019年公司年销售额达到2000多万元。2020年，他入选教育部学生服务与素质发展中心第三届"闪亮的日子——青春该有的模样"大学生就业创业人物事迹征集人物名单。

2010年，陈锋带着梦想只身一人从福建来到了海南经贸职业技术学院就读国际商务专业。大一时，陈锋选择与同班的尚玉雷、覃国丁和曹健勇3位同学一起边读书边创业，他们承接了中国电信高校宽带业务，负责高校的电信网络维护，穿梭在各高校中，帮助学校的同学和老师解决网络故障问题，积累了创业的第一桶金。国际商务专业重点培养的是在国际贸易领域从事外贸生产管理、外贸经营、国际商事服务等一线工作的高端技能型人才。这可以让陈峰在学校就了解很多企业管理和商界贸易的市场规则。到了大二，陈锋在专业课上接触到的专业知识很自然地成了他们创业重要的避坑宝典。为了更加稳健地创业，他们选择入驻学校的创业孵化基地，承包了快递公司高校业务，对高校的快递进行整合，服务于高校的师生们。在业务不断的积累中，他们接着又开了首家高校联想旗舰店、大学城租车行。陈锋他们一边学习一边创业，每天都过得非常充实，出去得最早，回来得最晚，除了学习之外，他们把时间都留给了各项创业活动。陈锋他们喜欢这里的气候，这里的水果，这里的美食特产，这里的风土人情。大三时，他们成立了自己的第一家公司——海口市尚米斯商贸有限公司，他们将自己喜欢的海南热带水果、美食特产卖到省外去和大家共享，并借助当时社交工具微信的崛起开启了微商卖水果的日子。陈锋他们首先从周边的高校开始，逐步扩展到全国高校，他们通过"吸粉"，招热带水果学生代理，一开始的时候每天从水果市场批发水果回来，打包成电商产品，用快递发货出去，后面订单越来越大，就开始下果园跟农户打交道直接采购水果。在这期间，他们积累了水果电商丰富的产品知识和经验。毕业后的2014年，他们开了自己的首家淘宝店铺，与电商结缘，由于当时海南整个农产品市场发展非常滞后,没有稳定的供应链,电商物料、生鲜产品标准化落后,互联网技术人才严重不足,严重影响了海南农产品的销售。为此公司立志打造三农电商品牌,打造一个属于自己的电商IP,通过互联网技术把海南省更多的农产品销售到全国各地。从第一家店铺发展到第七家店铺,销售海南水果、海南特产、海南饮料等海岛特色产品,他们走遍了海南省的各个地方,跟当地农户、工厂交流,了解生产环节,帮助农户拓宽销售渠道,销售农产品,在奔波的路上真正体现自己的价值,每天虽然很辛苦,但陈锋觉得非常的开心!

积累了更多的营销经验后,陈锋他们开始从服务营销平台发力。2015年,公司承接了首个代运营服务,帮助本土著名品牌"椰语堂"打造首家天猫旗舰店——椰语堂旗舰店,在线销售椰语堂公司罐装清补凉产品。2017年,公司销售额突破了1000万元大关,公司创业团队达到了10人。

渐渐地,陈锋他们对海南这片土地愈发热爱,这里是属于年轻人创业的天堂,只要努力,就会有回报!2018年4月14日,中共中央、国务院发布《关于支持海南全面深化改革开放的指导意见》,明确以现有自由贸易试验区试点内容为主体,结合海南特点,建设中国(海南)自由贸易试验区,实施范围为海南岛全岛。按照海南省总体规划的要求,以发展旅游业、现代服务业、高新技术产业为主导,科学安排海南岛产业布局。当陈锋他们了解到现代服务业的整体规划后,经过近一年的盘整,2019年,一起创业的几位股东商量重新定义了公司,成立了海南米斯网络科技有限公司,公司入驻海南罗牛山电商产业园,打造海南首家电商服务公司"米斯电商"品牌,专注电商的运营和服务,为海南线上市场贡献微薄的力量。2019年3月27日上午,李克强总理考察海南经贸职业技术学院,他嘱咐学子们,"你们要做海南发展的脊梁啊!"毕业多年的陈锋浏览母校的网站后也感慨万千,他更坚定了把电商服务网向海南广大农村织紧织密的信心。之后陈锋他们下乡镇,走农村,开展电商培训工作,承接海南三江镇、大致坡、桂林洋经济开发区电商培训工作,让更多的人接触学习电商,让自己的公司也深深地刻下了"海南"的地方烙印。

2020年突如其来的疫情,打得陈锋他们措手不及,物流公司停滞,产品发不出去,导致20人的团队每天都在支出,公司遇到有史以来最大的危机,大面积的瘫痪只是短暂的,很快地他们开启了电商直播。2020年2月24日,受疫情影响,他们联合阿里海南省政府组织爱心助农,线上直播,承接了海南乐东芒果、海南文昌凤梨两个地市的活动,直播连麦火箭少女101吴宣仪为家乡水果代言。同年4月受文昌政府邀请,米斯电商打造高清直播间,与文昌政府领导和头部主播参与直播带货,帮助当地的农户解决农产品滞销问题。同年9月开展社区电商板块业务,服务于本岛的用户。2020年虽有疫情的影响,但公司的业务不减反增,线上销售额突破2000万元大关。

国内市场带火后,2021年,陈锋他们又借助建设海南自由贸易岛的东风,面向双循环的另一环布局跨境电商领域,在电商的这条路上继续探索前行。陈锋说,全体团队成员都有一个积极向上的乐观心态,不管遇到什么困难,总会迎难而上。创业路上相互谅解、扶持,碰到问题就抛开个人情绪坐下来一同解决,一路"磨合",创业团队一路壮大,坚持到现在,团体成员从最初的个位数扩张为现在的两位数。他们深知创业是一个持续经受磨炼且九死一生的过程,要打造自我品牌,留意产品的迭代,重视市场用户的磨合和注重团队的打造。总结自己的创业路,公司的迭代升级就是自己创业生涯最好的画像,在1.0早期,米斯电商注重的是团队和电商平台的搭建,公司人员从3人发展到8人,再到现在的20多人,不断地发展壮大,不断地增进和市场用户的磨合;在2.0时期,米斯电商更注重平台用户体验服务,公司也从平台销售转型运营服务。在3.0时期,公司从用户服务侧重到自我服务,通过自我品牌的打造实现公司价值的最大化。未来的米斯电商服务还将立足海岛的产业实际,固化海南地方的"味道"。

(海南经贸职业技术学院　供稿)

陈关东：致力于全球疫情防控的浙江青年创客

> 陈关东，中共党员，浙江商业职业技术学院2015届导游专业毕业生。在校期间，他先后获得校级三好学生、省级三好学生、省级优秀毕业生的荣誉称号，多次获得校级一等奖学金以及国家级奖学金。毕业后他先后任职于杭州金榜旅行社、浙江康辉国旅，2014年获得"杭州市西湖区金牌导游员"荣誉称号，2015年获得宁波市导游大赛冠军，2016年被宁波市团委评为"宁波市优秀青年岗位能手"，同年被宁波市总工会评为"宁波市首席工人"，2017年获得了"浙江省优秀导游员"的称号。2019年，他创立杭州曦威贸易有限公司、杭州曦威宠物用品有限公司(进出口贸易)，并担任总经理一职。在疫情期间，他带领团队出口各类口罩2400万余只，出口货物遍及美国、加拿大、墨西哥、利比亚、奥地利、英国、瑞士等24个国家和地区。此后，他与越南青年企业家创立"care＋1"美国安防产品品牌，成为"care＋1"战略合伙人，负责新型口罩的研发以及防疫物资的商品化，为全球疫情防控贡献中国力量。

每年寒暑假，陈关东都会前往中国的好莱坞——横店影视城打工，成为横店影视城的一名地接导游，介绍横店影视城的风土人情，久而久之就成了"横漂"。横漂的经历让他励志成为一名优秀的导游，向来自五湖四海的朋友介绍浙江的诗情画意。2014年，新闻中多次报道导游打人、黑导游强迫购物等事件，导游在游客眼中的形象受到了严重的损害。在这关键时刻，陈关东站出来为更多充满正能量的导游发声，他在知名旅游杂志《索游》上发表了一篇名为《游客眼中的第二道风景线》，用新的理念阐述了游客与导游之间的关系。他写道，导游不仅仅是文化使者，更应该成为游客眼中的第二道风景线。这一理念的阐述让游客与导游的关系有了一个明确解释，让那些充满正能量的导游备受鼓舞，也让更多的游客了解了导游工作的实质内容。

2015年，陈关东受宁波市象山旅游局的邀请，成了一名"渔家"导游，为象山的海岛文化的传播贡献自己的力量。作为代表他参加了2015年"文明旅游我先行"宁波市导游大赛，并一举夺得冠军。因此，他又升格成为宁波旅游形象代表，对着电视镜头向全世界的朋友发出"Welcome to Ningbo"的号召。夺得冠军之后,他多次参加宁波旅游局和宁波残联组织的志愿活动,帮助残障人士走出家门,享受旅游,享受快乐。他在活动中用自己耐心细致的服务,用自己的语言魅力去讲述更多的中国故事。同年被宁波市团委评为"优秀青年岗位能手",被宁波旅游局以及人社局评为"宁波市首席工人",2017年代表宁波市参加了浙江省导游大赛,在上百名参赛选手中脱颖而出获得三等奖,并获得浙江省优秀导游员的称号,参赛作品《休闲金名片,养生雪窦山》入选《浙江省优秀导游词库》。

"天将降大任于斯人也,必先苦其心志,劳其筋骨,饿其体肤,空乏其身,行拂乱其所为,所以动心忍性,曾益其所不能。"这是陈关东最喜欢的一句话,无论是因为热爱还是因为生活,选择旅游行业都是一种磨砺和锻炼。2016年陈关东带领浙江商业职业技术学院导游专业学生实地踩线,景点知识点多而复杂,工作量大,加上踩线行程时间长,暑期高温、高湿度的天气,导致他肺部感染。踩线结束后,陈关东在当天接到了一个新任务,当时他已经发烧到40多摄氏度,吃了颗退烧药,他又拖着行李箱到达接站地点,带着客人爬了南京中山陵,走了夫子庙。他顶着高烧坚持了两天,直到新的导游来接替。交接完工作,他直接被送进了南京的中山医院。经过短暂的治疗后转院回了杭州,在医院治疗了一个月才康复。

陈关东坚信三百六十行,行行出状元,做一行必须爱一行,爱一行就要努力把这一行做好。导游是他的工作,无论这份工作是好是坏,从一名"横漂"导游成为一名金牌导游,是通过不断的积累和坚持才能达到的,"不积跬步无以至千里,不积小流无以成江海"。热爱,努力,奉献,责任,一直是陈关东导游生涯的努力方向。

2019年,不甘于平凡的陈关东做了一个令同事匪夷所思的决定:离开旅游行业自行创业,这是他又一个梦想的开端。他成立了杭州曦威贸易有限公司(进出口),通过跨境电商的方式,把中国的产品销往全世界。2020年年初,新冠疫情暴发,国内外形势非常严峻,陈关东关心国内疫情的同时,还关注国外疫情动向。3月26日凌晨,陈关东接到了一个来自美国哥伦布市政府采购项目的电话:"现在美国医用防护口罩基本买不到,但这个疫情非常凶猛,口罩必须佩戴,是否可以出口防护口罩?"当时国内的防疫物资还是非常紧缺的,陈关东通过各种渠道联系上了工厂,终于在2天后的凌晨,凑足了10万只口罩,口罩打包好之后已是凌晨3点,为了客户更快拿到货物,他亲自开着小货车将10万只口罩送到上海浦东国际机场,3天后客户在当地机场提取了货物,对货物以及发货速度非常满意,美国方面说:"只有中国速度才能做到如此迅速,如果在美国想买到10万只口罩,估计排队要排到2年之后,谢谢你,中国战士!"正是这一句"中国战士",让他下定决心转战防疫物资市场,为全球疫情防控做贡献!

在党中央的坚强领导下,在各地政府强有力的防控工作下,国内复产复工不断推进,但新冠肺炎在全球大面积的爆发,北美、南美、非洲、欧洲无一幸免,尤其美国死亡人数和感染人数成为全球第一。由于防控政策不同,国外的户外活动依然可以开展,这加大了国外民众对户外防疫物质的需求。于是陈关东与越南籍青年企业家、美国籍投资人组建了"care+1"医疗有限公司,致力于全球疫情的防控,陈关东负责公司的口罩生产和新品研发工作,在公司组建三个月之后推出第一款透明口罩,由于透明口罩的特殊性,推出之后马上受到美国洛杉矶一家叫"PMU"品牌的青睐,并贴牌生产了第一批透明口罩100万只。由于特殊的功能性、生产速度快,货物到达洛杉矶之后,洛杉矶电视台马上进行了报道,感谢来自中国企业生产的新型口罩,感谢中国企业为疫情所做的贡献。

这位"中国战士"不仅仅把防疫物资搬到了美洲大陆,还搬向了需求更急迫的非洲大陆。由于产品质量过硬,价格经济,不断收到来自世界各地的订单。在非洲利比亚,当地政府想要采购一个集装箱的医疗物质,通过当地中国企业中兴通讯有限公司利比亚分公司找到了陈关东,委托其采购。选择向中国采购医疗物质,是对中国企业的一种信任,而这种信任源于国家"一带一路"倡议,国家的强大让世界爱上了"Made in China"。

在疫情的影响下全球经济衰退,对于一位刚起步的浙江青年创业者而言,这是一次巨大的危机。但陈关东在危机中找到突破点,自从疫情以来,陈关东团队已与24个国家建立合作伙伴关系,一同致力于当地的疫情防控工作,业务遍及北美、南美、非洲、东欧、北欧等地区。据不完全统计,陈关东团队光出口的防疫口罩数量就有2400万余只,防疫手套300多万双,护目面罩100多万副。陈关东带领团队转战医疗物资市场,为全球疫情防控工作贡献着自己的力量。

习近平总书记在二十大报告中提出:青年强,则国家强。当代中国青年生逢其时,施展才干的舞台无比广阔,实现梦想的前景无比光明。作为浙江的青年创客,陈关东和所有怀揣着梦想的青年创客一样用自己敢担当、能吃苦、肯奋斗的新时代好青年精神,脚踏实地,一步一个脚印朝着自己的梦想前进。

(浙江商业职业技术学院　供稿)

葛金秋：驰骋在传统能源和新能源汽车租售赛道的黑马

> 葛金秋，男，1991年出生，中共党员，邢台职业技术学院（现河北科技工程职业技术大学）2013届汽车检测与维修技术专业毕业生。现任杭州金秋星空科技投资有限公司、杭州金秋海岸汽车服务有限公司、杭州朗格汽车服务有限公司董事长兼CEO，曾任大搜车集团创始人COO助理及资产管理总监，积极带领团队开创先河，打造了国内首家以O2O、业务数字化的全新二手车的寄售模式，引领了新兴中国二手车行业的一次革命。

2010年9月，葛金秋考入邢台职业技术学院汽车检测与维修技术专业，该专业是我国最早试办高等职业技术教育的专业，也是中央财政支持建设的教育部示范性专业、河北省高等职业教育重点建设专业。学院经常利用汽车故障诊断、电喷发动机、自动变速器、车身修复及美容、汽车维修与整车检测等十多个实验场地举办包括"汽车发动机故障诊断""汽车灯光故障诊断"竞赛内容，在整车上进行实操考核，重点考核汽车电器、汽车故障诊断思路等能力。赛教融合的育人模式让葛金秋很快步入学习的正轨，他考取了国家二手车鉴定评估师、汽车估损师等行业职业资格，并荣获由院创业就业协会组办的2011年度模拟招聘大赛的冠军。由于出色的表现，葛金秋在大学的时候就加入了中国共产党，之后曾担任汽车系党小组成员。在学习忙碌的情况下，为丰富自己的课内外经历，他与博强快递创始人李海洋（现为北天河科技集团有限公司董事长）在学院创办学生快递之家业务，服务于数千名即将离校的学生，他们采取"上门取件＋低价保"的创新模式以不高于市场价50%的价格将学生在校多年的生活用品快速邮寄到就业单位。良好的市场反响让他们将此业务进一步拓展到邢台的多所高等院校。

2013年9月，葛金秋结束了短暂的实习工作以后，顺利加盟国内大型搜车平台北京搜车网科技有限公司。公司创立伊始，他主动申请并担任公司渠道中心的管理协调工作,在二手车寄售模式还没有文字概念的大环境中,积极带领团队协助公司开拓业务,不断探索,完成任务。经过3个月的日夜奋战,因团队有充分的数据和业务支撑,顺利拿下了B轮由红杉资本领投的1490万美元的融资,开创了国内首家以O2O、业务数字化的全新二手车的寄售模式,为近10年的中国二手车行业的快速发展推波助澜。在稳步发展半年之后,公司高管商议斥资3000万元人民币,在北京相对繁忙的1号线、5号线、10号线等地铁线路进行大面积的广告投放。根据公司当时测算,品牌的受众单日达到6000万,广告的轰动效应即使在现在也是现象级的。

2016年12月,为满足年轻人的购车需求,集团公司引入汽车新零售平台——弹个车,其"1成首付 先租后买"融资租赁方案,以低首付租金、审批速度快等优势,受到当时众多"80后"、"90后"购车者的欢迎。购车者支付首付租金,并逐月支付租金,以租赁的方式获得车辆的使用权。租赁期内汽车所有权属于租赁平台,租赁期满后用户支付尾款就能完成过户,汽车所有权将转移给用户。这实际上就是一种新型的大额分期购车方式。与传统的全款购车和4S店的分期购车相比最大的不同是,该模式把汽车使用权和所有权暂时分离,先租后买。正因为低门槛的购车优势,且手续便捷,在三四线下沉市场,获得乡镇创业青年的普遍青睐,汽车融资租赁已经成为很多年轻人喜爱的购车方式,汽车新零售平台也得以迅速发展壮大。

由于出色的工作业绩,葛金秋升任集团创始人COO助理及资产管理总监,在全新购车模式成功的消费环境下,平均年销售量高达10万余台,累计近百亿的资产管理任务落在了他肩上。汽车是动产,每天在路上行驶,中国地域辽阔,管理难度可想而知,但更考验葛金秋的资产处置能力,怎么样把资产合理变现、高价变现是头等难题。彼时,远在美国的投资人同样为此担忧。2019年9月,在美国投资人的引荐下,葛金秋同集团CEO、COO、CFO等多名资深高管受特邀赴美国旧金山、洛杉矶、拉斯维加斯等多地的国际汽车公司登门拜访请教学习。归国后,在10余个部门近400人的共同努力下,成功研发出资产可视化管理系统、二手车供应链管理体系、新车供应链管理平台、汽车金融电子围栏等41个业务分支操作系统,搭建了从车辆采购到车辆过户直至车辆报废的全生命周期的可适性综合管理平台,可实现年销量10万余台和年处置量3万多台的销售和管理的数据驾驶舱体系。

葛金秋在汽车销售行业的摸爬滚打积累了丰厚的经验,实现了自身价值,然而,闯出一条属于自己的"汽车赛道"一直萦绕在他的脑海中。在国家大环境的支持下,2022年,中国新能源汽车产量79.4万辆,同比增长53.8%,销量77.7万辆,同比增长53.3%。世界主要汽车生产国已基本将发展新能源汽车作为国家战略,加快了技术研发和产业化。各大汽车公司也相继宣布了停止销售燃油车的时间表。新能源汽车已成为国际汽车产业的发展方向,而这一年也是葛金秋工作10周年。产业的际遇同自己的梦想碰撞总是能擦出火花,他离开服务多年的集团公司,奋身选择自主创业,稳

三、开拓创新 争当创业先锋

扎二手车业务和新能源汽车赛道。他相信在政策的推动下,新能源汽车的全面发展已经是大势所趋,并会在市场上获得了一席之地,未来十年将迎来全球汽车产业转型升级的关键战略机遇期。新能源汽车虽然还存在很多不足,但就目前的发展情况来看,已经能够满足消费者的日常使用需求,在政策和企业的不断努力下,新能源汽车能够取得快速的质的飞跃。

为完成创业的梦想,实现更高的社会价值,葛金秋相继创办杭州金秋星空科技投资有限公司、杭州金秋海岸汽车服务有限公司、杭州朗格汽车服务有限公司。作为公司的董事长兼 CEO,葛金秋结合公司的优势和方向,互相弥补、相互促进,致力于推进汽车数字化产业,实现为多家新能源品牌主机厂提供融资租赁业务、全国试驾车批量买卖业务,为银行系和担保系等中大型金融公司提供不良资产收购及债权转让等高净值的业务服务,成为特斯拉汽车、零跑汽车、合创汽车、启辰汽车、蔚来汽车、小鹏汽车、广汽等多个主机厂的战略合作客户。葛金秋坚信,根据目前的合作情况,公司未来 5 年内累计交易额将达到 10 亿元以上的矩阵规模,将成为当下最具发展潜力的创业黑马公司之一。

(河北科技工程职业技术大学招生就业处　供稿)

马俊东：脚踏实地走汽销创业之路

> 马俊东，男，1989年出生，辽宁农业职业技术学院2010届汽车运用技术专业毕业生。先后担任辽宁银河汽车销售服务有限公司售后服务经理、沈阳市瑞航汽车美容服务中心总经理、南京依维柯品牌沈阳分公司副总经理、澳瑞商贸有限公司董事长。2009年参加辽宁省职业院校技能大赛农机具修理赛项获得第一名，并代表辽宁省参加全国职业院校技能大赛农机具修理赛项，荣获二等奖。2018年受聘为辽宁农业职业技术学院农业装备工程系外聘教师。

2007年9月，马俊东来到辽宁农业职业技术学院，成为汽车运用技术专业的一名学生。入学后即担任班长，之后还参加了学院的学生会、雷锋青年志愿团等学团组织。在参加各级各项活动过程中，他跟随指导教师、同学一点一滴地学到了很多，对如何提高工作效率、如何组织开展活动、如何处理人际关系，有了提升和体悟。辽宁农业职业技术学院十分注重职业生涯和学业规划的指导，面向汽车维修、汽车美容改装等多岗位能力素养的培养做了系统设计。学校突出校企"二元"主体，强化认知能力、合作能力、创新能力和职业能力培养，充分激发学生专业学习的热情。在这片"沃土"上，马俊东不仅收获了专业知识，还对自己的职业生涯有了一定的规划。

进入大二，在一次谈心谈话的过程中，辅导员刘老师问马俊东："在学校的两年内你想要学会什么？进入社会后你想从事什么岗位？一个月想挣多少钱？5年内你想做什么？10年后你又想做什么？你要设立自己的目标，比如是否想拥有自己的公司。"那次谈心谈话后，马俊东就有了创业的想法。刘老师还说："创业的前期要先制定自己的目标，按部就班一步一步去努力实现，你肯定没有问题！"就这样，马俊东坚定了自主创业的信心，开始实施自己的创业计划。在学校老师的指导和帮助下，他成立了"车之家汽车美容养护中心"，这个学生自主创业项目也是马俊东创业的起点。在经营过程中，马俊东深刻地认识到要为客户提供优质的服务，就一定要有扎实的专业知识和精湛的专业技能做基础。因此，他开始认真学习每一门专业课程、每一个专业知识点，不放过每一个难点、疑点、细节。白天要上课，要管理"车之家"日常工作，马俊东只能合理科学地安排"下班"后的业余时间,每天晚上在自习室或图书馆都可以看到他扎入书海的身影。为了尽快掌握各项技能,马俊东不断提高学习效率,别人一天学会的内容,他经常一个晚上就完成了。就这样,马俊东在忙碌的创业过程中,学习成绩非但没有下降,反而在期末考试中获得全班第一名的好成绩。"车之家"的业绩和口碑也越来越好。

2009年7月,马俊东带着大学两年学习、实践的全部收获,到辽宁银河汽车销售服务有限公司顶岗实习,成为一名汽车维修学徒工,开始了自己的顶岗实习之旅。业内人士都知道,从学徒到出徒通常需要至少一年的时间,而马俊东却在2009年12月初即通过公司考核转为维修技师中工,两个月后就能够自己带徒弟修车。每月不仅完成了单位的各项考核,还能超额完成工作任务。这意味着什么?不是马俊东多么聪明,多么有天赋,只不过是他在其他人休息的时候还在学习、还在练习。其他人下班回家了,马俊东依然在车间加班修车。坚定前行方向的马俊东,要通过不懈的努力在短时间内实现自己的奋斗目标。他的全力付出也收获了众多佳绩:荣获"辽宁省中高职农机具修理大赛"一等奖,"全国中高职农机具修理大赛"二等奖。通过两次大赛的历练,马俊东的操作技能得到了更好的巩固和提升。项目和竞赛的熏陶与锤炼,让马俊东对专业实践有了新的认识。他的努力和付出,领导、老师、同事都看在眼里,也看到了他的优势和特长,决定将其从"售后维修技工"调整到"售后服务顾问"岗位。从维修岗位到服务前台,岗位的变化也是新的挑战。到新的岗位工作,一切都要从头学起。但有了之前学习及实践的经验,凭借自己的勤奋和付出,他很快就胜任了新的岗位。

马俊东在校期间所获得的荣誉得到了企业的认可。一毕业,马俊东就与公司签订了劳动合同,成为正式职工。一年后,他被公司提升为售后服务部服务主管。2012年8月,他参加总公司组织的"南京依维柯品牌全国服务技能大赛",在五千余名选手中脱颖而出取得了"东北三省"第一名,后在全国赛事中荣获"南京依维柯全国服务技能大赛"第三名。2013年4月,由于业绩突出,客户满意度不断提升,被集团评为"华盛新星"。一年半后,董事会研究决定破格(原规定5年以上4S店管理经验)任命其为辽宁银河汽车销售服务有限公司售后服务部经理,主管售后服务部所有生产与服务工作。

在经过五年的刻苦学习和实践后,马俊东于2015年3月辞去4S店售后服务经理一职,他放弃了优厚的福利待遇,毅然开启了自主创业之路。2015年4月6日,他自主创办"盛京瑞航汽车美容服务中心",主要从事汽车售后、车辆保险、快修、快保、汽车改装、音响改装、内饰升级等服务。虽然行业竞争激烈,但公司以优质的服务理念赢得众多客户,"瑞航"在多家网站得到客户好评。2017年初,马俊东与原单位同事开办了一家修理厂,主营钣金喷漆、保险理赔、机修电路的业务,为高端品牌车辆提供更优质的服务。2017年11月,马俊东在营口市鲅鱼圈经济技术开发区熊岳镇开设"盛京瑞航——车之家汽车服务中心"熊岳分店。2021年,他继续开疆拓土,成立沈阳澳瑞商贸有限公司并担任董事长。2022年2月,他又开设"瑞航汽车美容服务中心"于洪区分店。

身兼数职的马俊东,睿智启航,创新不辍。2018年,马俊东回到母校受聘成为一名农业装备工程系的兼职教师,力争将自己多年积累的工作经验和专业技能传授给自己的学弟、学妹。2021年,马俊东被聘请为辽宁省第十八届职业院校技能大赛裁判员,到更大的平台、更高的层次体现价值、展示风采。

(辽宁农业职业技术学院招生就业处　供稿)

三、开拓创新 争当创业先锋

王朋:助力企业经营管理数字化的创业达人

> 王朋,1992年4月生于安徽阜阳,武汉职业技术学院2012届机械设计专业毕业生。武汉利楚商务服务有限公司创始人、董事长。2011年8月,王朋创办武汉利楚商务服务有限公司,成为国内最早从事聚合支付技术研发和应用的高新技术企业之一。2015年推出聚合支付品牌"扫呗"。2018年,公司当选中国银联云闪付服务商发展委员会委员。2021年,利楚商服获得腾讯、蚂蚁集团联合投资,完成数亿元B轮战略融资,同年完成泰康保险独家投资的B+轮战略融资。经过多年的发展,公司已发展成为国内领先的商户数字化经营运营商,日交易笔数峰值超3000万笔,年受理交易金额近3500亿元,跃居第四方聚合支付行业规模前二,拥有聚合支付品牌"扫呗"、商户轻SaaS"赋佳"、全域营销中台"有域"等三大品牌体系,为众多行业提供数字化支付、数字化经营、数字化营销等解决方案。

"厚德笃学 求实拓新",这朴实铿锵的八字校训影响了一代又一代武职人,王朋就是其中之一。在武汉职业技术学院光谷东校区(科教园)第九期"金蚂蚁讲坛"上,王朋回忆起在母校的岁月:"武职留给我的不仅是青春,更是走向社会前的练兵场,唯一能回报的,就是不给武职人丢脸。"武职之所以能够成为王朋"走向社会前的练兵场",原因就在于其与社会需求无缝对接的开放办学环境和注重对学生创新创业能力等综合素质培养的办学理念。

出身农村、家庭贫困的王朋,在十岁那年偶然读到《命运在这里转弯》一书,就在心里埋下了一颗创业的种子。"今天的创业动机,就是当初那份热爱和立志改变贫穷的初衷。"王朋说。2009年刚入校,王朋就开始利用课余时间尝试做各种小生意,摆摊卖海报、开淘宝店、卖电话卡、卖土特产、开快递店等。这位有想法、肯耕耘的学生引起了校团委的注意。为了帮助像王朋一样有志创业的武职青年学习积累更多的创业知识,校团委积极搭建学习交流平台,支持王朋在学校注册成立了"追梦者"创业社团。2010年初,在学校教师的悉心指导和帮助下,王朋率队参加"益体网"湖北大学生就业创业见习大赛,获第三名的好成绩。接触创业圈子后,王朋发现,做小生意和创业完全是两码事。对从商怀有执念的王朋决定休学创业,"在学生创业氛围还不是很浓的时候,学校给予我大力支持。这是很难得的,既锻炼了自己的能力,也认识了很多创业伙伴。"

王朋创业路上的第一个转折点,源自大学时期的"快递之家"。2010年,电商迅猛发展,催生了快递行业的繁荣,但由于"最后一公里"尚未打通,收件人不方便,快递员工作效率也低。王朋立刻从中窥见了商机。"如果能让一个快递员专门负责一个固定区域的全部快递配送,那么这个区域的派件效率就会大幅提升。"经过一番市场调研,2010年初,王朋成立了"快递之家",做社区和校园快递业务的最后一公里配送服务。"快递之家"对于王朋来说,不止是一种商业模式的创新,更是他"聚合"商业思维的起点——整合分散资源,促成更高效商业的模式。

2011年,央行开始发放第三方支付牌照,POS机业务不再由国有银行独享。王朋认为,代理销售POS机既能赚取丰厚差价,又能获得交易分成,是个创业好项目。从大学时期就一直在互联网领域探索的王朋找准了发力方向,当年8月,王朋成立武汉利楚商务服务有限公司(以下简称利楚商服),成为国内第一批从事银行卡收单外包的民营企业。面对蓝海市场,利楚商服快速成长,积攒了企业发展的原始资本。到2013年,公司已实现利润逾千万元。2014年初,王朋敏锐地发现,移动支付即将兴起,未来的支付产品必将走向智能化、服务化、增值化,于是设立了研发中心,开始转向聚合支付技术的研发和应用。2016年,公司推出第四方支付品牌"扫呗",为广大线下商户提供一站式聚合支付解决方案,业务范围涵盖聚合支付、经营软硬件等多个方面。2020年5月,为顺应市场发展趋势,王朋携公司积极探索数字化转型之路,从支付服务商向商户数字化服务平台转变。王朋凭借"靠谱"的实干精神,带领团队成员一路走向愈加开阔的未来。

2020年9月,利楚商服首批获得中国支付清算协会聚合支付技术服务备案,并在当年进行品牌升级,正式从支付服务商升级为商户数字化运营商,迈向更广阔的赛道。2021年,利楚商服完成B轮战略融资,"腾讯创投"和"云鑫创投"两家公司新出现在股东名单中。前者由深圳市腾讯产业投资基金有限公司百分百控股,后者则是蚂蚁科技集团股份有限公司的全资子公司,在寸土必争的互联网战场上,蚂蚁系和腾讯系同时入股同一家机构的情况,十分罕见。当年9月,泰康保险也独家领投了利楚商服B+轮融资,成为利楚商服战略股东。

为什么利楚商服能同时受到多个大佬们的青睐?除了高速成长性以及资本对产业数字化升级国家战略的重视之外,王朋认为,利楚商服团队一直以来稳健合规的经营风格和"靠谱"价值观,是行业巨头认同的主要因素。支付行业服务商户众多,离钱比较近,行业早期野蛮发展阶段,存在着一些不规范和诱惑,这些风险业务往往有较

三、开拓创新 争当创业先锋

高的利益回报。"但是企业一旦触碰了这些业务,往往就再也回不到正轨,最后是一条不归路。"王朋说,利楚商服作为支付行业的先行者,很早就意识到了建立健全的风险管理机制的重要性,为此做了诸多努力。利楚商服从成立开始就将"靠谱"作为企业的核心价值观,王朋强调,这是每个利楚商服员工都必须坚守的一道生存底线。积极应用科技力量,和银联、蚂蚁、腾讯的安全团队一道,打造风控引擎,及时辨别且杜绝风险商户的引入,并在交易中识别风险交易,及时中止交易,让风险商户无处可逃。2020 年,人民银行正式出台聚合支付技术服务的技术标准和监管方案,利楚商服积极参与监管机构针对行业技术标准和监管方案的调研和讨论,完成了各项挑战和安全认证,最终成为行业里第一批拿到聚合支付技术服务备案的企业,并作为企业代表加入中国支付清算协会,当选为理事会成员。

当前,随着数字经济逐渐渗透到各行各业,它正成为重组要素资源,驱动消费升级的关键变量和着力点,深耕行业多年的利楚商服早已认识到,数字化经营是商户发展中的必选题。单一的支付服务已经很难满足商户的发展需要,只有深入下沉到细分的行业,构建广泛的服务生态,成为既能为商户提供安全、便捷的数字化支付服务,又能帮助门店提升经营效能的数字化经营运营商,才能行稳致远。近些年,王朋领导的利楚商服加大了研发投入,研发人员占比近 20%,研发投入超年营收额的 10%,着力打造"全域商户数字化服务",已取得了多项成果。目前,利楚商服在小微、连锁、团餐、教育等多个领域,形成了完整的行业数字化解决方案。通过商户轻 SaaS,助力小微商户提效增收;采用全域营销和一体化账务系统,赋能连锁门店化繁为简,做大做强;依托智能教务和后勤管理体系,打造一站式互联互通智慧校园;研发团餐供应链管理系统及自营外卖产品,助力智慧团餐提质增效。在王朋看来,利楚商服之所以能够在行业变化中领先一步,主要得益于其对行业持续深耕,对商户需求深刻理解,对行业变化能迅速做出应对。从银行卡收单到聚合支付再到数字化经营,利楚商服坚守合规经营底线,一次次踩准了行业变革的节点,积累了 130 万有效商户,打造了一套成熟的商户服务运营体系,建立起相对较高的行业护城河。

王朋认为,"做生意"与"创事业"的主要区别在于:前者是纯粹追求物质层面,尽快获得利益;"创事业"则是在保障基本物质的基础上不断追求更高层面的精神提升,寻长利。这关乎不同的创业者在创业路上是否能走得宽、行得远。对于初创期的学生来说,不论你选择哪条路,都要按照自己的节奏来走,要在"德与品"上下功夫,要敢想但不好高骛远,要有坚韧不拔、吃苦耐劳的精神。

(武汉职业技术学院 供稿)

陈琪威:"东智西输"双创路上的"排头兵"

> 陈琪威,中共党员,浙江绍兴人,义乌工商职业技术学院经济管理学院 2012 届市场营销专业毕业生。大学入学后即参军入伍,服役期间,受嘉奖 2 次,荣获"优秀士兵"称号 2 次。毕业后,作为团中央大学生西部志愿者计划志愿者,服务于新疆生产建设兵团第一师阿拉尔市,致力于祖国边疆的双创工作,获浙江省"两项计划"优秀志愿者。继续深造硕士研究生毕业后,从事招商引资、招才引智、创业孵化等创新创业服务工作,累计服务创业者 2 万人次,连续两年担任浙江省"互联网+"创新创业大赛评委。现任上海浦东软件园汇智科技有限公司嘉兴分公司项目总监。

2007 年是陈琪威开启青春梦想的一年。颇具商业头脑的他,圆梦心仪多年的大学——义乌工商职业技术学院。一入校,还没来得及摸索如何创业,就被征兵宣传片里那飒爽英姿的场面深深吸引,唤醒了他报国从戎的热血。于是陈琪威穿上笔挺的军装,戴上大红花,成为一名光荣的中国人民解放军战士。在部队期间,因表现突出,受到两次嘉奖,两次获评"优秀士兵"。2009 年 12 月,他退役重回母校,两年的军营时光,极大地磨砺了他的心性与意志,铸就了他勇于冲锋、不畏艰难、能闯敢拼的品质。

重返校园后,陈琪威先后担任了班级团支书、经济管理学院第一届团总支学生会主席。军营里淬炼出来的这股拼劲、闯劲和韧劲在"尚德崇文,创业立身"的校训的滋养下,不断催生转化,刻画为深入骨髓的"敢闯会拼"。大学三年,他亲身实践网络创业,认真研究创业项目,甘当"双创红娘",为同学们组织创业大讲堂,举办跳蚤市场,开展义乌市场优质货源对接会,进一步浓郁了经济管理学院的创业氛围。同学们投身双创实践的积极性和主动性得到了更大的激发,学院毕业生创业率保持在 20%以上。他所在集体多次被评为"先进团总支",本人也获得省优秀毕业生、省康恩贝奖学金等 20 余项荣誉。

大三那年,因为陈琪威的突出表现,被学校选派赴韩国大真大学交流学习,并担任组长。在韩交流期间,他始终怀揣着把双创点点星火向世界传播的初心,组织开展多次中韩双创分享会,积极推介义乌的双创环境,介绍学校的创业特色,牵线多名韩国留学生来义学习生活,成就了一段段跨国交流、双创互鉴的佳话。

2012年6月,还在韩国首尔的陈琪威收到一条校团委书记的QQ留言,触动了他的心弦。"琪威,我们学校要推荐优秀学生参加团中央组织的志愿服务西部计划,你有兴趣吗?"他二话不说,当即和父母通了电话,征得父母意见,再次做出了人生重大选择,放弃在韩国继续深造读本的机会,义无反顾地回国做一名服务西部志愿者。最终,他来到了祖国最需要的地方——新疆生产建设兵团,把双创的火种播散到西部,让来自东部的创业创新的理念赋能西部腾飞发展。

初到新疆,陈琪威在尽快适应地域气候差异的同时,充分发挥所学专业市场营销的优势,对当地的创新创业情况进行深入调研。他发现,新疆阿拉尔推进创新创业工作有基础,但必须优先解决两大问题:创新创业理念滞后,创新创业氛围偏弱。他主动和母校义乌工商职业技术学院联系,对接优质资源入疆,搭建了"东智西输""东学西用"的双创直通车,让双创的点点星火照亮边疆。

回顾在新疆服务工作的7年时光,最让陈琪威欣慰的是,他干成了两件"东智西输"好事:

一是持续普及双创的理念。他邀请了大学时期创业启蒙导师贾少华教授等一批创业专家学者来疆为当地大学生、创业青年、政府官员做专题讲座,传播创业精神,分享创业文化,累计受益1万余人次。组织带队当地创业青年30人次来义乌实访实探,沉浸式地感受义乌的双创魅力,加强东西部在双创领域的交流合作。

二是构建双创运行的空间。他负责在塔里木大学边筹建并运营阿拉尔市第一个省级大学生创业园,在这个占地37万平方米的园区里,入驻了怀揣希望和梦想的1200多名大学生,成功孵化创业项目近百个,带动创造经济产值3000万元。

2017年9月,陈琪威正式成为新疆农业大学管理学院农村与区域发展专业的一名在校研究生。就读期间,他持续发扬骨子里的双创精神,上下求索,主动链接,走出去引进来,为边疆学校学科建设发挥了自己的作用,新疆农大研究生会与全国各地农林高校开展了各种学术研讨和工作交流,牵头对接加入全国农林高校联盟、乡村振兴战略联盟。陈琪威作为学校唯一一位硕士研究生参评教育部全国高校首批"百名研究生党员标兵"称号(入围自治区),曾获自治区奖学金、学校优秀研究生干部等20多个荣誉。

硕士毕业后,原单位领导鼓励陈琪威回到东部就业,积累资源,充实力量,成熟之后再将更多的创业实践、创新资源、创造理念带回西部。陈琪威听从了老领导的建议,先后就职于华夏幸福基业有限公司、中国电子杭州湾生态制造新城、浙江大学国际创新研究院、上海浦东软件园等公司,在招商引资、招才引智、创业孵化领域持续沉淀打磨,始终奔跑在助力赋能的双创最前线。他先后服务5家上市公司在长三角区域布局研发、生产及运营基地,对接10多个创业项目给新疆生产建设兵团,招引50余个不同阶段的创业项目分别进入创业苗圃、孵化器、加速器等创新创业平台。其间,他始终保持与援疆指挥部的紧密合作,帮助当地团场职工及各类果品加工厂对接东部销售渠道,采用"企业+基地+农户"的订单经营模式让更多的新疆特色林果业产品走进千家万户,甚至走出国门。此外他还邀请了东部的纸箱包装企业到新疆设立生产基地,提升产品包装工艺,树立品牌意识,提高产品附加值,销售总额达到2000万元,帮助更多的团场职工实现增收。

回首毕业的十多年,陈琪威感慨道:"军营岁月,给了我家国情怀的担当;大学时光,赋予我双创精神的滋养;留学生活,帮助我拓展了国际化视野;边疆经历,练就我敢闯会拼的品格;硕士生涯,给予我不断求索的勇气;就业之路,坚定我深耕双创的信仰。所有这些过往,都构筑成无与伦比、独一无二的成长奋斗的勋章。"在未来的征程中,他将深耕"东智西输",不断放大东西部创业创新资源匹配的协同效应,继续当好双创路上的"排头兵",不断播撒光热,传播正能量。

(义乌工商职业技术学院校友办　供稿)

三、开拓创新 争当创业先锋

王大立：将三轮跌宕创业当修行的网络营销大师

> 王大立，男，1991年出生，中共党员，台州职业技术学院2012届数控技术专业毕业生。历经三轮创业跌宕。现任杭州赤渡网络技术有限公司创始人，公司旗下拥有多位网络红人及带货主播，主要经营女装、美妆及珠宝，年销售额过亿元。

2009年9月，王大立进入台州职业技术学院学习，在校期间努力学习，担任班级的团支书和学生会组织部成员。历经学生干部以及社会实践的锻炼，王大立成长了不少，他开始认真思考自己未来的职业规划，选修了"职业生涯规划"这一课程。通过老师的指导帮助和社会实践的学习，他开始规划自己的人生。出生于温州苍南的王大立有着温州人刻在骨子里的骨气，有着"白天做老板，晚上睡地板"的吃苦耐劳精神，在大一下半学期，他就开始了自己的创业之路。他时刻提醒自己不虚度时光，在假期寻找符合自己未来发展的兼职工作，这期间他对网络营销产生了很浓厚的兴趣，努力学习相关知识，积极投身社会实践，积累了大量的社会经验和人脉，夯实了专业知识，为以后就业提供了坚实的经验后盾。

鉴于之前王大立负责任和能力突出的表现，很多企业经常委托他推荐学生做兼职工作，于是他萌生了第一个创业想法，即开设一个专业的学生兼职中心，通过聘请社会人士培训，提升学生兼职专业素养，输送更专业更负责的学生兼职。中心成立后，果然受到了很多企业和学生的欢迎，不到半年时间就给四五百位学生找到了社会兼职，同时获得了企业的好评，王大立很快就赚到了人生的第一桶金，也让他有了一定的认知高度。但他深知不能在这个兼职中心上花费更多时间。宝剑锋自磨砺出，梅花香自苦寒来，一个在农村长大的孩子，贫困的家庭条件让他早早地就明白，要想改变一切都只能靠自己，他应该提升更多能力，学习更多的技能，从事的行业发展空间才会更宽广。经过权衡，他决定把所有精力都投入到互联网创业上。他积极与班主任及专业老师沟通自己对于创业的规划和人生目标，恰逢当时国家及学校也大力支持大学生创业，他的创业计划得到了老师及学校的大力支持。

经过向台州淘宝商盟和指导老师学习,也基于台州产业带优势,王大立快速组建创业团队,创立了自己的第一家淘宝店"疯狂女鞋"。在学校创业园开了同名的女鞋实体店,线下主打服务、送货上寝室、预售等优质服务,该店迅速成为创业园人群聚集、热闹非凡的场所,线上通过优化和推广也取得了一定的成绩。同时这一创业模式也得到了学校的大力支持,为他和同学成立的淘宝社配备了设备齐全的创业实践空间。王大立随即招募更多的学弟学妹们参与创业实践,并以小组制合作的模式,为他们提供资金及技术支持,陆续又开了DIY杯子定制店、代理文胸内衣品牌开设专卖店。随着社团的壮大和认知的提升,后续他又创办了本地生活折扣网站"拾惠网",建立了自己的淘宝客团队,为学校师生提供更为便利和实惠的网购体验,并获得了不菲的收益。他在创业的同时还积极参加学校各类创业比赛及职业生涯规划大赛,都取得了优异的成绩。持续的努力,让他荣获了第三届浙江省职业生涯规划大赛一等奖和浙江省创新创业比赛二等奖。

2012年初,即将毕业的王大立放弃了企业高薪聘请的机会,基于"拾惠网"及淘宝客积累的运营经验,在杭州与两位同学合作创办了更大的校园生活信息网站"嗨校网",并把大学赚来的百万收入全部投入这个项目里,该项目还获得200万的天使投资。通过一年的打磨和投入开发,"嗨校网"快速覆盖了全国150家以上的校园,并在当年的"双十一"单日佣金收入就高达100万。2013年恰逢是PC互联网和移动互联网转换的元年,由于"嗨校网"为PC页面开发投入过大,加之创始人财务风控意识不强,错过市场转型期,导致资金链断裂,不得已以失败告终。这次失败给王大立一个重重的打击,深刻反思之后,王大立认知到自己的诸多不足,正如王大立的名字,要想大立,那就从零开始,于是他开始了打工还债的生活。

在朋友的推荐下,王大立做了一个公司的推广总监,他开始每天看书学习,上班第一个到下班最后一个走,戒骄戒躁,并通过自己的努力,半年时间他将公司店铺业绩提升了五倍,老板特意租赁一套地处市中心的两室一厅供他住,并给予了一笔不菲的奖金。王大立描述说,他虽然创业失败了但是一路都有贵人相助。在2014年初,他又拿到了一笔投资,开始了第二次创业,创办了杭州胡杨科技有限公司,从头开始搭班子、建团队、设立制度、寻找市场突破口,从无到有,成功地将拳王USB插座打造成了全网插座销量第一,第一年就实现营业额将近两千万元。但是品类的寡头公牛牌,属于无法撼动的品牌,销售额到达两千万元后,很难再次突破提升。第二次创业虽然不算失败,但是合作的品牌投入有限,要求开发新品举步维艰,最终还是跟投资人因为公司经营理念不合而分道扬镳。

经过这次创业,王大立深刻明白了一句话,选择大于努力,选择的方向不对,你再努力,结果也不会太好。随后他去云南旅游了一个月,休息了一段时间去思考未来何去何从。从云南回来后,他收到了多家公司的高薪邀请,他预判社交电商和网红经济一定是未来的大趋势,因此他加入了一家女装网红代运营公司,成了事业合伙人。初入公司时才二三十人,很多人都质疑他为什么不选择一个大公司,但是他坚定自己的选择,进入公司就是跟大伙一起创业,不是来打工的。通过共同努力,该公司在一年的时间里迅速从二三十人发展到二百多人,他也被老板重用,成为公司的顶梁柱,并很快还完了负债,还买了房、买了车。

正当大家都认为王大立即将在公司副总的岗位上大展身手的时候,他却在加入公司的第三年,也是公司最好的发展阶段离职了。因为对创业者而言,当一个产业的风口打开之时,独立创业的机遇就会不请自来,王大立不想错过,他毅然开启了他的第三次创业,于2018年创办了杭州赤渡网络技术有限公司。

从2018年至今,王大立借势抖音及小红书的力量,公司年销售规模接近5个亿,拥有员工二百多名,且带动了公司多人在杭州买房买车。从一个青涩寒门学子摇身变成"90后"千万富翁,十年波澜壮阔,十年砥砺奋进,让王大立从创业大学生成长为青年企业家。他常说:"创业是最好的修行,要成为对社会有用的人。担当压力是人生中非常精彩的一部分,不浮躁不虚伪,善于总结失败经验并用心去沉淀,就能让你离成功更近。"王大立还时刻牢记自己的中共党员身份,展现青年担当,每年都会在公益方面做一定预算的投入,积极反哺社会献爱心,情系桑梓报春晖,继承乐善好施、扶贫济困的传统美德,在自己力所能及时,尽自己微薄之力回馈祖国、回馈社会。十年间他不负韶华,勇追梦想,用青春拥抱伟大时代,用奋斗书写灿烂人生。

(台州职业技术学院创业学院、机电学院　供稿)

曹杰：以"0"为起点，创造"1+"可能

> 曹杰，男，汉族，1992年出生于贵州省毕节市威宁彝族回族苗族自治县黑石头镇院子村，贵州盛华职业学院2016届市场营销（互联网营销与管理）专业毕业生。在校期间，先后获得国家励志奖学金、三好学生、校级一等奖学金、"感恩·敬业"奖学金等多项荣誉及奖项。2016年6月，荣获2016届优秀毕业生。毕业后，先后任职于广州市巴图鲁信息科技有限公司、浙江今日头条科技有限公司、杭州鬼脚七信息技术有限公司，现为杭州鹅鹅鹅网络科技有限公司创始人。

曹杰来自贵州毕节的山旮旯里。2013年9月，曹杰进入贵州盛华职业学院市场营销（互联网营销与管理）专业学习。入学的时候，是学校举办以来招收的第3届学生。尽管如此，学校办学目标依然明确：赋能学生技能，点亮学生出彩人生。所以，学校实施了"产教深度融合"，利用百度、阿里、腾讯、京东等知名企业真实项目的融入，探索出"项目驱动化教学"方法，让真实商业项目与教学内容和环节融合对接，提升学生个人素养和技能。

曹杰初入学校时，就认识到了学习技能的重要性。他没有像其他同学一样进入学生社团历练，而是拼命学习专业知识和技能，为的是能够早日加入学校项目组实训。皇天不负有心人，在他的刻苦努力下，大一下学期，他就通过评估与考核进入学校产教融合项目组实训。

初进项目实训的时候，他对实训一无所知，对互联网项目的认识更是为"0"。而学校与合作企业则给他们配置了专业相关的实训教师。

负责带曹杰的是一位北航的研究生老师，也是这位老师让曹杰在各方面为"0"的情况下，慢慢有了后面的"1"……让他深受影响的是，这位老师不仅教他学习互联网知识，也教会了他很多为人处世的道理，一句"踏入社会，不管从事哪行哪业，为人处世会决定你的事业"的话让他至今记忆犹新。

三、开拓创新　争当创业先锋

没有哪一种成功是不劳而获的。在项目实训室,不管是"5+2",还是"白+黑",总能看到曹杰在电脑前、会议室、培训室等办公学习场所专注地思考和激烈地讨论。用他的话说:"我从山旮旯到这读书,以前几乎从未接触过电脑,但我们进入学校第一天,学校就给我们配置了平板电脑,我不想辜负这么好的资源,想借助学校的资源走出大山。"

当时,在项目组实训的内容是互联网招生项目。正是这个真实的实训项目,让来自贵州偏远山村的曹杰锻炼了沟通、表达等能力,为他今后踏入社会谈成业务起了至关紧要的作用。同时,他与项目组一起实训的同学之间也收获了深厚友谊。这些同学之后都成了他的好朋友,有的还成了他的客户。

除了学习专业课程,曹杰还选择了学校的兴趣课。而这些兴趣课,也是学校一大特色,因为这些课程是由国内外志愿者传授的。

在学校有很多像曹杰一样的学生,他们都来自山村,在未上大学之前,除了教科书外,没有太多的途径了解外面的事物,很难培养自己的兴趣爱好。在这种情况下,学校为了帮助像曹杰一样的学生培养一两项兴趣爱好,让学生每天坚持练习,让他们的兴趣变特长,终身得益。

进入学校前,曹杰的基础办公软件是"0"基础,然而通过特长课的学习,毕业后他已经能够熟练掌握这些软件。在踏入社会实习阶段,为了更好地帮助学生实习就业,学校每年都会在校园举行双选会,帮助学生高质量实现实习就业。

很多学生的实习工作进行得很顺利,而曹杰的实习工作却遭遇了一波三折。起初,曹杰自己十分想去百度实习,但因为名额有限,经过三轮面试后遗憾与百度实习工作失之交臂。为了自己的梦想,他选择到省外其他公司实习。

2015年7月,曹杰和二十几个同学拖着行李箱乘坐火车到了广州市巴图鲁信息科技有限公司实习。他本以为自己从此走出了大山,没有想到的是他又被安排到了另外的大山。

进入巴图鲁公司实习,首先要经过严格培训后才能上岗。7、8月正是广州的高温天气,而曹杰的宿舍被安排在了仓库。十几个人一间,只有一台大风扇,有部分同学实在受不了广州的高温天气就打了退堂鼓。而曹杰则坚持到了最后。通过了正规的培训,终于等来了分配岗位的日子,令他没有想到的是,他从贵州的大山到了大城市广州,却又被安排到了湖南怀化开展销售工作。

2015年8月,曹杰又拖着行李箱踏上了去湖南的火车。在湖南怀化的实习工作也让曹杰积累了许多经验。刚开始,他在湖南怀化做的是地推销售,每天需要跑几十家公司,由于缺乏经验,开始他被骂、被从公司里赶出来是常有的事。

"每天都有很多委屈,但我想通过自己的努力再回到大城市,所以再苦再累,我都会坚持到底。"他说。

更令曹杰没有想到的是,当实习快结束的时候,巴图鲁湖南分公司解散了。就在一筹莫展时,他接到了来自广州总公司领导的电话。因为他在湖南怀化实习期间的出色表现得到了公司的认可,他被调回了广州总公司。

2016年7月,曹杰回学校参加完毕业典礼后,正式入职广州巴图鲁公司。当他再次回到广州的时候,曾经和他一起到这家公司的二十几个同学只剩下了三四个。曹杰一如既往地拼命工作,尽管他在广州工作也是四处碰壁,但他始终没有放弃,最终凭借出色的表现,晋升成了公司的大客户经理,收入随之增加。

当时,因为互联网企业的岗位变动,离职是常态。2018年7月,为了寻求更好的发展平台,曹杰从公司离职,拖着行李箱辗转到了杭州。

在浙江,曹杰没有像其他人一样,无头苍蝇般地寻找工作。学校"产教深度融合"教学模式的影响和在巴图鲁公司工作积累的经验,使他被一位在广东认识的朋友推荐进了浙江今日头条公司。

因为换了行业,曹杰对浙江头条公司的业务认知又归"0"了。于是,曹杰从"0"开始学习。最终,他凭借勤奋好学,很快熟悉了公司业务。令曹杰没有想到的是,熟悉公司业务后,他的工作却变成了"四处流浪"。

"那时候,我在公司附近租了房子,但因为工作的缘故,一个月只有一个星期左右能在出租屋住。浙江的冬天十分寒冷,我又想节约用钱,所以在出差的城市,基本上都是开一些小旅馆睡觉,晚上有时候甚至冷得睡不着。"

一次,出差回到出租屋,曹杰认真规划了自己的职业生涯后,主动向公司递交了辞职信。他的这一决定,遭到了远在千里之外父母的反对,原因是能进入头条这样的大公司工作,父母觉得将来的前途无可限量。但曹杰仍毅然离职进了杭州鬼脚七信息技术有限公司,原因是这家公司创始人的精神打动了他。也是这次选择,让曹杰走上了创业之路。

在杭州鬼脚七公司,曹杰结识了现在公司的合伙人,并成了要好的朋友,在一次机遇巧合下,这位朋友手中有一个项目想让他尝试,于是曹杰开启了探索成立公司之路。

在探索阶段,曹杰的创业基础为"0",加上没有资金、没有办公场所、没有员工,困难重重。有时,他也动过放弃的念头。每当此时,母校校园中一块匾牌上写着的"微笑面对逆境"就激励了他。于是,他积极想办法解决问题,没有资金就四处向亲朋好友筹借,没有办公场所就找众创空间的公共场所办公,没有员工,就先找了一位自己

三.开拓创新 争当创业先锋

要好的朋友一起做。

创业折腾了半年后,2020年初,疫情突袭而至,来势汹汹。在这样的情况下,曹杰主动为客户排忧解难,积累下大量客户资源。2020年2月起,他们代理的线上直播卖的产品得到了市场和客户的认可,公司逐渐有了起色。2021年度,公司创造了数百万元的营收。

"最美的青春,是用奋斗绘就的底色。尽管我和我的公司还在成长阶段,但我对自己和团队有信心。我相信,我们公司未来会发展得更好。因为我在学校学到了真本领,因为我从'0'把公司做到了数百万元营收。"曹杰说。

(贵州盛华职业学院 供稿)

四、奉献青春　投身社会建设

四．奉献青春　投身社会建设

郑修斌：千里求学万里奔赴的青春之花在南疆绽放

> 郑修斌，男，汉族，1995年12月出生，浙江湖州人。2015年12月加入中国共产党，2017年7月毕业于辽宁省交通高等专科学校应用电子技术专业，2017—2019年参加大学生志愿服务西部计划，现任新疆博乐市党委办公室团支部书记、秘书科科员。

2017年5月，"到西部去，到基层去，到祖国最需要的地方去"的西部计划口号出现在了校园里，当时即将毕业的郑修斌第一个来到了校团委办公室询问如何报名。作为班长、校学生会副主席，郑修斌学习成绩优异，本可以就职于国企，拿着可观的收入，但一心报效祖国的他，在8月踏上了前往新疆的火车，开启了西部计划志愿服务的征程。

刚到新疆，郑修斌被分配到了共青团塔城地区委员会组宣部。作为团委的核心部门，他在工作中主要负责共青团基层组织建设、西部计划项目办联络、新媒体运营等。虽然工作繁多，但他立足本职岗位之余，先后组织开展志愿服务活动近30场次，前往敬老院、残障儿童教育中心等地进行慰问，协助公安、交警等做好活动的秩序维护及道路指引。

让郑修斌印象最为深刻的一件工作莫过于帮扶当地留守及贫困家庭儿童的"爱心公益行　圆梦微心愿"活动。郑修斌作为活动的主要联系人，共为350余名儿童联系了爱心人士，实现的"微心愿"总价值十万元左右。此次活动也受到了社会的高度关注，团中央学校部、光明网、塔城日报等多家媒体进行了报道宣传，在塔城地区范围内得到了极高的评价。也正是通过此次活动，郑修斌知道了在新疆还有许多人需要帮助，也许自己能为新疆做的事微不足道，但只要扎根在这片土地，总能做出贡献。

2018年初，郑修斌在团委参加志愿服务，他主动要求到最基层的农村，更加深入地了解基层群众的生产生活。经过简单培训,他再次背上行囊下沉到塔城地区沙湾县博尔通古乡克孜勒阿根村,把青春挥洒在天山脚下,用行动助力脱贫攻坚。

初到村上,郑修斌对村里的一切都感到好奇,特别是由于南北方的差异,他见到了许多以前没见过的新鲜事物,这让他对基层农村的工作有了更大的热情。因为工作需要,他每天都去村民家中走访,这一走,每天的运动步数就是两万以上,很快他就融入了当地的生活,与少数民族群众同学习、同劳动、共成长。2018年5月的一天,郑修斌来到了村民居玛哈孜的家中。由于天气变化,居玛哈孜大叔有轻微的发烧并一直在床上休息,老伴和子女都去县城务工了,得知情况的他立即叫来了村医做了简单的检查。在村医检查完确定情况不严重之后,他又来到院子里的牛圈里,拿起工具开始给牲畜喂草料了。从那之后他天天去帮大叔照料院中的牲畜,尽管每次喂下来都很辛苦,气味也刺鼻,但他觉得这只是他能为老百姓做的一点点小事。

在驻村工作的锻炼下,郑修斌得到了丰富的基层工作经验,特别是在与村民沟通交流、处理基层事务上,得到了工作队及村两委的一致好评,大家都戏称他为村里的"一块砖",哪里需要哪里搬。当然,郑修斌自己也很接受这个称呼,因为正是有他这样的青年能在基层村队奉献青春,基层组织才会有朝气和活力。

两年的志愿服务为他积累了基层工作经验,根据其优异的表现,组织上授予他"2017—2018年度全国优秀西部计划志愿者"荣誉称号,这也是对他工作的认可和鼓励,更坚定了他留在新疆的信念。

郑修斌参加了自治区公务员招录考试,在2019年8月考入博乐市党委办公室工作,从西部计划志愿者转变成了留疆志愿者,一心扎根新疆。当得知新招录公务员可以报名前往国家深度贫困地区之一的南疆四地州进行支教,郑修斌主动报名成为自治区南疆学前双语支教干部。同年9月,他来到了喀什地区泽普县阿依库勒乡幼儿园开始为期一年半的支教工作。

初换岗位,郑修斌没有教学经验,更没有幼教工作的经验,如何教育好学龄前儿童,成为他进入班级教学后最大的困扰。不同于其他地方的幼儿园,南疆幼儿园的主要教学工作是汉语教学,只有从小教会了幼儿正确的汉语发音,才能为将来的小学及更高年级课程打下基础。为了教好课程,他虚心向有经验的老教师请教,加上自己的潜心教研,孩子们的汉语水平显著提高,为今后的小学课程打下了坚实的基础。

在"三区三州"的喀什,党和国家给予了很多优惠政策,老百姓的日子有了天翻地覆的变化,但在农村还是有许多老百姓的家庭并不富裕,孩子穿的衣服就算破了也不舍得换。作为支教干部,郑修斌看在眼里,疼在心里。作为深度贫困地区的幼儿教师,他明白自己身上的职责与使命不仅仅是教授国家通用语言那么简单,更应

四、奉献青春 投身社会建设

该积极投身到脱贫攻坚的第一线,在生活上多给予孩子们帮助。他自费为孩子们购买衣物,同时利用自己的朋友圈,呼吁身边的朋友为孩子们献爱心。在他自己的帮助和爱心人士的捐助下,共有十余名儿童收到了价值3000余元的衣物。当看到孩子们天真的笑容时,他觉得一切都值得。

2020年面对喀什地区突如其来的新冠肺炎疫情,郑修斌和本地共产党员一样第一时间挺身而出,与当地干部一同投身抗疫一线,送物资、测体温、报数据,哪里需要哪里就有他忙碌的身影。他用自己的实际行动感化并带动了其他干部也纷纷投入抗疫工作,当地群众只要提到北疆支教干部这个群体都会赞不绝口。郑修斌在疫情防控期间的突出事迹也被自治区教育厅所报道,组织上授予他"2019—2020年度自治区优秀支教干部"荣誉称号。

2020年底,支教工作结束,郑修斌回到了市党委办,单位领导和同事对他这样的年轻人给予了厚望,回到单位就安排在了秘书科的岗位上。尽管压力大、任务重,在大家的帮助和自己的努力下,他还是很快适应了工作节奏,融入了党办的大家庭中。他一直秉承着办公室干部"特别讲政治、特别敢担当、特别重实干、特别能奉献、特别守纪律"的工作要求,在各个方面都刻苦学习,尽快成长。如今,他享受了当地的"引人聚才"优惠住房保障政策,在博乐买了房安了家,安安心心扎根在博乐,为博乐经济社会发展贡献自己的青春力量。

(辽宁省交通高等专科学校 供稿)

陈奕君：镇守草原边关的国门卫士

> 陈奕君，男，蒙古族，内蒙古赤峰人，中共党员，1995年8月出生，内蒙古机电职业技术学院2013届电气自动化技术专业毕业生，现为内蒙古边检总站呼伦贝尔边境管理支队巴尔虎突击队一级警员，三级警司警衔。参加工作以来，陈奕君胸怀戍边神圣使命，将责任扛在肩上，用自己永不服输的韧劲和敢于拼搏的闯劲，出色地完成各项工作任务，用实际行动展现了新时代移民管理警察的使命担当，在改革强警的道路上走出了属于自己的精彩。因工作成绩突出，陈奕君荣获"优秀义务兵""优秀士官""优秀宣传工作者""优秀公务员"、个人标兵等荣誉称号。

2013年，陈奕君考入内蒙古机电职业技术学院电气工程系电气自动化技术专业进行学习，曾担任院心理协会组织部部长、系学生会生活部部长，在校期间尊重老师，团结同学，表现优异，深受老师同学们的一致夸赞。尽管他是一名理工男，但他对于新闻宣传有着强烈的热爱，经常性地参与学校组织的活动报道，积累了较多的宣传经验，对于摄影摄像技术也逐渐入了门。2015年，他休学入伍，入伍后，他以自己勤奋扎实、兢兢业业的工作作风和爱岗敬业、无私奉献的工作精神，用自己的青春和汗水取得了骄人成绩。由于表现突出，他先后参加"固边－2017"中、俄、蒙联合执法演练、"跨越——2017朱日和演习"等多项重大任务。他在训练和执行任务过程中，曾多次负伤，右手骨折、双膝膝关节积水、重度腰肌劳损，很长一段时间晚上疼得刺骨，彻夜难眠，只能靠止疼片度过漫长的黑夜。有些人说大学生士兵没必要那么拼，但陈奕君始终认为保家卫国是每个热血青年的责任和使命，也是必然选择。

2019年1月武警公安边防部队集体转隶为国家移民管理警察，身份虽变，但初心不变。转隶以后，陈奕君积极发挥自身拍摄剪辑特长，在完成突击队日常训练要求的同时主动承担起队伍宣传工作，先后完成了《固边－2017》《中俄、中蒙边境线》《冬季大练兵》等视频制作，巴尔虎突击队、呼伦贝尔边境管理支队轮训队宣传片、汇报片等一系列视频，在支队级单位举办的抖音大赛中获得三等奖及优秀作品奖。其中，巴尔虎

四、奉献青春　投身社会建设

突击队宣传片受到国家移民管理局、内蒙古边检总站、中国警察网、人民网、新华社以及各大网站点赞转载,播放量达 100 万次以上,并获得国家移民局、内蒙古总站、呼伦贝尔市公安局领导的一致肯定。陈奕君自己也在内蒙古出入境边防检查总站备战国家移民管理局大练兵比武竞赛中被评为比武优秀学员,带领队伍高质量完成了全国移民管理机构庆祝中国共产党成立 100 周年特别节目演出。他还参加了"内蒙古公安机关东部协作区应急处突拉动演练"。陈奕君始终认为:"新体制下,不光工作要做到位,自己也要有一技之长才行"。

作为一名突击队队员,陈奕君深刻认识到军事强国、科技强国的重要性,不断增强技能知识学习,自转隶至今,他自学了特警从事警务工作的所有技术和技巧,掌握了警察在执法执勤的警务工作中依法采取的控制、盘查、搜查、缉捕现行犯和违法犯的技术、能力和技巧,并在实战中熟练运用徒手防卫与控制技术、警械使用技术、武器使用、现场急救等技能。闲暇之余的陈奕君,不断增强宣传工作的本领,不断地向老师请教、互联网自学,为了达到想要的摄影效果,夏天游在河里,冬天趴在雪里,日复一日,年复一年,手里的相机不离手,熬夜至后半夜也是家常便饭。在联合各部门对违法犯罪嫌疑人进行设卡等任务时,陈奕君不错过一辆车,不放过一个角落,时刻保持警惕,在零下 30 ℃风雪中,主动申请延长工作时间,圆满完成各项盘查任务、安保任务,得到各级领导一致认可。

打铁必须自身硬,面对全警实战大练兵的考验,陈奕君发扬自身特别能吃苦、特别能战斗的精神,刻苦训练,主动放弃了休假和家人团聚的机会,利用一切能够利用的时间克服困难,以与时俱进的精神状态,顽强拼搏的训练作风,高质量、高效率地完成了各项训练和工作任务,因为突出的表现他加入了巴尔虎突击队。突击队担负着日常对边境线巡逻的任务,在巡逻过程中,他能遵守各项规章制度,认真执法,对有困难的群众提供帮助,热情服务,能够严格遵守公安机关各项纪律、条令,在出操、集体生活等各个方面都高标准、高质量地完成,虚心向同事学习,服从各项规章制度。在转改考试培训期间,陈奕君作为中队骨干能够较好地协助领导完成各项任务,体现了较好的模范带头作用。

凤凰鸣于高岗,梧桐生于朝阳。正如陈奕君所说的"所有的付出和荣誉,都离不开母校的培养"。他的努力得到了大家的认可,面对荣誉时,他没有骄傲自满,而是以更加扎实的工作态度、更加饱满的工作热情,全身心投入突击队的新任务、新使命中去,在平凡的岗位上,以行动践行着初心,以热爱坚守着边境一线,以实际行动报答党和人民的教育培养。一朝着警服,一生践忠诚,他用坚守和奉献,书写着一个个闪亮青春的奋斗故事,点亮了闪耀边疆的忠诚之光。

(内蒙古机电职业技术学院　　供稿)

丁洁：让基层医院鲜红的底色更加亮眼

> 丁洁，女，1995年9月出生，中共党员，南京信息职业技术学院2013届计算机网络专业毕业生。自2017年8月起，就职于徐州市第一人民医院眼病防治研究所劳动服务部，主要负责协助制定和实施党务相关工作计划、管理文书及其他工作，曾获得"优秀共产党员""优秀个人"等荣誉称号。

2013年，丁洁进入南京信息职业技术学院计算机网络专业开启求学之路，其间一直担任41321P班团支部书记一职。身为团支部书记，她除了学好专业知识外，恪尽职守，率先垂范，协助辅导员创新思路，引领班级同学积极开展形式多样、入脑入心的团日活动。她从点滴日常落实朋辈教育，让同学们在支部建设中汲取能量，收获成长，凝心聚力，在她的不懈带领下，所在支部屡获"优秀团支部"、五四表彰"红旗团支部"荣誉称号。而她自己也因突出的业务能力和亮眼的工作成效被评为"优秀学生干部""优秀团干"。大三期间，丁洁还自告奋勇担任新生班41561P班导生。为了更好地推进班级管理，她积极充当班委与新生之间的联系员，开展骨干培训，为新生班级树立目标，多措并举提升集体荣誉感、新生归属感，及时追踪新生工作进程，动态掌握新生思想状况。乐于且善于沟通交流的她毋庸置疑成为新生们眼中值得信赖的"知心大姐姐"，而丁洁所负责训导的新生班级也在校内斩获各项荣誉，她也获得了"优秀助理辅导员"荣誉称号。

繁忙的团工作和导生工作没有让丁洁分身乏术而对学习稍有懈怠，相反，她认为学生干部更应当以身作则为自我激励。丁洁勤勉不辍，是老师眼中励学敦行的优秀学生。凭借严谨扎实的学风和优秀的成绩，丁洁多次获得学院奖学金，当之无愧获得"优秀学风个人"荣誉称号。大学阶段，她就光荣地加入中国共产党，开始谱写属于青年党员的奋斗华章。

2017年8月，丁洁正式走上工作岗位，就职于徐州市第一人民医院眼病防治研究所劳动服务部。与学生时代的工作一脉相承，她从事了与党务相关的工作，无畏艰难，砥砺前行，坚持战斗在党建堡垒第一线，主要负责协助制定和实施党务相关工作

四、奉献青春 投身社会建设

计划、管理文书及其他工作。在领导的培养、同事的支持下,丁洁迅速成长,在工作上"高标准、高能效",正视短板,发挥所长,不断丰富专业学养,筑牢理论根基,提升业务水平。

丁洁"学"字当头,像汲取水分的海绵,每月的政治学习和党日活动集体学习从不缺席,她永远是最投入的那一个;业余时间也会自我"加餐",读原著,悟原理。党性认识和政治觉悟就在这日日研磨、辛勤汲取中加深。她带动身边同志读报、看报,自我检视,时刻保持思想的先进性,始终紧紧围绕在党中央周围,始终拥护权威,拥护核心。此外,为适应单位工作需要,扩大党务工作宣传影响力,她主动学习党史、国史、改革开放史、社会主义发展史,结合校内学习的专业知识,利用 PPT 演示、视频展播等现代方式弘扬党的伟大精神,号召大家一起学,此举获得单位领导一致好评。丁洁说荣誉不是目的,让四史教育深入人心才是她的初衷。

在日常党务过程中,丁洁更是主动服务,她曾协助开展"学马庄、强党建、促振兴"活动,发挥党支部战斗堡垒作用,在落实各项部署中,发挥党员先锋模范作用;在党支部部署的"党建促发展 扬帆新一院"活动中,全力配合完成新院建设和搬迁工程,为建设健康徐州贡献一技之长。为继续强化党史学习教育工作,丁洁以"新四军精神"铸魂,积极投身组织党员前往大王庄红色教育基地和洪泽湖水上革命斗争纪念馆进行党史学习的工作中,缅怀革命先烈,挖掘红色资源;建党百年之际,她又立即投身党的文化建设中,打造前沿宣传阵地,将红色文化、信仰教育融合于党团活动,身边同事也在其影响下,把对党的忠诚信仰铭刻于心。宣讲感染力强,催人奋进是大家对她的评价,厚重的"优秀党员"称号就是对她工作最大的褒奖。而在医院建党 100 周年表彰大会暨"百年风雨铸辉煌"红色经典歌曲会演筹备阶段,她又扮演了医院党委和各支部之间的枢纽角色,把最深情的歌,最诚挚的祝福,献给伟大的党。

公立的医院需要承担更重的公益责任,丁洁也希望能通过自己所做的工作,去感动身边的人。在"66 爱眼日"活动中,她主动承担了现场宣传报道工作,普及全民眼健康科学知识,用精准数据与鲜活案例增强了广大群众爱眼、护眼意识;在"进学校"公益视力筛查活动中,她深入校园,着力于儿童青少年近视防控工作,全力以赴履行社会责任。她也曾走进特殊教育学校、传染病院,为特殊群体送去温暖,播撒爱心。新冠肺炎疫情肆虐之际,丁洁志愿加入后勤保障队伍,宣扬伟大抗疫精神,在"徐州市眼防所"公众号中发表多篇推文,《党旗在眼科飘扬,全力打赢疫情阻击战——眼防所党支部》《徐州一院驰援武汉,眼科两名护士长先后出征》《前线你已奔赴,我也不会缺席——致敬奋战在抗疫一线的姊妹花》字字传情,句句达意,文章让前线白衣战士倍感温暖,让驻园员工自觉奋进。在得知血库紧张之际,她义无反顾无偿献血,在抗疫后勤保障阵地贡献绵薄之力。

丁洁是一位基层党务工作者,她的另一重身份是军嫂。特殊的身份决定了她的压力倍于常人。周旋于工作与生活之间,她对丈夫的工作给予充分理解,既做孝顺的晚辈,又做贤惠的妻子。长期的异地过程中,她积极支持部队工作,多次向其丈夫单位文化建设投稿。在平时的生活中,向身边朋友灌输爱国主义思想,普及中国海军文化,做好拥军爱军工作,凸显军民鱼水情,在工作和生活中,处处表现出一名平凡坚韧的女性的光亮,彰显着女性力量。

（南京信息职业技术学院　供稿）

四、奉献青春 投身社会建设

李涛：奔波在城市基础设施建设一线的功臣

> 李涛，男，1989年出生，福建船政交通职业学院2010届市政工程技术专业毕业生。他先后任职于福州第七建筑工程有限公司、福州城建设计研究院、福州市水环境建设开发公司、福州市水务投资发展有限公司，现任福州水务集团有限公司技术中心副主任（主持工作）。2019年4月被福建省人民政府授予"福建省重点项目建设功臣"荣誉称号，并被授予福建省五一劳动奖章；2022年9月作为主要完成人获得福建水利科学技术奖一等奖。

2007年9月，李涛进入福建交通职业技术学院（福建船政交通职业学院前身）土建系市政工程技术专业学习，其间担任土建系学生会常委会常委兼两委办公室主任。他在入学时便积极参加基本军事训练，作为所在专业军事训练学生负责人带领两个班圆满地完成了基本军事训练，并被评为学院"军训标兵"。在大学三年里，李涛认真学习相关专业课程，掌握了一名工程人员所需的实操技能，并取得了包括CAD绘图员、工程测量工、公路试验工在内的全部职业技能等级证书；他依托学院提供的自学考试培训，在校期间便通过成人自学考试取得了交通土建工程专业本科学历及工学学士学位。在校期间李涛还加入学生会锻炼自我，通过担任学生干部积累了良好的管理经验；在大二年级担任08级新生助理辅导员承担迎新等一系列工作；在担任土建系学生会常委会常委兼两委办公室主任期间，他在土建系团总支及学生会主席团的带领下组织参与了多个重要系学生活动，在他与相关学生干部的共同努力下土建系团总支被团省委评为"省五四红旗团支部"，他也被评为系优秀学生干部。在学好专业知识和做好学生工作之余，李涛还积极向党组织靠拢，在校期间便加入了中国共产党。

2010年7月，李涛从学院毕业走入工作岗位，他从施工单位见习施工员做起，充分将职业技术教育中学习到的专业技术技能结合应用到工作中，并始终牢记福建船政交通职业学院"精益求精、密益求密"的质量精神,很快便从众多施工员、监理员中脱颖而出,被提拔为建设单位项目负责人,独立负责工程项目建设。在成为建设单位项目负责人后,李涛先后负责过福州市洋里污水处理厂厂外管网工程、福州市浮村污水处理厂厂外管网工程、福州市江北中心城区内河综合整治工程、连江县塘坂引水二期工程、福州市水系综合治理PPP项目、福州市内河沿岸串珠公园建设项目、福州滨海新城防洪工程等多个省、市级重点项目,这些项目也是与人民群众日常生活密切相关的城市基础设施建设工程。

李涛十年如一日兢兢业业,任劳任怨,始终奋战在市政基础设施建设一线,时刻以一名共产党员和一名国家工作人员的标准严格要求自己,时刻以全心全意为人民服务为宗旨,在各项急难险重的任务中冲锋在前。2015年超强台风"苏迪罗"登陆福建引发山体滑坡、泥石流等一系列地质灾害,李涛负责的项目工区被泥石流冲毁、现场交通通信中断。台风登陆后的次日清晨,地质灾害尚未完全停止,李涛便与第一批抢险队伍一同进入尚在发生塌方滑坡的X133县道,徒步进入被泥石流冲毁的工区,组织相关单位清点撤离人员,排查风险隐患,进行灾后清理复工。在李涛所负责的项目进行隧洞爆破施工遭到周边村民阻挠时,他挨家挨户听取村民诉求,耐心反复地做村民的思想工作,求得村民的理解支持,尽可能化解部分村民的抵触情绪。在爆破施工前一分钟,一名村民骑电动车冲破警戒线冲入爆破区企图阻拦施工,当时炸药雷管即将起爆,在千钧一发之际,李涛奋不顾身冒着炸药随时爆炸的危险冲入爆破区将村民拉出。2017年的福州市水系综合治理PPP项目中,李涛担任金山片区水系综合治理项目联合党支部支部委员,他带领党员突击队连续150天奋战在一线,确保被认定为典型黑臭水体的河道按期消除黑臭,为了顺利完成生态环境部督办的黑臭水体治理任务,他主动将婚期推后了一年。

李涛在做好工程建设的同时还参与了多个科技计划项目,解决了城镇供水厂、污水厂、水利设施在生产运营中的多个疑点、难点,形成了多项发明专利、软件著作权等知识产权,相关科研项目获得"福建省科学技术进步奖";其所主持研究的科研项目《竖井无压隧洞泄洪技术研究在城市山洪防治工程中的应用》获得福建省水利科学进步奖一等奖。

李涛在工作之余也热心参加爱心公益活动和志愿者服务:累计无偿献血近20次,被国家卫健委、中国红十字会、中央军委后勤保障部卫生局联合授予"全国无偿献血奉献奖铜奖";在第一届全国青年运动会期间参加城市志愿者骨干培训、组织城市志愿者开展志愿服务;在新冠疫情期间作为志愿者参与新冠疫情清零相关工作。

李涛先后被授予福建省重点项目建设功臣、福建省五一劳动奖章、福州市优秀共

四、奉献青春　投身社会建设

青团员等荣誉称号。他始终以福建船政交通职业学院校训"求是自强　求实创新"为导则，长期奋战在城市基础设施建设一线，为提升城市品质，提升居民人居幸福感，构建人与自然和谐发展的现代化新城市奉献了自己的一份力量。

(福建船政交通职业学院学生工作处　供稿)

徐书剑:践行志愿精神谱写壮丽青春的最美团干

> 徐书剑,男,1998年出生,中共党员。淄博职业学院2019届动漫艺术专业毕业生。在校期间他任班长、学生会实践部部长、青年志愿者协会会长等职务,曾获国家励志奖学金、山东省政府奖学金、山东省"三下乡"社会实践优秀学生、山东省优秀毕业生等荣誉表彰。现任淄博市淄川区青少年社会工作服务中心副主任、淄川区第四届少工委委员,兼任淄川区青年之家团总支书记、淄川区青年志愿者联合会秘书长等职务。曾获山东青年五四标兵、新时代淄博最美青年、淄博市青年志愿服务先进个人、淄川区第八批高层次优秀人才、淄川区青年五四奖章等荣誉称号。2021年,徐书剑被共青团中央授予"全国优秀共青团员"称号。

2016年,徐书剑进入淄博职业学院动漫艺术专业学习。徐书剑所学的动漫艺术专业是中央财政重点支持专业、省级特色专业和山东省现代信息技术品牌专业群重点建设专业,学校老师十分注重专业培养与实践相结合,在专业学习中重点培养学生掌握动漫及影视创意和制作等专业知识,同时加强实际操作技能和协作创新能力的培养,将技能竞赛引入教学,将制作实践引入课堂。徐书剑不放过每一个学习的机会,因为专业与计算机密切联系,他在日常的实训中也锻炼成了一个计算机"达人",这为他今后的工作打下了扎实的基础。在校期间,徐书剑学习成绩优异,历次考试名列前茅,获得山东省政府奖学金、国家励志奖学金、学院优秀学生、校优秀学生干部等荣誉称号,并在各项技能赛事中崭露头角,曾获山东省大学生电子与信息技术应用大赛一等奖、山东省大学生国际动漫游戏大赛二等奖、山东省大学生新媒体科学艺术创意大赛三等奖等多项成绩。在校期间,徐书剑一直是班长,班级在他的带领下,学风优良,学习气氛浓厚,全年无旷课、违纪作弊等现象,班级全体成员考试合格率100%,荣获"先进班集体"称号。

大学的生活丰富多彩,除了在专业学习中积极钻研,徐书剑也有一颗热爱公益的心,自2014年开始,他便参与帮扶贫困留守儿童的工作。在学校丰富的社团活动中,徐书剑选择加入了青年志愿者协会和动漫艺术系"晨星"支教团队,通过参与大大小

四、奉献青春　投身社会建设

小的公益活动,在大学校园里逐渐燃起了他的公益梦想。

在"晨星"支教团队,徐书剑是带队组长,他负责山东淄川区寨里镇乡村留守儿童的动漫艺术主题公益课堂。徐书剑和队员们利用动漫艺术的专业知识,将色彩、陶泥等艺术课与传统文化课相融合,通过绘制脸谱等方式,让留守儿童们在学习色彩艺术的同时,也了解到了国粹文化。此外,支教团队还提供心理疏导、亲情陪伴、课业辅导等服务,赢得了乡村留守儿童的一片赞誉。因出色的志愿服务,该团队支教活动入选了淄博市"青苗课堂"计划。作为青年志愿者协会会长,徐书剑发挥专业优势,组织本系同学前往淄川区马鞍山爱国主义教育基地绘制"中国梦"公益主题墙绘,并开展"走进革命淄西,寻访红色足迹"社会实践、"长征魂·中国梦"纪念长征胜利80周年励志拓展等多项爱国教育主题活动,带动身边同学感受祖国的进步与强大,在实现中国梦的生动实践中放飞青春梦想。

农村的支教和城市的志愿服务让徐书剑看到了农村基础教育的落后,他发起了"薪火学堂"公益项目的倡议。倡议得到了学校的支持,学校联合其他高校建立社会实践基地,在淄川区创办11所"薪火学堂",利用寒暑假期集中开展公益课堂、公益夏令营共计23场,除开设定点学堂外,积极邀请淄川区航模协会等社会组织,聘任创客教育、传统文化、管乐艺术等行业专家,走进偏远乡村学校,为乡村青少年带来航模、3D打印、国际象棋、国学文化等公益课程,将优质教育资源输送至乡村。

社会的帮扶让徐书剑看到了公益的力量,社会的爱心能够从最底层托起贫困家庭个体的希望,他成立了"乐扶公益团队",并策划"青春乐扶"公益项目,承接全区"牵手关爱行动",全面负责淄川区贫困、留守儿童的帮扶工作。2016年,一场车祸让一名太河镇中学生在外打工的父亲丧失了劳动能力,家中还有一位因视力残疾无法外出工作的母亲,这名学生因此产生了退学念头,为此,徐书剑积极帮助他走出心理困境,并对接教育、扶贫、民政等部门为其建档立卡,争取生活、教育补助,减轻求学负担,并积极助力销售该同学家中自产的小米、煎饼、活鸡等农产品,动漫艺术系的老师们也纷纷慷慨解囊,连续四年为这个家庭助销爱心小米2000斤。这名同学由此树立了继续读书的信心,后来顺利考入山东政法大学。就这样,徐书剑组织开展亲情陪伴、城市体验等活动300余场;结合精准扶贫,助力销售特困家庭赖以生存的小米、豆腐等自产农产品22万元;开展心愿直通车"圆梦行动",为留守儿童满足微心愿600余个,折合物资9万余元;走进8所偏远小学,为800余名贫困山区学子带去学习用品。

参加工作后,徐书剑继续用实际行动践行志愿服务精神。他充分发挥青少年社会工作经验,积极承接淄川区"希望小屋"项目,选拔工作经验丰富的青年志愿者与小屋儿童开展一对一结对,坚持每月1~2次入户开展服务,为孩子们带去课外读物和学习用品。积极对接联络山东大学青年志愿者,指导他们通过线上教学方式,对小屋儿童开展一对一学业辅导,加快促进小屋儿童精神焕新力度,利用"99公益日"的契机,徐书剑为小屋筹集了公众捐款 87544.02 元。

徐书剑还在淄川区检察院、团区委等部门的支持下，联合建立了淄博市首家"未成年人检察工作社会支持体系"，通过社会力量注入涉案未成年人心理救助、社会帮教和犯罪预防工作中，形成多方共筑未成年人犯罪的综合防控和教育挽救体系。截至目前，该项行动已运用社会化支持体系将 8 名附条件不起诉人员纳入精准帮教中，6 名附条件不起诉人员已完成考察帮教，顺利回归社会。

疫情防控阻击战打响后，作为淄川区青年志愿者联合会秘书长，徐书剑积极投身疫情防控，第一时间组织广大青年志愿者积极抗击疫情。他本人也投身社区一线，在淄川区城一社区执勤点参与劝返执勤、片区消毒等工作，与志愿者们走进社区挨家挨户敲门排查，对居民是否外来及是否密接等情况摸底了解，并扩大防疫知识科普宣传，在防疫战役中扛起青年"硬核"担当。当各类防护物资消耗和需求量剧增时，徐书剑先后为寨里镇北佛村、双杨镇宝塔社区、寨里镇黑旺中心小学等单位捐赠一次性口罩 1000 个、一次性手套 700 副以及 84 酒精消毒液、桶装方便面等物资若干。同时，徐书剑负责全区疫情防控青年志愿者的统筹联络和每日的信息统计工作，他主动发挥专业优势，结合在校期间担任学生干部的工作经验，为淄川区团委定制开发了志愿者报名系统、志愿服务信息统计系统等微信小程序，实现了"不接龙、不填表、不装APP"，大大提高了信息收集效率。

多年来，徐书剑及其所创办的团队、项目都得到了广大群众的一致赞誉。其带领的团队获得全国示范性"青年之家"综合服务平台、山东省"四个100"最佳志愿服务团队、山东省青年志愿服务先进集体、淄博市社会扶贫示范点等表彰，创办的"青春乐扶"贫困留守儿童教育关爱项目，获评全国青年社会组织"伙伴计划"优秀项目。在团中央主办的共青团"伙伴计划"专题培训班中，徐书剑为山东省 120 位青年社会组织骨干、优秀青少年社工代表、区县团委负责同志进行现场教学，并受到团中央《中国共青团》杂志社对其工作事迹的专访报道。

2021 年 5 月，徐书剑被共青团中央授予"全国优秀共青团员"荣誉称号，他的优秀事迹荣登光明日报社出版的百名优秀高职学生党员风采录《绽放吧！青春榜样》。

（淄博职业学院校企合作与就业指导中心　供稿）

四、奉献青春 投身社会建设

喻康：从西部志愿者到屯垦戍边的人民教师

> 喻康，男，汉族，1996年出生，湖南长沙人，2017年毕业于长沙民政职业技术学院电气自动化专业。毕业后赴新疆参加"大学生志愿服务西部计划"，服务期满后选择留在新疆，现任新疆生产建设兵团第一师九团第三中学新特岗教师。

喻康，2017年毕业于长沙民政职业技术学院电气自动化专业。毕业前夕，学校公开招募"大学生志愿服务西部计划"的浪潮在校园传播开来，"到西部去，到基层去，到祖国和人民最需要的地方去"的号召在耳边回响，支援西部，实现中国梦的激情在喻康胸中燃烧了起来。为了追求理想和信念，他解除了与一家企业早已签订的劳动协议，和同班同学报名参加了西部志愿者。

喻康与湖南的27名志愿者一起踏上了西行的列车，来到新疆，按照他的意愿，被分配到最偏远的兵团一师。

到这里后，喻康才发现环境和条件比他想象的更艰苦。这里是塔克拉玛干沙漠的腹地，气候恶劣，条件艰苦，沙尘暴说来就来。夏秋季漫天黄沙，冬春季干冷刺骨。

一下子从繁华大城市来到这沙漠腹地，喻康感觉到不可思议，他不敢相信人能在这里生活，但事实告诉自己：60多年前，王震将军带领三五九旅的将士们在这里垦荒进行大生产，把沙漠变良田、把沙漠变绿洲，建设了现在这座军垦新城。喻康对"生在井冈山，长在南泥湾。转战数万里，屯垦在天山。"有了更深刻理解和体悟。"献了青春献终身，献了终身献子孙。"兵团三代军垦人的奉献格言让喻康心灵大受震撼！他们既是农民又是兵，这就是兵团。为了维稳戍边职责使命，为了民族交流交往交融，兵团几代人都默默地守在了"大漠孤烟直，长河落日圆"的塔河河畔……刚踏入一师这片陌生土地，喻康对这里充满好奇和迷恋。维吾尔族同胞的热情大方和能歌善舞打动了他，民族特色美食和新奇的民族习惯吸引了他，他爱上了这方宁静和辽阔。在喻康心里，以前不知道兵团，现在走进了兵团，认识了兵团，融入了兵团，属于了兵团，他自己已经是兵团的人了。

在新疆主食是面食，气候冬季寒冷，夏季炎热，紫外线强烈，喻康很快适应了这边的饮食和气候,学会了做馒头、擀面条、拉面、抓饭,日常饮食活像个西北人。他见到维吾尔族的同胞打招呼是"亚克西木"(你好),为能更好地融入少数民族中,他学会了维吾尔族的日常用语,了解维吾尔族的民风民俗,参加维吾尔族人家的婚庆歌舞……

刚开始喻康志愿服务的岗位在团委,从事青工青农和学校少先队工作,做的第一件事就是为师市的创业青年申请创业资金及贷款贴息。他深入基层,到团场连队职工家走访,了解职工的创业贷款情况,并向其宣传创业资金及贷款贴息政策。2年间,他共走访职工100余家,帮助团场创业青年申请创业资金130万元,帮助连队职工申请贷款贴息50余万元,涉及职工人数200余人。他说,只有到团场连队去,与连队的人在一起,才能做更多服务职工的实事。

2019年喻康通过换岗,成了一名支教老师。刚到学校时,他听说学校缺物理老师,他根据自己大学学的专业,主动申请教八年级物理。为了成为一个学生喜欢、学校认可、家长放心的老师,喻康天天备课到深夜,向老教师请教,从网上查找学习方法,把一个个知识点吃透。由于他上课幽默、运用简单而实用的方法教学生,在月考中,他教的班级考到了年级第一。有人问他,每天加班到深夜不累吗?他露出标志性的正能量笑容,说:"累,当然累,但看到孩子们对知识的渴望,累点又何妨。"2020年第一师阿拉尔市招聘特岗老师,通过报考、笔试、面试,现在喻康已成功地成了一名新特岗教师。

除了做好教师的本职工作,喻康还始终不忘志愿者的初心和责任,在他参加西部计划志愿服务的三年时间里,先后组织志愿活动20余场,参加志愿服务100余次。"我不觉得自己在牺牲、在奉献,我是志愿者,我只做了我该做的,却收获了更多。"在新冠疫情席卷而来时,他主动申请成为一名基层的防控疫情志愿者。"我是党员,我先上!"疫情就是命令,防控就是责任,喻康积极响应师市号召,到幸福路街道办花园社区管辖的新苑小区当一名疫情防控志愿者。他担任过楼栋长和门岗工作,积极宣传防疫知识,配合网格长排查楼栋居民外出情况,做好信息登记、测量体温,记录情况,帮助楼栋内需要生活物资的居民搬运物资,每天搬运物资20户以上,共帮助楼栋居民购买煤气、电、药品50人次。有一次他遇到一名紧急就医居民,他不慌不乱,迅速与社区领导联系,在最短的时间内让患者出小区前往医院。喻康说:"疫情防控期间,只有克服重重困难打赢当下这场特殊战役,才能守护我们必须守护的人。"喻康从18岁开始就加入了献血的队伍,6年时间他献血12次,献血量4800 mL。"当代青年既是追梦者,也是圆梦人。"他用青春的热忱践行着习总书记的号召:"广大青年应自觉把个人的理想追求融入国家和民族的事业中,勇做走在时代前列的奋进者、开拓者,书写无愧于时代的青春之歌和精彩人生。"

"为什么我的眼中常含着泪水,因为我对这片土地爱得深沉"。喻康说:"我要留在这里,我热爱着这边红土地,将自己的青春奉献在这片红土地上。"

四、奉献青春 投身社会建设

当代青年生逢其时、重任在肩。喻康用三年志愿服务做一件终生难忘的事,更难为可贵的是,他扎根在这里,在西北边陲的小镇上诠释自己的青春价值,书写着属于他自己的中国梦。

(长沙民政职业技术学院 供稿)

林嘉敏：职业教育，给自己埋下一颗助人的种子

> 林嘉敏，男，中共党员，深圳职业技术学院经济学院2015届社区管理与服务专业毕业生。在校期间担任班级学习委员，社区工作社社长，现任深圳市龙华区启明星社工服务中心督导兼区域主管。曾荣获全国企业社会工作委员会第二届年会"优秀志愿者"、广东省社会管理调研大赛二等奖、2021年度深圳市社工之星金奖、深圳·湖南社会工作服务机构牵手计划"突出贡献奖"、共青团深圳职业技术学院委员会"十大杰出学生志愿者"、2017年度龙华区社会工作行业评优"服务楷模"，连续三年荣获龙华区社会工作行业评优"优秀案例"，连续三年参与中共广东省社会组织委员会征文比赛，获得一等奖、二等奖、优秀奖。2021年受学校邀请拍摄《技能成就美好》宣传片，登上了人民日报、光明日报等宣传平台。

林嘉敏说："曾几何时我会想起那么几个曾经带我入行的人，感谢他们不厌其烦、耐心的教导我应该怎么做，倘若没有他们的指引，自己应该不会坚持到现在。"提起选择从事社会工作行业的原因，他说自己很幸运，在职业道路上遇到一群志同道合的同工，一路有"引路人"指点，在他的老师、督导、社工影响下，最先开启了一扇助人自助的门。

步入大学，林嘉敏选择了一门新兴的专业，老师上第一节课时对学生说，我们这个专业的前景好，但不是每个人都适合从事这份工作，希望大家在今后的学习实践中带着一些信念去好好体会。当时他就在想，这是一个什么样的职业，毕业后自己是否会从事这份工作。在之后的校园生活里他跟随老师的脚步去感受着这门专业所带来的不同。让他印象深刻的一次是十年前走访孤独症家庭的夜晚，他跟随专业老师到校外开展服务，走访患有孤独症儿童的家庭。老师和家长做访谈，而他负责陪伴孩子玩耍，直到夜晚11点访谈才结束。等车期间，老师从包里拿了一块饼干给他："我们做的事情有特殊的意义，虽然辛苦，但能够给到自闭症家庭'喘息'的机会。"饼干个头虽小却传递着一种社会工作助人的信念，每当回想此事林嘉敏仍旧心感温暖。大学暑

四、奉献青春 投身社会建设

假放假,林嘉敏和班里同学参加学院的暑期社会实践,外出到社区调研发放问卷,回收问卷后不知如何进行数据分析,他胆怯地拨打了老师的电话,谁知老师边通话边用电脑远程操控示范,很难想象在老师如此忙碌之时还愿意耐心为学生作指导,不厌其烦地解答问题。正因为老师的无私帮助,调研报告获得学院暑期社会实践一等奖。大二期间,林嘉敏接任社工专业学长学姐传承下来的社团,在老师的指导下围绕"公益、学术"及社团理念,寻求各种资源,思考如何把这个社团发展、接力下去。他曾开展过亲子、青少年、特殊儿童、社区等领域活动近80余次,其间有过欢笑、有过泪水,每进行一场活动给他带来的是来自不同地方的触动,因为这个社团让他认识到了在社工行业拼搏的学长学姐们,他们的身影分布在每个角落,更是提早让他接触到了社工这份职业。

大学的这些经历影响着林嘉敏,培养了他独立思考、理论联系实践的习惯,让他懂得吃苦耐劳,待人诚恳,不计较得失,也让他有更多时间去思考今后应该选择一份怎样的工作。大学毕业,当时深圳各社区服务中心落地一片,大学的经历驱动着他回到深圳这片热土,老师们的教诲让他多了一份专注和努力,带着期望和汗水林嘉敏想尽早成为一名社工。

2017年,林嘉敏正式开启社工工作,主要面向优抚对象开展服务。他接触到了陈叔(化名),老兵陈叔处于无业状态,生活拮据,据社区人员反映,陈叔脾气急躁,属于"重点维稳对象"之一。初次探访,陈叔双手交叉没让嘉敏进门,接连几次耐心地探访引起了陈叔的注意。通过建立专业服务关系,林嘉敏了解到陈叔目前年事已高,不希望别人觉得自己是爱闹事的人,经过反复沟通,在长达半年的时间里,结合陈叔爱唱歌的特长,林嘉敏让陈叔带出了社区第一支老兵红歌队。林嘉敏运用个案管理模式,链接社区资源让陈叔得到情感支持,让平日性格急躁的陈叔情绪平稳下来,有效拓展陈叔的社会支持网络。陈叔自述:"感谢社工付出的一切,让自己当初的愿望得到实现。"看着陈叔站在舞台上演出,林嘉敏想,这或许是自己成为一名社工践行助人理念的珍贵画面。

全国企业社会工作专业委员会第二届年会在深圳市龙华区召开,林嘉敏有幸成为团队的一名志愿者。这个团队里有活跃在龙华社工圈的优秀人才,他们大多是资深的社工督导和中心主任,从他们身上林嘉敏学到了很多。每当回想起这些画面,林嘉敏心里就感慨万千,他说:"我还有很长的路要走,还有一批优秀的社工引路人在路上,感谢一路上遇到的他们,我定要紧跟其后。"

毕业七年,林嘉敏从一名社区社工到项目负责人,从督导助理破格提拔为自聘督导,其间挥洒了太多汗水,他深知只有不断努力和积累经验,秉持专业理念,才能走得更远。工作之余林嘉敏还积极投入到行业帮扶指导工作中,连续三年参与国家民政部社会工作服务机构"牵手计划",前往湖南省怀化市鹤城区与当地社工服务机构开展一对一帮扶工作。历经上百个日夜，他与同事跨越1000多公里来到湖南怀化，通过社工督导、培训演练、下乡走访等形式，有效提升了受援社工的专业水平和实务能力，促进了本土社工人才的培养，提升了受援机构规范化管理与社工人才服务能力。值得高兴的是，在牵手双方的共同努力下孵化了首家本土社工机构。同时，他与受援社工机构积极为当地300余名困境儿童群体提供服务，捐赠书籍及相关学习用品价值10万元，开展涉及困境儿童、青少年等特色服务2000人次。

服务期间，林嘉敏加入全国首个"社工村"的建设，在龙华区民政局、区社协的带领下，从社区治理到营造共建共治共享，大和社工村有了翻天覆地的变化。幸福的是在2021年5月20日当天，他和从事社工的妻子迈入婚姻的殿堂，因事业结缘，他们选择在龙华社工村记录下幸福的时刻。

每次回到学校为师弟师妹上就业指导课时，林嘉敏总会分享自己过往的一些经历，毕业工作后，会发现多一项技能是给自己加分，趁着大学时间充足，多做一些喜欢的事，多掌握一项技能，也能给自己的未来多一些可能性。针对外界对于社会工作薪酬待遇低、工作辛苦的问题，他发表了自己的看法：没有一份工作是不辛苦的，行业性质不同决定了自身的发展方向，而处在不同的位置会影响个人的视野，只有不断提升个人核心竞争力，保持继续学习的态度，才能在职场中应对来自不同方面的挑战，完成每一个任务。社会工作行业从2007年开始，面对一份新兴职业，需要多一份包容、多一分理解和支持。谈起职业教育，林嘉敏心存感激，他说："目前的工作就是最好的安排，这份职业将贯穿他未来的十年，职业教育出来的学生有更多的实践机会，一样可以站在更高的位置上闪闪发光。"

（深圳职业技术学院就业创业指导中心　供稿）

四、奉献青春 投身社会建设

王梦平：中老铁路建设与运营线上的"阿布"

> 王梦平，女，哈尼族，中共党员，1999年9月15日出生，云南西双版纳人。2020年6月毕业于昆明冶金高等专科学校外语学院老挝语专业，曾担任班长、校社团联合会英语协会副会长；曾获得国家励志奖学金、境外学习一等奖学金、省级优秀毕业生、校级优秀毕业生、校级优秀学生干部、校级优秀共青团员等荣誉；同时以全A的优异成绩圆满完成了老挝国立大学的专业学习。毕业后在中国铁路昆明局集团有限公司工作，并参与中老铁路建设，现为中老铁路磨万段旅客列车列车长。

2017年8月，王梦平进入昆明冶金高等专科学校外语学院老挝语专业学习，并担任老挝语1707班班长、校社团联合会英语协会副会长。在校期间，除了对老挝语听、说、读、写的学习之外，还学习了老挝文化、老挝经济、老挝语翻译教程、老挝语实用会话等专业课程。在所有专业课程中，发音是最需要攻克的一关，面对一些尾辅音的发音，比如"ບ""ດ""ກ""ຄ"，她的发音是完全没有找到位的。于是早间上课前她便提前半小时到教室练习自己的发音，补强自己的弱区，另外她还巧妙地利用手机录音功能将自己的发音录下来反复听，以尽快纠正自己的发音。每当课程结束时她总会冲到讲台，向老师寻求帮助。通过专业老师和外教的指导帮助，她不断练习，刻苦钻研，探索发音技巧，终于攻克难关，得到老师们的肯定。

在举办老挝语技能大赛时，王梦平作为班长既要担任组织策划负责人，同时需要花时间、精力练习主持稿以及准备自己的节目内容，她合理地规划时间，提前设计技能大赛的策划方案。为了让活动可以开展得更好，她甚至在深夜十二点还在修改活动方案。早课前，她提前起床，练习自己的老挝语朗诵文稿和老挝语歌曲，还利用课余时间练习主持稿。在这个练习过程中，首先需要翻译主持稿、朗诵文稿，然后练习发音、句子的连贯性等，全老挝文的主持稿比较困难，加上要将主持效果和主持词结合，难度十分大。王梦平早出晚归几乎拼尽全力，在专业老师、同学的指导和帮助下，她带领同学们不断彩排,技能大赛最终圆满落幕,同时她也取得了老挝语技能大赛第三名的成绩。2019年6月,她以专业第二的成绩参与了2019年南亚东南亚国家商品展暨投资贸易洽谈会翻译志愿服务者,此次活动中,她主动帮助老挝国家参会领导办理昆明洲际酒店的入住手续,介绍云南昆明的旅游景点及美食。作为校学生会外联部的干事,她和同学们一起组织开展各式各样的学校大型活动,这也锻炼了她的组织、执行能力。

学校的育人理念和丰富多彩的校园生活给王梦平带来了深远的影响,她说:"我们需要坚持学习,因为只有坚持学习我们才能前进;我们需要努力奋斗,因为只有努力奋斗我们才能成功;我们需要全面发展自我,因为只有全面发展才能真正提高,而这就是我所认为的青年模样!"

2020年4月,王梦平以实习生的身份进入了中国铁路昆明局集团有限公司昆明客运段,她一边学习铁路相关知识一边参与翻译《电力线路工讲义》的内容,在翻译前她需要了解关于电力和线路工方面的知识,这对她来说极其困难。经过查阅资料、请教师傅,再反复斟酌,她终于完成了所负责翻译的模块。

2021年1月,她正式成为铁路大家庭中的一员,作为列车员出乘昆明站至北京西站。巡视车厢、防疫宣传、抽检体温、安检查危、查验车票、禁烟宣传等,为了保障旅客顺利出行,王梦平踏实苦干,认真落实每一项岗位职责。4月,王梦平被抽调至高铁五队参加动车组培训、列车服务英语培训;5月,出乘昆明至临沧、昆明至大理、昆明至河口等多趟列车学习实习工作;6—7月,抽调至曲靖车务段进行多岗位多专业化的培训学习,从理论到实作,从课堂到车站、到列车,她不断吸收新知识,从实践中提高自己的业务能力及扩展多方面的专业学习;8月她抽调至昆明站学习车站客运工作,从验证口、检票口、站台、出站口、售票处等处学习,多岗位锻炼为她前往老挝参与铁路工作打下了坚实的基础。

2021年9月,王梦平以既是党员又是老挝语专业人才被万象运营管理中心选中,参与"一带一路"中老铁路建设工作。在集团公司派出的各专业人才团队中王梦平是年纪最小的一位,由于正处疫情期,导致入境手续较为烦琐,正是这位"99年的小朋友"使用老挝语与机场工作人员、海关交谈,最后协助团队顺利办理完机场的入境手续。隔离结束后,运管中心开始对老挝籍职工开展"中老铁路客票系统"的培训,王梦平负责担任翻译助教协助铁科院讲师授课,参与课程翻译讲解工作。

10月底,王梦平从万象调至磨丁参与开站前准备工作。开站前期,她负责磨丁站客运筹备工作、后勤工作,以及海关、边检结合部的翻译工作,这对于刚入路不久的她而言是全新的挑战。开站初期的生活条件极其艰苦,在用水用电不便、日常用品无法采买等情况下,开站的客运工作筹备、海关边检结合部的交涉翻译、老挝籍学员的车站客运培训等任务时间紧、工作重,加之当时持续不断的疫情,工作强度和压力都很

四、奉献青春 投身社会建设

大。经过三个多月的日夜奋战,12月3日,中老铁路磨万段顺利开通,当王梦平看到习近平总书记视频连线万象站澜沧号C82次司机发车,再次连线列车到达磨丁站那一刻,眼泪从眼角轻轻滚落,内心无比激动和自豪,她感到所有的辛苦付出都是值得的。

习近平总书记在出席第三次"一带一路"建设座谈会时强调,"一带一路"建设要以高标准、可持续、惠民生为目标。将"造福人民、惠及民生"写在"一带一路"建设的宏伟画卷上。中老铁路的开通,标志着老挝迈入了铁路运输新时代。磨丁站作为国门站,王梦平要求客运老挝籍学员不断提高业务能力、提升服务水平,为此她每个月都会准备相应的课件或资料,给老挝籍学员开展业务学习培训、服务礼仪培训、实用会话、应急处置等培训以及开展兴趣活动,提升业务能力、服务水平的同时也不忘团建班组工作氛围,这使得客运班成为一个具有积极进取且团结向上的集体。

2022年7月,因中方人员轮流回国休假,王梦平被抽调至万象站乘务组担任旅客列车列车长。旅客运输是感染风险最高的一线岗位,每天都要面对成百上千的旅客。面对不断攀升的疫情数据以及工作人员被感染的情况,口罩、面罩、手套和防护服成了最熟悉的"伙伴",脸颊上的口罩印子、被酒精稀释脱皮的双手,车厢内一遍又一遍的消杀,王梦平在严峻的疫情防控形势下不懈怠、不侥幸,在抓好乘务组疫情防控工作的同时也在认真负责地带好老挝籍学员,认真履行工作职责,快速适应新岗位的工作。

初心如磐,使命在肩。疫情是自然界的考验,但"全心全意为人民服务"的中国共产党根本宗旨,"人民铁路为人民"的铁路宗旨,始终是王梦平不怕吃苦、勇于战斗的坚定信念。王梦平说:"我们新时代青年沐浴在新时代的春风里,就要有新时代青年的模样,有新时代青年的责任与担当,更要向着五星红旗指引的方向,以实干笃定前行,以奋斗开启未来,奔跑在'一带一路',不负时代,不负青春!"

(昆明冶金高等专科学校招生就业中心 供稿)

夏振辉:从服务业主到服务社会的"急救侠"

> 夏振辉,男,1999年出生,浙江旅游职业学院2019届酒店管理与数字化运营专业毕业生,现就职于杭州万科物业服务有限公司。西湖区"救"在身边教学研究委员会主任、浙江省红十字会理事。近年来他用自己所学的急救知识挽救两人生命,先后荣获"全国最美志愿者""全国最美救护员""浙江好人""浙江省优秀志愿者""杭州好人""西湖区道德模范"等荣誉。2022年1月,作为"最美浙江人""最美救护员"代表受到浙江省委书记接见。

2017年9月,夏振辉进入国内同类院校中设立最早、规模最大的浙江旅游职业学院酒店管理与数字化运营专业学习。该专业实力强,特色明显,方向多元,旨在培养国际视野广,综合素质优,职业能力强的高技能应用型人才。在校的学习实践经历不仅让他练就了专业技能,也让他对志愿服务一往情深。

夏振辉助人为乐,经常参与各类志愿活动,始终坚持公益服务之心。在校期间曾组建乐跑团,组织学院首届定向户外越野活动,参加"浙大户外"并协助组织浙江省"百日百马"活动;参与"阳光助跑"项目"公益微电影制作——印象旅院之抬头族的幸福生活"和"携手并进亚运——旅院志愿者乐跑行动";曾代表学院参加全国大学生定向锦标赛并获团体奖、浙江省大学生运动会团体一等奖;曾参与2018年浙江省饭店节能协会庆典协会等志愿服务活动等。

2019年夏振辉毕业后加入杭州万科物业服务有限公司工作。他常常在想,在学校学习的酒店管理与数字化运营专业服务的客户往往都是常规的需求,工作后面对这么多业主,专业技术知识已经足够了,但一旦有突发情况怎么办?自己在志愿服务活动的时候也看到过突发意外情况,那万一自己的服务对象突然倒下了,自己是不是还缺一项急救技能呢?于是夏振辉联系西湖区红十字会,参加了救护员培训,考取了红十字救护员证,随后便经常参与一些马拉松赛事中的急救服务。他常常向队里的老师虚心请教,在日常训练中不断提高技能,还加入了互联急救APP,当附近有人拨打120求救时,该APP会视情况智能呼叫附近的志愿者。之后,夏振辉加入浙大户外

四、奉献青春 投身社会建设

安全急救队,并且作为团队精英,多次参与组织急救保障任务,曾担任滨江区禁毒毅行急救总指挥,后续又考取了美国心脏协会 AHA 证书。

2019 年 9 月 29 日中午,夏振辉准备去食堂吃午饭,互联急救 APP 传来一条新消息,"附近 615 米有求助事件"。夏振辉愣了几秒,随后选择接受求救。信息提示,求救者位于某小区电梯口处,距离 615 米。"我当时觉得自己作为马拉松运动员,全力冲刺一两分钟绝对能到现场,可以满足急救黄金 4 分钟的要求。"他当机立断,打开地图就准备出发。但是,地图显示,615 米只是直线距离,实际距离有 1.2 公里。幸好,楼下停了一辆共享单车,他立即扫码解锁,骑上车快速赶往求救现场。4 分钟后,他眼见一名 70 多岁的老人家倒在电梯口,旁边聚集着老人的几位邻居和家属。他大声告诉大家,"我有红十字救护员证,我可以帮忙"。与此同时,120 急救医生也赶到了现场。夏振辉和医生开始轮流为老人进行胸外按压。经过近半个小时不间断按压,老人逐渐恢复自主心跳。他又协助医生将老人抬上救护车,看着急救车飞驰而去,他终于舒了一口气。事后,夏振辉回忆起当时场景,仍有些感慨,"那时候,互联急救 APP 才上线一个月。我收到这条求助信息的时候愣住了,完全没有想到这么快就'上岗'"。

成为救护员后,工作之余,夏振辉总是习惯时不时看一眼互联急救 APP,关注求助信息。2020 年 7 月 30 日午后,夏振辉刚忙完工作,正准备休息,13 时 46 分,手机响起,一条急救求助信息传来:西湖区某小区,一名装修工人触电倒地,心脏骤停,情况非常危急。夏振辉立即骑上电动车赶往事发地,到达事发现场,夏振辉赶忙疏散人员,并迅速判断伤情,跪地进行心肺复苏术。因伤者情况危急,救护车到达后夏振辉又随车护送,当时路况不好,站在救护车内按压非常容易摔倒,是患者家属紧紧抱住他的双腿,他才能够站稳做完按压动作。因现场急救及时,伤者在送达医院抢救的 5 分钟后恢复了自主呼吸和心跳。

2020 年 8 月的一个晚上,夏振辉又收到互联急救 APP 传来的急救信息,一名老人倒在了自己家中。但这一次,夏振辉没有成功。原来,由于老人妻子的误判,以及缺乏对急救知识的了解,求救信息延时发出,错失了最佳抢救时间。一种深深的无力感涌上夏振辉心头。同时,他也萌生了带动更多人学急救的想法,他认为,普及急救知识和技能是一项需要长久坚持下去的工作,"还有很多人不懂急救,我们做得远远不够"。

后续,在西湖区红十字会的支持下,夏振辉又考取了中国红十字会救护师资证书。经常跟随红十字志愿服务队走进社区、学校开展应急救护培训。夏振辉在接受记者采访时表示,学校的学习与实践,社会群众的支持与鼓励激励他始终坚持公益,坚持战斗救援一线。

2020 年春节,夏振辉服务的小区发现确诊感染新冠肺炎患者,不少业主家庭被居家隔离。他主动放弃春节与家人团聚的机会,坚守岗位,守好小区这道防"疫"战线。

早上，夏振辉要背着几十斤的消毒水箱为小区公共场所消毒。严寒冬日，一遍"消杀"下来，他穿在防护服里的单衣全被汗水浸湿。随后，他会为小区隔离家庭代买生活必需品，每一样物品他都会小心翼翼地看管与包装。这样的日子他每天都要工作十几个小时。夏振辉还将浙江省红十字会发放的1000元红十字优秀志愿者慰问金捐赠至西湖区红十字会，用于支援抗击新冠肺炎疫情。

两年来，夏振辉的事迹感动了许多杭州市民，受到杭州日报、新浪浙江等多家媒体的报道。他也先后荣获"全国最美志愿者""全国最美救护员""杭州好人""杭州市道德模范候选人""西湖区好人"等荣誉。

2022年1月25日，浙江省委书记、省长等省领导在省人民大会堂看望了被选为"最美浙江人"的先进人物或家属代表。夏振辉作为"最美浙江人""最美救护员"的代表接受省领导接见。他表示，"通过和'最美浙江人'代表相互交流，现场聆听他们的故事，我被深深地感动，让我想起了习近平总书记的话'一切平凡的人都可以获得不平凡的人生，一切平凡的工作都可以创造不平凡的成就'。他们之所以平凡而伟大，在于面临人生选择时，他们避开了利禄之途，立志以小我成就大我。他们不求索取、不为名利的崇高品质，使我又一次陷入忐忑和沉思，我立志成为像他们一样的人，牺牲小我，成就大我，培训更多的人学习急救知识，涌现更多个夏振辉，更多的急救侠。这条路道阻且长，我相信，我会心怀梦想，坚定地走下去。"

（浙江旅游职业学院　供稿）

四、奉献青春 投身社会建设

曾森洲：携笔从戎成边疆的新时代大学生

> 曾森洲，男，江西交通职业技术学院2022届工程造价专业毕业生。在读期间，他萌生入伍的想法，之后朝着目标不断努力，最终成为中越边境金鸡山上的一名边防战士，服役期间由于表现优秀，被评为"四有"优秀士兵。退伍后返校学习，在校期间积极参加入伍宣传发动活动。毕业前夕应聘成为贵溪市第一中学驻校教官，主要负责中小学生爱国主义教育和军体教学。

2015年9月，"00"后曾森洲和他的双胞胎哥哥怀着未来做一名工程师的憧憬，来到江西交通职业技术学院建筑工程学院工程造价专业学习。大学校园日复一日的宿舍—教室—食堂三点一线的生活，枯燥而又平凡，曾森洲总感觉生活里缺少些什么。直到2019年，辅导员的一次征兵宣传主题班会，燃起了他心中那团熊熊烈火：好男儿当保家卫国，我一定要去当兵！班会结束后，曾森洲立刻给家里打去了电话，跟父母说自己想进入军营锻炼。

谈起当兵的初衷，曾森洲说，家族里很多长辈都是军人，所以从小就有一种情怀，要献身祖国国防事业。知道曾森洲想当兵，军人辈出的家族成员们非常高兴，也十分支持。"我的爷爷和父亲都有一个当兵的愿望，但是当时由于种种原因没有成行，如今他们都希望我能顺利入伍，保家卫国，建功立业。手握钢枪、保家卫国更是我多年的梦想。如今他们的愿望在我身上实现了。"曾森洲说。

2019年9月1日，曾森洲和他的哥哥曾森海经过了层层体检和辛苦的役前训练，正式入伍，成为光荣的军人。之后哥哥被分配到了上海，曾森洲却做出了不一样的选择，他自愿申请去最苦最偏远的中越边防线——广西，从此成为驻守在金鸡山的边防战士。金鸡山位于千年雄关友谊关西侧，地势险要，绝壁陡峭，自古就是军事要塞、边防重镇，而扼守这一天险雄关的就是曾森洲所在的南部战区陆军某边防旅金鸡山边防连。曾森洲至今记得光荣入伍时，站在中越边境金鸡山新训团的大门口时心中那份隐隐的渴望和期待。

大学生携笔从戎既是报效祖国、献身国防建设的光荣事业，也是锤炼自己、全面成长的一次重要机遇。刚到连队的时候,部队严格的作息规律和规章制度让他稍感不适,总觉得训练严苛,枯燥而乏味。但生性要强、不服输的他,选择迎难而上。无论是重装十公里,还是攀爬大楼等实战技能训练,曾森洲都从容不迫地去挑战。炎热的夏天,曾森洲全副武装,头顶几斤重的钢盔,胸前挂着钢枪,身后背着几十斤的背囊,脚拖着镶着钢片的作战靴,不停地向前奔跑。到达终点后,全身已经湿透,好像淋过大雨一般。曾森洲说,青春在奔跑中燃烧,身体在奔跑中成长,心智在奔跑中成熟。通过三个月高强度的军事训练,曾森洲慢慢适应了军营生活,整个人也脱胎换骨,浑身上下洋溢着军人的气质,体能状况和实战技能有了很大改善。用他自己的话说就是:变得"更坚强,更精神了"。

戍边的环境是非常恶劣的,有时候风雨交加,有时候蚊虫飞舞。每一个站岗的夜晚,夜深人静的时候,曾森洲愈发感到内心孤独。寒冷的冬天,在岗亭里,曾森洲唱起国歌,心中瞬间涌起一股暖流,正是这股暖流支撑着曾森洲一路走来,无怨无悔。

巡逻之路漫长而艰辛,还需要时刻保持警惕。西南边境常年气候潮湿,山路泥泞。金鸡山的巡逻之路更是山高路陡、杂草丛生,40度的斜坡俯仰皆是,稍不留意就会滑倒。曾森洲和其他边防战士巡逻时需要四肢并用,他们逢山开路,遇水架桥,但由于路况复杂,在经过峭壁时常常会有人跌落受伤。让曾森洲印象最深刻的一次巡逻是2020年的大年三十,当天下着暴雨,巡逻队伍要去巡逻一条长达十几公里的边防线。一路泥泞,大雨倾盆,翻越过一座座山头,终于到达了中国界碑所在的山头。在中越边境金鸡山上,曾森洲和他的战友们以为界碑描红的特殊方式迎接鼠年春节的到来。在界碑前,曾森洲极目远眺,老百姓正在迎接新的一年,心中油然升起一种对边防巡逻的自豪之情。曾森洲说,自己的身前是神圣的界碑,身后是祖国。描红界碑那一刻心情非常激动,那一刻自己才真正认识到了边防巡逻的意义:日复一日巡逻就是为了老百姓的安居乐业。

有一次,曾森洲的连队去参观烈士纪念馆,看着那些在战争中牺牲的战士,都是二十岁上下的年纪,曾森洲倍感震撼。"我们今天的幸福生活都是边防战士用鲜血和生命换来的,每次想到这些,我就觉得在训练场上受的苦和累实在不值一提。"曾森洲说,"军旅生涯让我变得更加自信,从小到大我都是别人眼里的普通孩子,老师眼里的普通学生。但是在部队的两年,每次训练考核我都名列前茅,我发现我也可以成为尖子,也可以成为一个优秀的人。"2021年8月30日,由于表现优秀,曾森洲被评为"四有"优秀士兵。

2021年9月1日,曾森洲退伍复学,再次回到了他曾经无比熟悉的学校,但心境却是全然不同。此时的曾森洲身上背负着"退役军人"这个光荣的称号,他在校的行为将代表着退役军人的形象。参军前的曾森洲和退伍后的曾森洲判若两人,在学校,他不仅保持着部队的优良作风,严于律己,以身作则,还以最好的状态投入到学习中去。

2021年11月中旬，春季新兵应征入伍报名工作即将开始，为了让同学们了解真实的军营生活，激发同学们的报名热情，曾森洲主动请缨设计了一场别开生面的"大学生参军入伍主题班会"。在班会中，曾森洲首先从征兵范围、应征程序、应征期间待遇、服役期间待遇和退役后待遇等多个方面向同学们进行了详细介绍，而且，他还和同学们分享了很多在军营中的趣事和温暖瞬间。曾森洲感慨道，当兵是他成长的路上最值得骄傲的事情，两年的军旅生涯对他的塑造是全方位的，让他明白当代大学生肩负的责任，要做一个对自己负责、对生活负责、让祖国放心的堂堂正正的中国人。这次主题班会后，曾森洲所在班级的同学应征报名人数从3人增加到15人。

进入实习期后，曾森洲在备考专升本考试的同时，毅然选择继续承担军人文化宣传工作。2022年初，他成功入职贵溪市第一中学，成为一名光荣的驻校教官，为中小学生开展爱国主义教育。由有经验的退伍军人对孩子们进行理想信念教育最具说服力。青春由磨炼而精彩，人生由奋斗而升华。曾森洲利用班会和课余时间向同学宣讲爱国主义和社会主义先进文化，引导他们树立正确的理想信念，点燃中小学生心中的爱国主义的火苗。

2022年3月14日，南昌突然爆发新冠肺炎疫情。本来在家备考专升本考试的曾森洲立即收拾行李，毅然返校。出发之前，曾森洲告诉父母，作为一名退伍军人，应该到人民最需要的地方。回到学校后，曾森洲立即申请加入学院的疫情应急志愿小组。疫情排查、核酸检测，曾森洲总是冲在第一线，发挥了军人退伍不褪色的模范带头作用，为学校疫情防控做出了自己的贡献。

回望自己的军旅生涯，曾森洲觉得自己已经褪不去身上这份绿色，一旦穿上军装，一生将以军装为荣，此生不忘军人誓言，严于律己，忠于祖国，忠于人民。未来，他将在更高层次上为祖国和人民撑起一片和平的蓝天，以青春的勇气和力量谱写最美华章。

（江西交通职业技术学院　供稿）

王亚兰：信仰城堡里有温度的幼教人

> 王亚兰，女，中共党员，1985年8月出生，陕西职业技术学院学前教育专业2008届学前教育专业毕业生。毕业后任职于陕西省宝鸡市陈仓区拓石镇第一九年制学校，担任团支部书记，后担任宝鸡市陈仓区拓石镇中心幼儿园园长。现任宝鸡市陈仓区周原镇中心幼儿园园长，先后获得陕西省"岗位学雷锋标兵"、陕西省"巾帼建功标兵"、陕西省青年教师培养计划优秀候选人、宝鸡市陈仓区"三八红旗手"、宝鸡市陈仓区十佳校长、宝鸡市陈仓区最美乡村教师、宝鸡市陈仓区"五一劳动奖章"、宝鸡市陈仓区优秀共产党员等荣誉，被聘为陕西职业技术学院学前教育学院学前教育专业建设指导委员会委员，宝鸡教育学院国培项目外聘专家，是陕西省优秀青年教师培养人、学前教育专业发展委员会主任委员。

2005年，王亚兰进入陕西职业技术学院学习，大学生活中最大的收获就是老师对专业技能的引领和人生方向的指引，这得益于学校精细优质的管理和善思乐教的教师团队。在学前教育专业教师的悉心教导和严格要求下，她从零基础成长到钢琴专业八级，声乐专业六级，舞蹈专业六级。学校老师对她的专业理论学习影响是巨大的，他们的指引让她对儿童教育学和心理学有着痴迷的热爱和向往。在校期间她每年暑假都参加社会实践，理论联系实际，再对实践进一步总结提升，形成更为系统的教学案例。2008年，她参加了10场高校评估的专题辩论会，每一场都精彩而有力量。她的经历深深地感染和影响了院系的同学们。毕业前，王亚兰光荣地加入了中国共产党，被评为学前教育专业唯一的省级优秀毕业生。

毕业后王亚兰就职于拓石宝鸡市陈仓区拓石镇第一九年制学校，因表现突出，担任团支部书记。之后，带着甘于奉献的初心调至拓石镇中心幼儿园担任园长。走进幼儿园的第一天，王亚兰彻底傻眼了：新建的幼儿园只有一幢无门无窗的"空架子"，扫尾工程还在进行，满院子是钢筋水泥、碎石瓦片。整个园里没水、没电、没桌凳，连日大雨下得满园稀泥，踩上去软乎乎、黏腻腻的，从园门口到教学楼只有15步，每走一步都

四、奉献青春 投身社会建设

是那样艰难。

王亚兰和一起来的6名老师不停地打扫卫生搬东西,每个人都是灰头土脸、一身泥水。饿了,就在工地上和民工一起吃饭;渴了,就喝一口凉水;乏了,就铺着水泥袋子靠墙坐一会儿。由于拓石镇当时正在实施饮水工程,自来水站压力不够,三天两头停水停电。工地上的灶房用水很不卫生,基本靠沉淀,桶底积了厚厚一层泥。沉淀好的水是半透明状,沸腾后上面依然飘满白沫。看着一碗没有蔬菜的面,看着老师们和民工一起大口大口地吃着,她的泪流到了心里,却故作风趣地说:"原生态更健康,要是当年参加长征,我们绝对是一支能吃苦能战斗的队伍。"

开园前这120个小时,她们忙碌劳累了整整100个小时。老师们都极度疲劳,但没有人说出来。直到8月31日凌晨3点多,开园的所有工作准备到位,工地上的探照灯突然坏了,而偌大的幼儿园里只有王亚兰一个人,因为她让队友们回去休息了。山里寂静漆黑的夜让她感到害怕,她摸黑把被褥塞在墙角,硬拉了堆编织袋挡着自己,成群的蚊子肆无忌惮地在她脸上跳舞。

到了9月,西北已经能明显感到寒意,风能吹破人的脸,为防止幼儿园配备的财物丢失,王亚兰顶着大风借助手机微弱的光亮到处查看园中的情况。为了让大伙儿多睡会儿,早上六点王亚兰悄悄地摸到厨房,山里依旧清冷,她一进去就把厨房门反锁,防止寒风灌入。封闭的空间使得水开了后灶房就被雾气环绕了,一顿饭下来她的衣服表面基本就湿了。她常说:"大清早就在仙境中制造美味的食物太幸福了。"学做刀削面时,王亚兰不小心削到了手,鲜血直流,她却打趣地说:"哎!这手也嘴馋了。"早饭做好后,她都是最后一个吃饭。看着老师们吃得津津有味,她的心里倍感欣慰。

就这样,王亚兰和大伙生活了一年。在同事王小荣眼里,这位和她一起进园的"小领导"是万能的,"王亚兰是怎样一个园长?有时候我觉得她更是灶师傅、司铃员、门卫、医生和保育员。我为什么愿意跟她干,就因为我敬仰她的人格魅力!"

走进拓石镇中心幼儿园,就如同走进了手工制作的世界。这里有王亚兰带领老师用饮料瓶制作的水龙头,有她栽着马兰花的油桶。在这个童话般的世界里,她给矿泉水瓶子画上画挂在楼顶;她把水装进瓶子滴上颜料让孩子观察七彩瓶子里的冬天;她和孩子一起画父亲节的领带;她和队友一起去摘野菜、种菜;她给每一个老师过生日,没有蛋糕自己用点心制作;她带着老师们在墙上画画,在操场画了150朵整齐排列的花,这样孩子们做操就能很快找到自己的位置。她和大家画画、弹琴、跳舞、做手工、建区角。她和家长共同绣出了毛巾上的"爱",她还富有创意地让家长和孩子们用海绵纸与报纸"包饺子"庆元旦。

为持续推进教育均衡,打造城乡一体化协同发展,实现西山教育幼有优育,王亚兰被委以重任,调往周原镇中心幼儿园,继续将她的办园理念向全区推广。王亚兰潜心做幼教的开拓者,努力践行陈仓教育"倾情、用心、超越、奉献"的精神内涵,做信仰城堡里有温度的幼教人。她带领团队,打造优质、专业、协同、共赢的办园品质,将这所大山深处的幼儿园打造成西山第一所市级一类园、巾帼文明岗、卫生保健规范园、区级文明校园。2019年,幼儿园成为大山深处首所陕西省"省级示范幼儿园"、陕西省"城乡一体化试点基地"。

8年来,王亚兰带领团队潜心研究乡镇幼儿教育,有多个区级、市级、省级课题获奖。省厅、市局、区委各级领导都给予她很高的评价,他们看到了坚守教育的大爱担当和优质幼教均衡发展的成果。简简单单、平平凡凡地做了幼教人该做的工作,她和团队的幼教故事一点一点从大山里走了出来。

王亚兰还多次回到陕西职业技术学院学前教育学院,作为优秀校友向广大学弟学妹们讲述自己在学院的成长及职业发展经历,讲述一个幼教人的坚守与情怀,诠释了一个共产党人"不忘初心,牢记使命"的高贵品质。王亚兰勉励同学们在就业的道路上,做到倾情、用心、超越、奉献,守住一颗教育者的初心。同年,王亚兰受陕西省教育厅邀请给陕西师范大学学前教育专业的本科生讲"我们要成为什么样的幼儿教师",被宝鸡教育学院聘请为幼儿园国培讲师,多次从幼儿园专业角度讲陈仓教育人的精神内涵。区文明办也邀请她给各机关部门宣讲陈仓教育精神。不管在哪,王亚兰都深深明白是陈仓教育精神在引领她、鼓励她、指导她,让她全心全意做好幼教人本分的事情。

兰生幽谷,不为莫服而不芳。正是凭着"倾情、用心、超越、奉献"信念和精神,王亚兰用赤诚和大爱点亮了山区孩子的七彩梦想。一如冬日清晨那缕灿烂、温暖的阳光,照耀着山坳坳里每一株静静绽放的蕙兰。

(陕西职业技术学院　供稿)

四、奉献青春 投身社会建设

刘政宏：让电线元器件在双碳减排和国防建设中发挥更大作用

> 刘政宏，男，1989年出生，陕西职业技术学院2012届大数据技术（原计算机信息管理）专业毕业生。中共党员。现就职于陕西中科天地有限公司任华北区市场总监。

2009年，刘政宏进入陕西职业技术学院的计算机信息管理专业学习，其间一直担任2班团支书。在校期间，刘政宏刻苦努力，勤奋好学，孜孜不倦追求计算机、电子相关专业知识。老师们也十分注重专业技能和学业规划的指导，对面向物联网、大数据、人工智能、网络信息安全等重要领域的信息管理岗位能力综合素养的培养做了系统设计，以"校企交互式"人才培养模式为主线，采用"模块化"课程体系、"全程化"实践教学体系和"全员化"社会服务等鲜明的专业特色充分激发学生专业学习的热情。这使得刘政宏初涉专业就深刻认识到大学期间学习基础课程和专业知识的重要性。所以，从大学一年级开始，他便认真仔细地学习每一门课程、每一个知识点，不放过每一个难点、疑点，合理、科学安排时间，每天晚上在自习室或图书馆都可以看到他的身影。到了大二，老师们将生产案例融入课堂教学，将技能竞赛操作规程引入实践教学，将教师科研项目凝练成学生创新训练项目，以专业社团活动为载体，实施"导师项目制"。那时，他跟着老师做项目、参与竞赛，一次项目跟进下来，相当于对专业知识做了系统梳理；一次竞赛参与，相当于操作技能的巩固提升。大二期间刘政宏在陕西第二届德州仪器(TI)模拟及混合电路应用设计竞赛中荣获陕西省三等奖。

毕业后，刘政宏一直和电缆线材、电子元器件等仪器设备打交道。他首先加入天津安捷物联科技股份有限公司。作为陕西地区业务代表，他结合自身所学专业积极为陕西地区企业节能减排，实现双碳而努力，其间，他参与了西安交通大学智慧后勤运维、西安音乐学院智慧运维、西安第十四届全运会保电等多个节能项目。刘政宏代表企业不断拜访各大企业在用能过程中的痛点，结合国家电网陕西公司的地方需要，为企业服务，节约电力人力600元/人/日。

西安高新区锦业路突发断电时恰逢国庆假期,刘政宏从榆林连夜开车返回西安,组织单位人力物力配合高新供电局进行抢险抢修,为高新区所在企业最大程度降低了经营损失。他所在单位也受到了高新区供电局、高新区管委会、沣东管委会等重点用能单位的肯定与表彰。西安第十四届全运会期间,刘政宏和团队成员组织多人多次对西安重点场馆进行隐患排查。其中西安城市运动公园的保电难度尤为特殊,第一,电源外接点距离比赛场地远;第二,比赛周期长;第三,赛事期间恰逢阴雨天气。刘政宏带领公司团队整理了严谨科学的保电线路,对阴雨天所带来的漏电点进行防雨保护措施,安排电工对现场进行双人3班轮流值守。他们紧急从广州等地调配了500米长的电缆,多路供电,对现场进行电力保护,对每根线缆、每个用电单元都做了检修保障。为了保证比赛在任何时候都能顺利进行,刘政宏把保电现场当办公现场,多次夜班排查隐患,为第十四届全运会提供了安全可靠的电力保障。

2022年2月,刘政宏入职陕西中科天地有限公司任市场总监。公司参与北京某院某武器电子元器件型号供货。其间他往返于北京、西安两地同西北工业集团高级工程师和北京某院进行了深入的技术交流,发现了某武器技术参数的问题。刘政宏认真总结分析,拜访了北京理工大学权威专家,走访河南、湖南、西安等地的研制单位,发现了影响该参数的原因。经过细心科学地整理数据,为设计师工程师们提供了科学可行的建议,最终在国内某武器测试中一次试验通过,并配合某院在试验场进行了测试。为企业提高了工作效率,节约了大量的试验研发时间。刘政宏用严谨的态度、勤奋的行动,服务国防军工企业,努力为某武器提供安全可靠、高稳定的产品。国家强大必须国防强大,国防强大必须科研技术强大,有了强大的国才有幸福的千万家,作为一名合格的共产党员,他决心在国家需要的时候默默付出。

(陕西职业技术学院　供稿)

四、奉献青春 投身社会建设

谢彬清：擦亮基层团建重要窗口的追梦人

> 谢彬清，女，1989年出生，中共党员，浙江工业职业技术学院财经学院2010届会计与审计专业毕业生，现任乐清团市委学少部部长。工作期间完成在职研究生学习。先后荣获浙江省优秀团员、温州市优秀团干部、乐清市优秀党务工作者、乐清市党建工作突出贡献个人、乐清市G20杭州峰会维稳安保工作先进个人、美丽乐清建设先进个人、乐清市社会管理综合治理工作先进个人等多项荣誉。

2007年，谢彬清进入浙江工业职业技术学院财经学院会计与审计专业学习。初涉会审专业是新奇的，更是烦琐复杂的。谢彬清深刻认识到大学期间学习基础课程和专业知识的重要性。在校期间，对每一门课程、每一个知识点，她都反复学习掌握。她还和班级小伙伴们组团学习，图书馆和自习室时常可以看到她们学习讨论的场景。在校内，老师们十分注重实践教学，为扎实提高学生的业务本领，开设会计分岗位实训、成本核算与管理实训、税费计算与申报、专业调研与实习、毕业综合实践等，为培养善管理、精财税、通业务、能创新的高素质技术技能型人才提供不绝动力。

学校的老师们不仅注重对财会专业职业生涯和学业规划的指导，更注重对未来财会岗位的执业素质培养。谢彬清一直还记得在第一节专业课上仜课老师说："我们未来可能会从事与钱打交道的职业，它十分特殊，要求财务人员干什么事情都必须明明白白、清清楚楚、小心翼翼，错了不仅有可能造成经济损失，也让自己的职业声誉受到无可挽回的影响。"这句话是她的"开学第一课"，更是她未来面对职业态度上的重要一课，老师们潜移默化的思想教育，让严谨细致成为她的座右铭。

老师们的教导还让谢彬清认识到社会能力锻炼的重要性。进校不久，她就申请加入财经学院学生会，通过面试正式成为学生会办公室干事。管理学生会的杨勇老师对新一批学生会干事说："学生会是一个从学生中来，到学生中去，以服务同学成长发展为宗旨的学生组织。"通过三年的学生会历练，谢彬清用"服务""创新""务实""沟通"四个词来形容自己眼中的学生会。她在担任学生干部期间，树立学生干部带头示范形象,组织学生会招新、学生会岗位竞选、统筹新生入校安排、学校30周年校庆活动接待等系列校内外活动,做好学院与学生之间、不同院系之间、学校与社会之间沟通交流的桥梁。成功培养自身的团队意识、服务意识,提升了面对问题、思考问题、解决问题的能力,这些都是走向社会时在个人专业知识之外的宝贵财富。

2008年,谢彬清递交了入党申请书,在党组织的培养下,她刻苦努力,光荣地成了一名共产党员。党旗飘飘,引领成长,她一直以共产党员的高标准要求自己,毕业时获得"绍兴市优秀毕业生"荣誉称号。2010年,谢彬清应届毕业,第一次参加浙江省公务员招考就被录取,成为一名人民公仆,先后在温州市文成县百丈漈镇人民政府和温州乐清团市委工作,由于个人突出的表现,被提拔为乐清团市委学少部部长。工作期间,谢彬清还不放松自己的学习,考取了在职研究生,取得研究生学历和硕士学位。

2019年,根据上级工作安排,谢彬清率先牵头成立乐清市教育团工委,她将全市初中、高中团组织纳入统一管理,这对全面活跃乐清市共青团工作,助推学校基层团组织和团干部队伍建设,形成了有效的整体合力,扩大了团组织的覆盖面和影响力。此外,她还带领大家建设乐清市红领巾学院,开展大中队辅导员培训班及少先队队长学校培训,教育引导广大少年儿童"从小学习做人、从小学习立志、从小学习创造"。

谢彬清工作之后,也认识到共青团要为年轻人、大学生搭建社会实践的平台。她把自己也当成"大学生",设身处地为大学生着想,把工作突破点放在寒暑期大学生社会实践活动上。她已成功牵头成立15家大学生社会实践基地,首次将私企、社会组织等纳入学生实践岗位,近三年共提供了782个实践岗位,为500余名大学生参与社会实践提供了平台。从2019年开始率温州之先首创了高三毕业学子和返乡大学生家乡行活动,让学生进一步了解家乡,鼓励学生毕业后回乐创业就业,并在武汉成立了乐清学子联盟,社会反响热烈。

目前,谢彬清负责的志愿者注册人数已达29万余人,位居温州前列;组织招募800余名青年志愿者参与利奇马台风灾后重建,得到市委市政府的点赞肯定;圆满完成第2届国际物联网传感技术峰会、世界青年科学家峰会等大型赛会志愿派遣任务;在青春助力全国文明城市创建活动中,创新开展"小手拉大手,共创文明城"亲子志愿服务系列活动,啄木鸟监督团、红领巾公益集市等。

在新冠疫情严峻时期,谢彬清作为基层干部,将勇于担当化为一种内在动力,积极投身基层实践。主动请缨深入村卡口做好疫情防控工作,还在动车站做好人员排查管理。在疫情抗击一线,她与其他基层干部们一起筑牢抗击疫情的最前线,协调解决群众困难诉求。她动员各界青年,为同在一线的医护人员和基层干部们筹集防疫物资。在后疫情时代,一手抓疫情防控,一手抓复工复产。谢彬清作为助企服务员深入雁荡五星混凝土公司,帮助企业解决实际问题,在2020年2月底为企业无法到岗的36名省外员工争取到了40多万元工资,解决了他们的生活开支;她不厌其烦地远程

四、奉献青春 投身社会建设

指导员工操作申请健康码,并细心指导员工如何使用;她还拿了不少疫情防控和复工复产资料,在公司的宣传栏、餐厅、车间张贴,企业疫情防控和复工复产难题在她的细致操作下逐个攻克。她的事迹被《乐清日报》报道宣传。

在2021年乐清市创建全国文明城市的重要时期,她敢于攻坚,主动到市全国文明城市创建工作组参与重点工作,主动承担农贸市场、餐饮提升等体量巨大,易扣分、难整改的工作。牵头开展专题调研,多次走访沟通,形成了乐清市农贸市场提升调研报告,为农贸市场改造提升提出了切实有效的措施。在负责乐清市未成年人思想道德建设工作后,她继续深化"扣好人生第一粒扣子"主题教育,做好"新时代好少年"评选宣传、"传承红色基因"系列教育活动等。持续开展未成年人校外心理辅导、文明礼仪宣传教育实践活动,争创国家、省、温州市级文明校园。她创新开展"礼赞新时代 乐清少年说"宣讲活动,历时七个月,线上收到视频297支,展播视频91支,播放量达到24万余次;线下开展青少年与模范先进面对面活动5场,被"中国蓝"浙江少儿新闻关注并播出。她组织开展"童心向党·礼赞百年"系列活动,《浙江乐清:童心向党·礼赞百年》活动图片还登上中国文明网首页,5个大型活动被中国文明网转载发布。

谢彬清说乐清是一座奋斗的城市,站在新时代浙江建设"重要窗口"伟大征程的最前沿,机遇与挑战并存,作为基层团干部的她,团结带领广大青年投身乐清经济社会发展,展现新时代乐清团干的使命担当,是她的职责所在。

(浙江工业职业技术学校财经学院 供稿)

章灵洁：愿做一颗旅游一线的螺丝钉

> 章灵洁，男，1993年1月出生，宁波城市职业技术学院2016届导游专业毕业生。先后获浙江省高职院校导游技能大赛二等奖，浙江省高职院校导游技能大赛一等奖，全国高职院校导游技能大赛二等奖，海曙区导游大赛一等奖，江北区导游大赛一等奖，宁波市导游大赛二等奖；获评江北区首席工人、宁波市技术能手、宁波市青年岗位能手、宁波市金牌导游等荣誉称号。

2013年9月，章灵洁进入宁波城市职业技术学院旅游学院导游专业学习，在校期间一直担任13导游B班班长。导游专业不仅是校级重点专业，更是宁波市首批特色学院重点建设专业。一直以来，导游专业深度对接旅游产业需求，同时依托学院"政行校企"合作平台，通过一系列的建设与改革，实施分类培养，促进学生多样化成才。在校期间，学生可以通过考取导游证、研学旅行指导师等职业证书，实现高质量就业，未来成为文旅公司的中高级管理人才；也可以通过参加各级各类技能大赛，强化职业能力，获得高等级奖项，成为技术型人才；也可以选修专升本课程，通过选拔考试进入本科院校进一步深造。

在中职学校学习期间，章灵洁的专业基础知识扎实，对导游这个职业也表现出浓厚的兴趣，因此在报读高考志愿时，他毫不犹豫地选择了学院的导游专业。进入大学后，他就在课程的专业学习上展现出优秀的"导游气质"，热情、用心、专注、领悟能力强，还有极佳的服务意识。都说努力的人到哪都能闪耀光芒。在班级管理中，他服务同学、服务班级，任劳任怨；在课堂上，他成了向老师提问最多的学生；课余时间，他通过兼职导游、志愿讲解等社会实践活动不断提高自身的专业技能水平，这也为他在校期间参加各级各类的导游大赛，并成为一名技师型人才打下了坚实的基础。章灵洁的专业指导老师傅远柏至今对这位学生在校期间的优秀表现印象深刻，他是学弟学妹中口口相传的"很拼的学长"！

然而，章灵洁的比赛成绩也并非一帆风顺。大一期间，他在学校学科技能节中崭露头角，凭着校级导游大赛中的突出表现，他代表学校参加了2014年浙江省高职院校

四、奉献青春 投身社会建设

技能大赛导游大赛。赛前,在老师们的指导下,他对专业理论知识题库逐个击破,了然于心;对景点讲解导游词字斟句酌,反复打磨;对才艺表演几易其稿,精益求精……然而在参赛过程中,踌躇满志的他却在他的强项才艺展示部分,因为超时被扣了 2 分。高水平的导游技能大赛的名次相差往往由 0.01 分来决定,虽然这一次他已经在讲解和理论知识环节都发挥出色,但最终还是与省赛一等奖失之交臂。这次的挫折一度对他产生了打击,幸好此时老师们对他进行了及时的开导和鼓励,使他重新建立了信心。2015 年,他提前 3 个月备赛,教师专业指导团队对其进行一周至少三次的加练,对导游综合知识测试、景点讲解、抽选景点讲解、知识问答、才艺表演等每一个环节精雕细琢,在师生共同努力之下,章灵洁克服此前紧张的心理情绪,稳定发挥,最终获得了省赛一等奖,并拿到了参加国赛的入场券。同年,他代表浙江省参加全国高职院校技能大赛导游比赛,并获得全国二等奖的优异成绩,这也是当时宁波高职院校创下的最好成绩。从校赛到省赛,从省赛到国赛,丰富的比赛经验,进一步夯实了他的专业基础,提升了他的职业技能,也增强了他的专业自信与职业认同。

2016 年,作为省优秀毕业生的章灵洁进入宁波中国青年旅行社工作,开始接触一线的旅游工作,成了全国千千万万导游中的一员。然而入职后,他发现学校的理论知识学习、比赛的技能展示等,与迈入社会真正从事导游工作大有不同。在担任地接导游期间,他发现尽管在宁波待了多年,但对整个宁波地区的基础线路并不是很熟悉,有一次准备出团他却临时被换了下来。这件事情对他来说影响比较大。之后下班的时间段,他总会骑着公共自行车穿行在宁波的大街小巷,用心感受宁波这座城市的细节和温度。两个月后章灵洁适应了导游工作的要求和工作节奏,很快进入工作角色。每一次带团,他总是很努力去做到更好,不论是游客日常生活起居的照顾、旅游线路的安排,还是景点的讲解,他都能出色地完成。高质量的服务换来的是游客的肯定和信任,许多游客多年来一直与他保持联系,每次只要再来宁波旅游,"小章导游"一定是他们的首选。热情、周到的服务让游客们对这个"宁波小歪"赞不绝口。

从入职时的迷茫,到入职后的干练,导游行业怎么做,怎样做好一直是章灵洁思考的问题。而在众多的思考中他坚定地认为,讲解工作是地接导游工作的重点和灵魂。他认为好的导游讲解能让外地游客对旅游所在城市留下更深刻的印象,创造更良好的体验,这也能起到更好地传播作用。有一次带团经历让他记忆犹新,那次的服务对象是一个日本团队。为了更好地完成接待任务,他在日语零基础的情况下,主动补习了基础日语对话和专业的佛教日语词汇。在正式接待的时候,虽然日方配备了翻译,但他的日语问候和专业精准的佛教日语词汇,起到了非常好的沟通效果;在讲到天童寺是日本曹洞宗祖庭时,他详细讲解了天童寺和日本曹洞宗永平寺的渊源,扩展到了中日两国长久以来文化交流和一衣带水的友好历史,引起了日方团队的强烈共鸣。在接下来的时间里,许多日本团队来到宁波,都会指定章灵洁作为地接导游。

他高度的敬业精神、周到的旅行服务、优秀的业务水平,给日本友人留下了深刻的印象,让他们对中日文化的历史渊源有了更深的理解,增进了两国人民的交流和友谊。

迄今为止,章灵洁已接待超过 100 个旅游团队,不少于 3000 人次的旅游者,这让他倍感自豪。对于他来说,导游是知识的传授者、文化的传承者,也是文明的传播者。在导游工作中,他努力为游客朋友们带去欢声笑语和美好的旅游体验。在业余时间,章灵洁积极参加政府相关部门组织的各类公益活动,以一名一线旅游者的身份,为旅游业积极建言献策。浙东四明山爱国主义教育基地,收到习近平总书记"来信"的横坎头村、宁波东钱湖的城阳村,东西村和高钱村……从红色旅游到时代风貌,从乡村旅游到共同富裕,不同特色的景点章灵洁都有着丰富的接待经验,他开始参与线路设计与行业培训。

2022 年,为了更好地提高乡村旅游中"农民讲解员"的讲解水平,他每周驱车两个小时,来到鄞州区瞻岐镇方桥村驻点,通过"导游专业讲解"等讲座,提高农民讲解员的讲解水平。方桥村干部、村民代表、讲解员共计 200 余人次参加培训,并被人民日报等多家媒体报道。青年讲解员、95 后宝妈薛金娜听完讲座,感慨地说道:"原来我们村也有这么多的旅游资源,老师的讲解让我认识到作为本村的青年,我原来也可以为家乡建设出一份力,我相信方桥一定会越来越好!"

2022 年是章灵洁参加工作的第七个年头,七年来,他一直活跃在旅游工作一线,以成为"旅游一线螺丝钉"的精神自勉,并继续发挥专业优势,积极进取,积极参加行业导游技能大赛,获得海曙区导游大赛一等奖、江北区导游大赛一等奖、宁波市导游大赛二等奖,获得江北区首席工人、宁波市技术能手、宁波市青年岗位能手、宁波市金牌导游等荣誉称号,成为一名地地道道的技能型人才。他说这些奖项和称号不仅是一种荣誉,更是一份沉甸甸的责任。面对旅游行业的"危机",他将用更加强大的信心和勇气,去应对行业发展的新形势、新挑战,做一颗旅游一线的"螺丝钉",为产业的变革与振兴贡献更大的力量。

(宁波城市职业技术学院旅游学院　供稿)

四、奉献青春 投身社会建设

毛立峰：心怀感恩坚持公益的建筑装饰设计师

> 毛立峰，男，1988年出生，浙江工商职业技术学院2010届建筑装饰工程技术专业毕业生，在校期间担任班长及学生会文艺部长。2010年到2017年，他辗转各大装饰企业，曾任职杭州中冠装饰有限公司设计师，一年时间晋升至主任设计师。现为宁波无相空间设计机构创始人兼设计总监、宁波新锐青年设计师。近年来，获国际建筑装饰室内设计师协会ICDA高级室内设计师资格，参加"M+中国高端室内设计赛（全国城市TOP900）"，荣获"2018年中国浙江青年室内设计奖（十佳住宅公寓空间设计实景类）""2020年DESIGN FOCUS国际空间设计大奖"等荣誉。

从进入大学开始，毛立峰就以高标准来严格要求自己，大学四年，他不但学到许多书本上的专业知识，也经历了无数次的考验、挑战和历练，锻炼了社交、组织和表达能力。经过十多年的磨炼，他逐渐成了一个豁达、坦率、笃实热忱的优秀设计师。

2007年，毛立峰进入浙江工商职业技术学院建筑装饰工程技术专业学习，他认为，母校在他的人生规划当中起到了非常关键的作用。过去，毛立峰性格内向，大一被选为班长后，他不得不主动和同学交往，到后来担任学生会的文艺部长，使他的表达能力、管理能力、为人处事方面都得到了很大的提升，让他在竞争中拥有更大的优势。两个职务让他大学生活格外忙碌，在其他同学无所事事、游戏玩乐的时候，他享受着马不停蹄带来的充实感。

三年班长和三年文艺部长的大学生活，使他从一个毫无工作经验的普通学生成长为一个得到老师与同学认可的优秀干部，他树立了正确的世界观、人生观和价值观，逐渐由稚嫩走向成熟。这一过程中，毛立峰特别感谢他的启蒙导师、班主任张老师。张老师是一位极具人格魅力和感染力的高情商老师，也一直是他心目中的偶像，对他的整个大学生涯帮助非常大，在张老师的建议下，毛立峰提早参加了工作实习，比身边同学更早一年步入社会。刚开始实习时,学校的学业和单位实习的工作两边都要照顾到,非常辛苦,但是也很充实。毕业季许多同学在给企业投递实习简历的时候,他已经从实习生成了正式员工,起点比其他同学都高。加之毛立峰大学时期的严于律己,也让他在步入社会之后能砥砺前行、奋发向上,让自己在同行之中脱颖而出。他毕业之后任职杭州中冠装饰有限公司设计师,一年时间晋升至主任设计师,从此他的职业生涯迈上了新的台阶!

2010年至2017年,毛立峰辗转于各大装饰企业,多岗位历练不仅提高了他的专业知识水平,也拓宽了眼界。虽然其间也有迷茫,也有挫折,但是每一次他都会扪心自问:你爱不爱自己的专业领域?得到的答案是设计是一辈子热爱的事业,然后所有困难和迷茫都会消失殆尽,"天行健,君子以自强不息;地势坤,君子以厚德载物",在人生路上已经走过数个春秋,经历过风雨坎坷,也沐浴过阳光雨露,毛立峰意识到应该创办自己的企业,让自己的创意更加直接地变为现实。

2018年毛立峰创办了一家设计公司,在同一年又和几位志同道合的朋友创办了一个设计联盟。他深知设计是需要一辈子去做的事,这是大学期间埋下的种子。萌发心底根连着母校,即使到了社会,他也一直保持着与母校的联系,也会探讨一些关于校企合作方面的事宜。毛立峰觉得人应该感恩,他深知需要拥有一颗感恩的心去回报社会,造福人民。公司在不断发展与壮大,他没有忘记回馈社会的责任,每年他都会积极参与社会公益事业。

一次机缘巧合之下毛立峰认识了长寿寺的朴元法师,法师告诉他,长寿寺一直想装饰一间佛学讲堂,以更好地普度众生。当毛立峰发现一身朴实的法师和清贫屋舍,他和他的团队决定做一次公益善举,不收任何费用,大师为了聊表对他们团队的感谢,临走的时候赠送了自己做的白茶,上面写了福语"心怀感恩,广积善缘"。通过这次公益活动,毛立峰明白了回报与奉献的真正含义,也收获了人世间对真诚的馈赠,因为付出,所以快乐,因为参与,所以快乐。

回报社会的方式还有很多,毛立峰想到用自己的专业知识也可以做一些公益设计,为社会解决一些设计需求。从80平方米老破小的公益改造,到带领团队去偏远地区扶贫,毛立峰总是在人民有困难的时候选择挺身而出。在行业领域,毛立峰每年都严格要求自己和团队的提升,致力于宁波设计赋能加分,让宁波设计走上国际舞台,从宁波室内设计协会和装修设计协会的一些端口,让设计从自我提高到面向世界,毛立峰及其团队不断在自己的领域前行。每个月的一次分享和每年的宁波设计周的参与,是毛立峰及其团队在这个行业努力前行最好的证明。

在疫情的紧急关头,毛立峰成了慷慨解难、雪中送炭群体中的一员,他以实际行

四、奉献青春　投身社会建设

动践行自己的社会责任与担当。宁波镇海区疫情肆虐,他带领团队毅然参与抗击疫情的行列,从抗疫物资到生活用品,采购之后通过市公安局渠道送往一线,他们因此受到了宁波市公安局的表彰。在这场没有硝烟的战争中,毛立峰用勇敢传递了正能量,用实际行动展现了当代青年的责任与担当,他是当之无愧的青年榜样。

（浙江工商职业技术学院　供稿）

甘俊超：记录武汉抗疫"最治愈瞬间"的高职人

甘俊超，男，汉族，1997年2月出生。2015年9月至2018年6月就读于湖北机电工程学院，2018年9月至2020年6月就读于武汉交通职业学院汽车检测与维修技术专业，2020年9月至今就读于湖北第二师范学院。2020年新春，武汉暴发新冠肺炎疫情，全城封闭，甘俊超通过网络平台招募成为防疫工作志愿者，参与新冠治疗定点医院湖北省人民医院东院一线工作。他为病患和医生拍摄了同看最美夕阳照片，被誉为"2020年最治愈瞬间"，被人民日报、新华社、中央电视台等百家媒体广泛报道。2020年，甘俊超被团省委评为"湖北新时代向上向善好青年"，获阿里巴巴正能量战役英雄奖，被中山医院授予"荣誉志愿者"称号，获中国新闻奖二等奖，获光谷印象摄影展第一名，复旦大学附属中山医院中科院院士樊嘉老师亲笔给他写了感谢信。

"山川日月，暮光银河。有爱相伴，人间值得……"2020年3月，一张照片迅速走红朋友圈并温暖了无数人：照片中一位躺在轮床上的患者手指夕阳，旁边身着防护服的医生驻足眺望，二人共同欣赏落日余晖。这张被人民日报称赞为"2020年最治愈瞬间"的照片，温暖明亮，在全国人民万众一心，坚决打赢新冠肺炎疫情防控阻击战的关键时刻，为无数新型冠状病毒肺炎病患点亮了生命之光。甘俊超——"最治愈照片"的拍摄者，一名大学生志愿者，甘为抗疫"逆行者"，为疫情防控传播着青春力量。

少年有为才是正道。武汉交通职业学院"三进一融"育人模式，通过"思想导师进学院""职业导师进班级"和"素质导师进社团"，塑造学生高尚品格，培养学生"工匠"精神，引导学生全面发展。在校期间，甘俊超总是"闲不下来"。除了热衷于专业学习，他还很热爱生活，喜爱音乐，喜欢在空余时间和学校音乐爱好者协会里的小伙伴们一起练习乐器。甘俊超在学校积极参加校园文化活动，通过各类活动平台充分展示自我风采。"人要学会奉献，要体现自己的价值。"这是他常常挂在嘴边的话，每逢节假日、寒暑假，他总是积极参与校内的志愿服务活动及社会实践活动。关爱留守儿童、倡导节水护水……他一直用自己的实际行动不断践行着。

四、奉献青春 投身社会建设

2020年1月,原计划年后开始实习的甘俊超在学校放假后回了趟信阳老家,陪了奶奶一个礼拜,就匆匆赶回武汉,准备春节期间去兼职锻炼。结果刚回武汉没几天,疫情暴发,他便只能待在租住的小屋里。就这样待了大约快一个月,甘俊超总觉得应该为这座城市做点什么事,很快他便在网上找到了武汉大学人民医院东院区招募志愿者的信息,应聘来到武大人民医院东院当起了一名志愿者。他主要从事陪检员工作(相当于护士助理),负责陪同患者做检查、患者转运、药品和标本运送等。"每天的工作时间是下午四点到凌晨,一般四点开始穿上防护服陪患者检查,六七点吃了饭后,就开始帮护士送药。"在甘俊超看来,这些工作很平常,说起来也是"轻描淡写"。

武汉大学人民医院东院区专门收治重症、危重症患者,老年患者也相对较多。陪检的患者中,有的患者可以自己走路,有的需要坐轮椅。

直面被感染的患者,甘俊超也害怕,但他觉得很有意义。在陪检过程中,甘俊超经常陪老人说说话,就像陪自己的奶奶聊天一样,感觉很亲近,也经常会被他们温暖到。让他深受触动的还有医护人员,不仅尽职尽责,对待患者更是耐心细致。甘俊超说:"感觉他们挺伟大的,和患者的关系也挺好的,并不觉得这是一个很危险的事情,只觉得是很温馨的一个画面,我甚至有点想成为医生或者护士。"参加志愿者工作以来,甘俊超收获了很多人生感悟,他认为疫情像一面镜子,映照出生命和健康的宝贵。"我很年轻,身体也好,我希望能为这座城市贡献点自己的力量。"

2020年3月5日傍晚,在武汉大学人民医院东院,20多岁的上海援鄂医疗队刘凯医生在护送病人做CT途中,特意停下来,让已经住院近一个月的87岁老先生欣赏了一次久违的日落。站在身后陪同的甘俊超在看到夕阳下医生和患者的身影时,内心被触动了。"我印象中感觉太阳是蛮有希望的东西,当时刚好他们两人的手同时指向希望,感觉仿佛明天的武汉就一定能好了似的。"于是,这个"最治愈"瞬间被甘俊超用手机定格下来。人民日报、新华社、央视新闻、共青团中央等多家主流媒体相继发布了这张照片。

其实,甘俊超平时很少拍照,更不算是会拍照的人。他说:"当时确实看到太阳挺好,挺适合拍照,完全没有想到照片会引起这么多的关注。"

甘俊超是一个很朴实的人,对于自己拍摄的这张照片能上热搜,他表现得很谦逊,"拍的时候,觉得太阳比较好。上热搜之后,我又去看了一遍。觉得刚好拍到两个人手的指向都是太阳,又是医生和患者的身份,太阳象征着希望,感触比拍之前要多吧。"

这次意外走红后,甘俊超一天可以接上百个电话,但他很淡定,他说很喜欢志愿服务工作,也会在志愿者的岗位上继续坚守,直到武汉疫情结束,后来,他也兑现了当初的承诺。

2020年由于疫情的原因,就业形势严峻。学院老师们开始为他的工作操心起来,并在他结束志愿服务集中隔离期间为他提供力所能及的帮助。然而他却感恩地说:"学院安排了线上'云'招聘,老师们也都非常地关心我,在我隔离期间给我做行业现状分析,在得知我打算参加专升本考试后还给我推荐了一些专业技能相关的课程,这些都让我觉得无比的暖心,我定不会辜负老师、辜负自己。"

"不迟到不旷课,尊敬老师关心同学,有爱心有孝心",在学校老师的眼中,甘俊超是一个不折不扣的好学生。"有一次远在河南老家的奶奶生病,父母在外打工无法回家照料,甘俊超便请假回家照顾奶奶,待奶奶病情好转,才回到武汉。"

低调、独立、乐观向上是甘俊超留给班级同学的印象。"他是学校变色龙乐队的架子鼓手,是勤工俭学的好学生,更是我们的好朋友。平时班上同学有困难,他总是第一时间伸出援手。这次他自告奋勇去当志愿者,在武汉的这场战疫中奉献自己的力量,是我们的榜样,更是当代青年的骄傲。"班长杨笛说,甘俊超平时乐于助人,一直勤工俭学,寒暑假经常兼职,比较独立,很有毅力,是一个内心充满阳光的人。

病毒肆虐,疫情严峻,但在疫情防控的特殊"战场"上,像甘俊超一样的大学生志愿者,用大爱携带满满正能量,书写着他们无悔的青春。甘俊超用自己的实际行动向大家展示出了新时代大学生以家国为己任的责任感和奋勇争先的青春风采。

(武汉交通职业学院汽车学院　供稿)